备战北京冬奥会自由式滑雪论稿

刘伶燕 戈炳珠 著

人民体育出版社

图书在版编目（CIP）数据

备战北京冬奥会自由式滑雪论稿 / 刘伶燕, 戈炳珠著. -- 北京：人民体育出版社, 2021（2024.11重印）
ISBN 978-7-5009-6017-1

Ⅰ.①备… Ⅱ.①刘… ②戈… Ⅲ.①雪上运动—文集 Ⅳ.①G863.1-53

中国版本图书馆CIP数据核字(2021)第045466号

*

人民体育出版社出版发行
北京中献拓方科技发展有限公司印刷
新 华 书 店 经 销
*
710×1000 16开本 15.25印张 277千字
2021年5月第1版 2024年11月第3次印刷
*
ISBN 978-7-5009-6017-1
定价：67.00元

社址：北京市东城区体育馆路8号（天坛公园东门）
电话：67151482（发行部） 邮编：100061
传真：67151483 邮购：67118491
网址：www.psphpress.com
（购买本社图书，如遇有缺损页可与邮购部联系）

前　言

2022年北京冬奥会是我国重要历史节点的重大标志性活动。2019年3月，中共中央办公厅和国务院办公厅印发了《关于以2022年北京冬奥会为契机大力发展冰雪运动的意见》，明确提出了参赛主要目标：力争到2022年，我国冰雪运动总体发展更加均衡，冰雪运动竞技水平明显提高，在2022年北京冬奥会上实现全项目参赛，冰上项目上台阶、雪上项目有突破，取得我国冬奥会参赛史上最好成绩，努力实现我国冰雪运动跨越式发展。中办、国办对发展我国冰雪运动专门发文，并要求各地区、各部门结合实际认真贯彻落实，实乃意义非凡。

为实现北京冬奥宏图，这一文件中强调"坚持问题导向"的基本原则，有效破解制约我国冰雪运动发展的瓶颈难题。目前，我国冰雪运动的基本状况是"冰强雪弱"，即相对于冰上项目来说雪上项目是我们的薄弱环节。冬奥会冰雪运动共有15个分项，而在其10个雪上分项中，就备战北京冬奥会而言，自由式滑雪不但是"实现全项目参赛""雪上项目有突破""取得我国冬奥会参赛史上最好成绩"不可或缺的分项，而且是摘金夺银的主力军，所以，充分认识其备战北京冬奥会的战略地位进而成就其伟业，是有重要意义的。

自由式滑雪包括6个项目——空中技巧、U型场地技巧、坡面障碍技巧、大跳台、雪上技巧和障碍追逐。其中，空中技巧项目有3个小项，其余5个项目各有2个小项，总共13个小项。历届冬奥会我国空中技巧项目已获1金6银4铜共11枚奖牌。以往我们的自由式滑雪学术著作《自由式滑雪空中技巧探究》《空中技巧论百篇》《空中技巧新论》等，均为2003年至2016年的空中技巧研究成果，而本书则是2018年于韩国平昌举行的第23届冬奥会之后北京冬奥会周期前半程新作。本书之所以命名为《备战北京冬奥会自由式滑雪论稿》，其依据有三：一是其所有章节都是着眼于我国备战北京冬奥会；二是其研究对象除了空中技巧之外，还囊括了自由式滑雪其他各项目内容；三是依据《汉语大字典》常务副主编赵振铎教授在《字典论稿》中的阐述——"论稿不求全面系统，有什么问题就写什么问题，从理论上阐明一点问题，这就是'论'，而这些认识未必成熟，很可能会修正，这就是'稿'"。

  这部从2018年初春至2020年初夏历时两年多完成的著述，其11章论稿中有10章是未曾发表的新作，只有第五章"再识空中技巧项目特点与规律"在原稿的基础上做了较大的修订与充实。对于空中技巧项目我们尚有一定基础，但其他5个项目对于我们来说却是新事物，自知拙作难免有肤浅与谬误之处，在此谨向给予批评、指教与帮助的同仁致以衷心的谢意！

著者　于2020年初夏

目 录

第一章　自由式滑雪概论 …………………………………………（1）

　　第一节　项目概念及其发端 ………………………………………（1）

　　第二节　自由式滑雪世界大赛沿革 ………………………………（2）

　　第三节　我国的自由式滑雪项目 …………………………………（3）

第二章　我国自由式滑雪的冬奥战略地位 ………………………（11）

　　第一节　我国自由式滑雪冬奥战绩 ………………………………（12）

　　第二节　冬奥会的自由式滑雪分项 ………………………………（13）

　　第三节　世界自由式滑雪实力格局 ………………………………（14）

　　第四节　我国自由式滑雪备战北京冬奥会的使命 ………………（17）

　　第五节　我国自由式滑雪备战北京冬奥会的对策 ………………（21）

第三章　空中技巧成绩单体系解读 ………………………………（27）

　　第一节　绪论 ………………………………………………………（27）

　　第二节　简化成绩单与出发顺序表 ………………………………（30）

　　第三节　具体成绩单 ………………………………………………（32）

　　第四节　世界杯积分排名表 ………………………………………（53）

1

第四章 冬奥争金前史之鉴 （63）

    第一节 我国女子空中技巧冬奥争金历程 （63）

    第二节 历届冬奥会空中技巧决赛夺金动作 （80）

    第三节 冬奥会空中技巧金牌榜首成功奥秘 （95）

第五章 再识空中技巧项目特点与规律 （103）

    第一节 项目类属分析 （104）

    第二节 比赛规则分析 （104）

    第三节 动作结构分析 （110）

    第四节 训练过程分析 （117）

    第五节 制胜因素的基本概括 （119）

第六章 空中技巧项目新态势 （122）

    第一节 北京冬奥会新增混合团体赛 （122）

    第二节 推行双轨制新版动作难度表 （131）

    第三节 2019新赛制又有突破性变化 （141）

    第四节 北京冬奥会竞争对手新格局 （145）

    第五节 项目的可持续发展面临挑战 （158）

第七章 U型场地技巧项目特点与实力格局 （164）

    第一节 U型场地技巧项目特点 （164）

    第二节 女子项目世界强国实力格局 （179）

第八章 坡面障碍技巧选手兼项参赛问题 （188）

    第一节 兼项参赛人数 （189）

第二节　兼项参赛类型 …………………………………………（190）

　　第三节　兼项参赛成绩 …………………………………………（192）

　　第四节　优化兼项参赛 …………………………………………（193）

第九章　突破我国雪上技巧发展瓶颈之路 ……………………（195）

　　第一节　我国女子雪上技巧发展历程 …………………………（195）

　　第二节　由项目发展现状引发的若干思考 ……………………（200）

第十章　大跳台项目特点与实力格局 ……………………………（209）

　　第一节　项目特点 ………………………………………………（209）

　　第二节　世界强国实力格局 ……………………………………（214）

　　第三节　大跳台发展前景 ………………………………………（218）

第十一章　另类的障碍追逐项目 …………………………………（220）

　　第一节　项目属性 ………………………………………………（220）

　　第二节　另类之处 ………………………………………………（221）

　　第三节　项目发展现状 …………………………………………（226）

后记 ……………………………………………………………………（230）

第一章　自由式滑雪概论

第一节　项目概念及其发端

一、项目概念

作为一个雪上竞技运动项目的自由式滑雪，其英语表述的完整名称为freestyle skiing，有时也简称为freestyle。此前传统的越野滑雪、高山滑雪等雪上竞技运动项目大多为类似周期性运动的竞速项目，而新兴的自由式滑雪运动则主要是在雪上滑行中表现各种技巧，其动作形式与表现风格比较自由、多样，因此才有"freestyle"（自由）之称谓。

起初人们谈到自由式滑雪，有人以为就是从跳台腾起翻跟头的空中技巧项目，甚至近年来还有专著误以为"单板U型场地滑雪"（即单板滑雪U型场地技巧）也属于自由式滑雪，如此看来，首先明确其概念颇有必要。其实，就北京冬奥会正式比赛项目来说，自由式滑雪是其雪上10个比赛分项（高山滑雪、自由式滑雪、单板滑雪、跳台滑雪、越野滑雪、北欧两项、雪车、钢架雪车、雪橇、冬季两项）中的1个分项，它包括6个项目——雪上技巧（moguls，简称MO）；空中技巧（aerials，简称AE）；障碍追逐（ski sross，简称SX）；U型场地技巧，因为自由式滑雪项目均为双板滑行，因此此处可略去"双板"二字而称为"U型场地技巧"（halfpipe，简称HP）；坡面障碍技巧（slopestyle，简称SS）；大跳台（big air，简称BA），共有13个小项。而单板U型场地技巧则与自由式滑雪无关，其实它属于和自由式滑雪分项并列的单板滑雪分项。还应提及，在自由式滑雪分项中还有一项与雪上技巧项目相并列的双人雪上技巧（dual moguls）项目，但至今尚未进入冬奥会。

二、项目发端

据查，自由式滑雪运动初现于20世纪30年代，此项目最初只是将高山滑雪和杂技集于一身，经过最近几十年的发展，很多勇敢者创造出了大量的惊险动作，此项运动也逐步成型。竞技比赛则始于20世纪60年代的北美，1966年在美国新罕布什尔州的沃特维尔谷举行了首次自由式滑雪比赛，当时的比赛项目只有空中技巧、雪上技巧和雪上芭蕾。可以认为，竞技自由式滑雪项目即由此发端。

第二节 自由式滑雪世界大赛沿革

一、世界杯

1978年国际雪联批准了自由式滑雪竞赛规则，随之1979年该项目获得国际雪联的承认，并于1980年3月在加拿大滑雪胜地惠斯勒举行了首届国际雪联自由式滑雪世界杯比赛，来自美国、法国、加拿大等12个国家的84名选手（女子32名，男子52名）参加了雪上技巧、空中技巧、特技滑雪及全能4个项目比赛[1]。其中特技滑雪（acro ski，简称ACRO）起初叫雪上芭蕾（ballet），类似于花样滑冰的一项自由式滑雪项目，虽然男、女雪上芭蕾已于1988年、1992年被列为冬奥会表演项目，但1998年之后在世界三大赛中已销声匿迹[2]；而早期的全能项目是全能选手要参加全部上述雪上技巧、空中技巧、特技滑雪比赛，3项得分相加居高者获胜，后来由于特技滑雪出局，这种全能比赛也随之取消，但保留了全能积分排名。

二、世锦赛

世界杯系列赛每年举行。由于早期世界杯比赛获得巨大成功，随后国际雪

---

[1] 马义. 自由式滑雪空中技巧运动理论与实践[M]. 北京：人民体育出版社，2014.（注：本书主编署名马义，以往曾用名为马毅）

[2] 戈炳珠. 有关新项目若干译名之商榷[J]. 吉林体育学院学报，1999（4）：100-101，113.

联决定把自由式滑雪纳入其两年一度的世界滑雪锦标赛。于是，1986年在法国迪涅举行了首届自由式滑雪世锦赛，18个国家的171名选手（女子52名，男子119名）参加了比赛。早期世锦赛逢双数年举行，后来调整为逢单数年举行，至2019年已举行了17届世锦赛。

三、冬奥会

基于世界杯与世锦赛的成功举办，1986年经国际奥委会批准，自由式滑雪分项被纳入两年后举行的第15届冬奥会表演项目。1988年2月21日至25日，17个国家的40余名选手参加了该届冬奥会女子雪上技巧、男子雪上技巧、女子空中技巧、男子空中技巧、女子特技滑雪、男子特技滑雪共6个小项的表演。同年，国际奥委会又进一步决定将自由式滑雪分项纳入冬奥会正式比赛项目。雪上技巧有幸率先于1992年进入第16届冬奥会，共有71名男、女选手参赛（男47名，女24名）；紧接着空中技巧于1994年进入了第17届冬奥会（国际奥委会为了冬、夏两季奥运会更加协调而对其比赛时间进行了调整，故这两届冬奥会只间隔了2年），共有46名男、女选手参赛（男24名，女22名）；相隔16年之后，障碍追逐进入了2010年第21届冬奥会，共有65名男、女选手参赛（男30名，女35名）。

跨入21世纪之后，原本只是新兴雪上项目的自由式滑雪，由于深受年轻人的喜爱和传媒的关注，逐渐成为冬奥会所有雪上项目的新宠。2014年U型场地技巧与坡面障碍技巧双双进入第22届冬奥会，前者共有52名男、女选手参赛（男29名，其中1人弃权，女23名），后者共有54名男、女选手参赛（男32名，女22名）。为筹办2022年在我国北京举行的第24届冬奥会，2018年国际奥委会决定新增7个比赛小项，其中就有自由式滑雪分项中的3个小项，即女子大跳台、男子大跳台及空中技巧混合团体（mixed team aerials，AET），至此，冬奥会自由式滑雪分项共有13个小项比赛，也就是说，该分项共有13枚金牌，如今已成为冬奥会拥有金牌数最多的雪上项目。

第三节　我国的自由式滑雪项目

一、论证与引进

20世纪80年代后期，我国开始引进自由式滑雪空中技巧项目，当时已经有人想到，在以体能为主的雪上项目中，空中技巧这种以灵活和技巧见长的体育项目将会成为中国雪上项目的突破口之一。早在1986年，吉林省体育科学研究所关佐恒、李豹就撰写了"自由式滑雪运动的简介与展望"一文，率先对这一新兴雪上项目进行了推介与论证。由国家体育总局（原国家体委）统筹与安排，当年即派王石安、银刚、黄万龙等人赴日本考察与研修，为引进自由式滑雪这个新兴项目做了大量工作。

二、发轫与发展

我国的自由式滑雪运动队发轫于20世纪80年代末的吉（吉林省）、黑（黑龙江省）两省。1989年，黑龙江省松花江地区建立了我国第一支自由式滑雪空中技巧队；1989年末至1990年初，隶属武警部队的前卫体协又在吉林省组建了第二支自由式滑雪空中技巧队。

1990年6月，沈阳体育学院向国家体委呈送《把沈阳体院建成冰雪运动教学、科研、训练三结合基地论证报告》获批，遂于1991年初组建了自由式滑雪空中技巧队，1993年修建了我国第一座水池空中技巧跳台，1995年又组建了包括韩晓鹏、邱森、李妮娜、郭心心等队员在内的空中技巧二队，韩、邱两位少年成为南方省份从事这一项目的先行者，1996年又进一步修建了更加标准的第二座水池空中技巧跳台，同时也相应地组建了该项目科研人员与裁判员的基干队伍，逐步将沈阳体院建为我国该项目的综合基地。经过二十几年的砥砺前行和不断发展，至今自由式滑雪项目已由起初的东北地区吉、黑、辽三省拓展至华北、西北、华东等各地区众多省市。

三、国内比赛

我国自由式滑雪项目起步之初的1991年全国第7届冬季运动会（简称"七冬会"）即把空中技巧列为表演项目，从1995年八冬会开始成为正式比赛项目，随着冬奥会自由式滑雪比赛项目和我国自由式滑雪开展项目的增加，我国冬运会自由式滑雪比赛项目也相应增加。近年来，国家体育总局推出的冬奥会前8名双倍计入全运会奖牌数与总分数，以及全国冬运会前8名计入全运会奖牌数与总分数的新规，对我国自由式滑雪项目的发展起到了有力的推动作用[1]。此外还

---

［1］腾讯体育. 孙嘉晖. 全运会从下届开始"大变脸"［EB/OL］. https://sports.qq.com/a/20100312/000123.htm.

应提及，1993年2月在黑龙江省亚布力举行了第一届全国自由式滑雪锦标赛，同年7月在沈阳体育学院举行了第一届自由式滑雪空中技巧水池比赛。现在我国的自由式滑雪比赛已自成体系。

四、裁判员队伍

1990年末，国家体委审定并印制了我国第一本《自由式滑雪空中技巧试行规则》（赵广泰、王石安、孟宏震撰稿）；1994年9月，国家体育总局冬运中心审定并印制了自由式滑雪的《竞赛规则（执行）》《裁判手册》《裁判法》，这是我国该项目启步时为裁判员"摸着石头过河"提供的内部读本。同年9月，中国滑雪协会邀请日本专家大规让先生和田中女士来华讲学并举办首届全国自由式滑雪裁判员培训班，在此基础上，1995年10月，国家体育总局冬运中心审批了我国第一批9名自由式滑雪国家级裁判员：高学东、戈炳珠、王贺一、王尔、王石安、孙立平、温晓彬、孙启明、杨延文；同年11月，国际雪联通过考核审批了我国第一批4名C级国际级裁判员：王清华、戈炳珠、程在宽、黄万龙。1996年初，国际雪联指派我国的戈炳珠、程在宽两位国际级裁判员担任第三届亚冬会自由式滑雪空中技巧比赛的评分工作，这是我国滑雪裁判员首次在洲际大赛上执行裁判工作；1997年初，戈炳珠又受国际雪联指派，赴韩国担任了国际雪联自由式滑雪邀请赛裁判工作，此乃我国自由式滑雪国际级裁判员首次在世界比赛中亮相。现在，我国已有邱招义、陶永纯、门传胜、付春明、孙立平等多名A级自由式滑雪国家级裁判员活跃在世界比赛赛场上，尤其邱招义在平昌冬奥会自由式滑雪空中技巧与雪上技巧比赛中担任评分裁判员重任，具有重要意义。

五、理论建设

由20世纪80年代后期关佐恒等人的"自由式滑雪运动的简介与展望"一文开始，经90年代前期王石安、李昌燮、刘德堂翻译的日本教材《自由式滑雪教程》的引进，以及韦迪、王石安、王尔、郭亦农编写的冰雪运动丛书《自由式滑雪》等著述的启蒙与科普，我国自由式滑雪项目的理论建设有了良好的开端。

自备战1998年第18届冬奥会开始，我国自由式滑雪项目科研人员积极主动申请并承担冬奥会该项科研攻关与科技服务课题，为我国选手创佳绩保驾护航，其中有多项课题荣获国家体育总局体育科技进步奖和备战冬奥会攻关课题奖。在此基础上，我国自由式滑雪项目的理论建设有了更大收获——不但发表了逾百篇学术论文，还出版了多部学术著作，如戈炳珠的《自由式滑雪空中技巧探究》（人民体育出版社·2003）、《空中技巧论百篇》（辽宁人民出版社·2013）、《空中技巧新论》（辽宁人民出版社·2016），王石安主编的《冰雪运动》（人民体育出版社·2011），马义（曾用名马毅）主编的《自由式滑雪空中技巧运动理论与实践》（人民体育出版社·2014），闫红光的《自由式滑雪空中技巧项目运动生物力学理论与实践》（人民体育出版社·2016）等。

六、大赛成绩

（一）参赛概述

世界大赛是指世界杯系列赛、世界锦标赛和冬奥会。1993年12月，我国首次派员参加了在法国举行的1994赛季世界杯赛，旨在争取参加第17届冬奥会的资格，结果尹红、季晓鸥喜获入场券。之后两年中断参赛，自1996年12月派员参加1997赛季世界杯起，逐年参加了各赛季世界杯比赛。1997年2月，我国女队首次参加了在日本举行的第6届世锦赛，徐囡囡、季晓鸥、郭丹丹均闯入决赛，2005年第10届世锦赛我国女选手李妮娜首夺桂冠。1994年2月，我国女选手尹红、季晓鸥首次参加第17届冬奥会空中技巧比赛分获第17、18名，这是当时我国雪上项目参赛冬奥会取得的最好成绩。随后我国空中技巧项目快速发展，仅隔4年即自1998年第18届冬奥会开始崭露头角，成为我国征战冬奥会的优势项目。除此之外，我国又与时俱进陆续开展了雪上技巧、U型场地技巧、坡面障碍技巧、大跳台及障碍追逐项目，其中女子U型场地技巧和女子坡面障碍技巧目前已是我国征战冬奥会的潜优势项目。

（二）成绩概括

最能说明我国自由式滑雪项目发展成就的当然还是运动员在世界大赛中所取得的成绩。下面所概括的内容虽未面面俱到，但却是最具有代表性和典型性的成绩，颇能说明问题。

1. 冬奥会11枚奖牌

这11枚奖牌由如下9名男、女选手获得：

☆韩晓鹏1枚金牌：2006年在意大利都灵举行的第20届冬奥会上夺得男子空中技巧金牌，一举实现了在冬奥会历史上我国雪上项目首枚金牌和我国男选手首枚金牌的双重历史性突破。这也是迄今为止我国参加历届冬奥会雪上项目比赛所获得的唯一金牌。

☆李妮娜2枚银牌：2006年在第20届冬奥会获得女子空中技巧银牌，2010年在第21届冬奥会再获女子空中技巧银牌。

☆贾宗洋1银1铜：2014年在第22届冬奥会获得男子空中技巧铜牌，2018年2月在第23届冬奥会获得男子空中技巧银牌。

☆徐囡囡1枚银牌：1998年在第18届冬奥会获得女子空中技巧银牌，这是我国雪上项目在冬奥会上获得的首枚奖牌，具有重要的突破性意义。

☆徐梦桃1枚银牌：2014年在第22届冬奥会获得女子空中技巧银牌。

☆张鑫1枚银牌：2018年在第23届冬奥会获得女子空中技巧银牌。

☆郭心心1枚铜牌：2010年在第21届冬奥会获得女子空中技巧铜牌。

☆刘忠庆1枚铜牌：2010年在第21届冬奥会获得男子空中技巧铜牌。

☆孔凡钰1枚铜牌：2018年在第23届冬奥会获得女子空中技巧铜牌。

由上述可见，我国自由式滑雪空中技巧选手至今共获金、银、铜11枚冬奥会奖牌，这是了不起的成绩；但若只论冬奥会自由式滑雪金牌数，目前我们的1枚金牌与强劲对手尚有差距。

2. 世锦赛8人次冠军

由如下5名男、女选手获得：

☆李妮娜3次：2005年在第10届世锦赛女子空中技巧决赛夺冠，这是我国雪上项目在世锦赛上的首枚金牌；接着在2007年第11届世锦赛、2009年第12届世锦赛女子空中技巧决赛又连夺冠军，创造了世界空中技巧历史上至今无人突破的"世锦赛三连冠"记录。

☆齐广璞2次：用当今世界最高难度5.00的bdFFdF动作，2013年在第14届世锦赛男子空中技巧决赛以138.00的高分夺冠，接着2015年在第15届世锦赛中再用bdFFdF参赛，不但以139.50的超高分蝉联冠军，还创造了世界男子空中技巧史单跳最高分139.50的纪录。

☆韩晓鹏1次：继2006年第20届冬奥会夺冠之后，紧接着在2007年第11届世锦赛男子空中技巧决赛用冬奥夺冠的同样参赛动作夺冠，再次展示了自己的竞技实力。

☆程爽1次：2011年在第13届世锦赛女子空中技巧决赛夺冠。

☆徐梦桃1次：2013年在第14届世锦赛女子空中技巧决赛用高难度动作bLdFF夺冠。

3. 世界杯14人次总冠军

每赛季世界杯累计积分排名首位者也可称为世界杯总冠军，由如下7名男、女选手获得：

☆徐梦桃5次：在每赛季世界杯系列赛女子空中技巧积分总排名的角逐中，先在2012、2013赛季"两连冠"，后又在2017、2018、2019赛季"三连冠"，5次获得世界杯总冠军。

☆李妮娜3次：2005年李妮娜以1025分获该赛季世界杯女子空中技巧积分总排名首位，这是我国雪上项目选手首次获此殊荣；后又在2010、2014赛季两次排名首位。

☆齐广璞2次：在2011赛季与2017赛季男子空中技巧积分总排名中两次排名首位。

☆程爽1次：在2011赛季女子空中技巧积分总排名中排名首位。

☆贾宗洋1次：在2013赛季男子空中技巧积分总排名中排名首位。

☆刘忠庆1次：在2014赛季男子空中技巧积分总排名中排名首位。

☆王心迪1次：在2019赛季男子空中技巧积分总排名中排名首位。

4. 世界杯113枚金牌

（1）个人108枚金牌。

此处金牌系指世界杯系列赛每一站个人比赛项目金牌，这108枚个人金牌由如下22名男、女选手获得，其中除了张可欣、谷爱凌2人是U型场地技巧（后者兼项坡面障碍技巧与大跳台）项目选手外，其他20人均为空中技巧项目选手，具体名单如下：

女选手14人计73枚金牌——徐梦桃（25枚）、李妮娜（18枚）、徐囡囡（4枚）程爽（4枚）、张鑫（4枚）、郭心心（3枚）、杨雨（3枚）、张可欣（3枚）、王娇（2枚）、孔凡钰（2枚）、谷爱凌（2枚）、郭丹丹（1枚）、季晓鸥（1枚）、赵珊珊（1枚）；男选手8人计35枚金牌——齐广璞（14枚）、贾宗洋（12枚）、刘忠庆（2枚）、周航（2枚）、孙佳旭（2枚）、欧晓涛（1枚）、邱森（1枚）、王心迪（1枚）。

由上述可见，女选手获得金牌枚数居前两位的是徐梦桃（25枚）和李妮娜（18枚），男选手获得金牌枚数居前两位的是齐广璞（14枚）和贾宗洋（12枚）。还要指出的是，1997年8月，郭丹丹在1998赛季世界杯澳大利亚赛站获得的金牌，是我国雪上项目在世界比赛中获得的首枚金牌；2017年12月，张可欣在2018赛季世界杯女子U型场地技巧第3站比赛中获得的金牌，乃是我国该项选手在世界比赛中获得的首枚金牌；谷爱凌在2020赛季世界杯加拿大卡尔加里站比赛中，继夺得女子U型场地技巧金牌之后，接着又为我国夺得女子坡面障碍技巧首枚世界杯金牌，创造了国际雪联世界杯历史上一站连续夺得两金的纪录。

（2）团体5枚金牌。

自2009年末的2010赛季世界杯首站开始，在至今总共举行了10次的空中技巧混合团体赛中（其中包括2019年的1次世锦赛混合团体赛，我国获第2名），我国选手共获5枚金牌，其女选手（列前者）与男选手如下：

2015赛季世界杯第1次比赛：徐梦桃、贾宗洋、齐广璞；

2015赛季世界杯第2次比赛：沈晓雪、齐广璞、周航；

2016赛季世界杯：孔凡钰、齐广璞、刘忠庆；

2018赛季世界杯：徐梦桃、齐广璞、贾宗洋；

2019赛季世界杯第2次比赛：徐梦桃、孙佳旭、王心迪。

2022年北京冬奥会日益临近，这对我国自由式滑雪项目备战选手既是机遇又是挑战。那么，面对该项目在我国北京冬奥宏图中应该担当何等历史使命、有何优势须充分发挥、有何不足须迎头赶上等一系列问题，本书遵循《关于以2022年北京冬奥会为契机大力发展冰雪运动的意见》中强调的"坚持问题导向"基本原则，将在如下章节展开论述。

本章小结

本章主要阐述了如下几个问题：①明确自由式滑雪的概念，尤其是北京冬奥会自由式滑雪竞赛项目体系的概念——它是其15个竞赛分项之一，共有13个小项比赛争夺13枚金牌，如今已成为冬奥会拥有金牌数最多的雪上项目。②通过阐述自由式滑雪世界三大赛的沿革，揭示该项滑雪运动的强大生命力及其在冬奥会中的重要地位。③全面、系统地阐述了我国自由式滑雪项目的发轫、发展与现状，尤其是概括了我国该项选手在世界三大赛中所获得的成绩——冬奥会1金6银4铜共11枚奖牌，其中，韩晓鹏的1枚金牌实现了在冬奥会历史上我国雪上项目荣获首枚金牌的历史性突破，这也是迄今为止我国参加历届冬奥会雪上项目比赛所获得的唯一金牌；世锦赛8人次冠军；世界杯14人次总冠军；世界杯113枚金牌。

（作者：刘伶燕，2020年定稿）

第二章 我国自由式滑雪的冬奥战略地位

2018年9月5日，国家体育总局在首都体育馆召开新闻发布会，颁布了《2022年北京冬奥会参赛实施纲要》，提出了"全面参赛、全面突破、全面带动"的目标。全面参赛，就是对标北京冬奥会109个小项全面建队、全项参赛，力争在整个冬奥会过程中，从头至尾都有带有五星红旗标志的中国运动员英姿飒爽地站在赛场上；通过跨越式、超常规的措施，尽最大努力调动一切资源，力争冰上项目跃上新台阶，雪上项目实现新突破，让更多冰雪项目刷新历史、实现奖牌乃至金牌的突破[1]。2019年3月末，中共中央办公厅和国务院办公厅又联合印发了《关于以2022年北京冬奥会为契机大力发展冰雪运动的意见》（下称《意见》），明确提出了参赛主要目标：力争到2022年，我国冰雪运动总体发展更加均衡，冰雪运动竞技水平明显提高，在2022年北京冬奥会上实现全项目参赛，冰上项目上台阶、雪上项目有突破，取得我国冬奥会参赛史上最好成绩，努力实现我国冰雪运动跨越式发展[2]。上述两个文件都是权威官方文件，尤其是中共中央办公厅和国务院办公厅代表党和国家意志对发展冰雪运动专门发文，并要求各地区各部门结合实际认真贯彻落实，可见意义重大。

正如《意见》所说：2022年北京冬奥会是我国重要历史节点的重大标志性活动。冬奥会的成功举办离不开冰雪运动的蓬勃发展。近年来，我国在推广冰雪运动方面取得不小成绩，但与世界冰雪强国相比，仍存在竞技水平不高、群众参与面不广、产业基础薄弱等问题，发展任务艰巨繁重。为实现北京冬奥宏图，中办、国办在《意见》中强调"坚持问题导向"的基本原则，要找准突出问题，补强薄弱环节，集中力量攻关，逐个逐项突破，有效破解制约冰雪运动

---

[1] 褚鹏. 北京冬奥109项中国全参赛 "两纲三划"带动冰雪发展[EB/OL]. http://sports.sina.com.cn/others/winter/2018-09-06/doc-ihitesuy8960412.shtml.

[2] 中办国办：以北京冬奥会为契机大力发展冰雪运动[EB/OL]. http://www.tibet.cn/Cn/Instant/local/201904/t20190403_6544484.html.

发展的瓶颈难题。就目前我国冰雪运动竞技水平而言，其基本状况是"冰强雪弱"——在以往8届冬奥会所获得的13枚金牌中至今雪上项目只得1枚金牌，显然，雪上项目是我们的薄弱环节，必须集中力量攻关，逐个逐项突破，有效破解这个制约冰雪运动发展的瓶颈难题。

北京冬奥会有7个大项（滑雪、滑冰、冰球、冰壶、雪车、雪橇、冬季两项）计15个分项，其中冰上项目5个分项（短道速滑、速度滑冰、花样滑冰、冰球、冰壶），雪上项目10个分项（高山滑雪、自由式滑雪、单板滑雪、跳台滑雪、越野滑雪、北欧两项、雪车、钢架雪车、雪橇、冬季两项），二者总计109个小项。北京冬奥会新增的7个小项中冰上项目只有短道速滑混合团体接力1项，而雪上项目则有6项，在总计109个小项的金牌争夺战中约三分之二的金牌属于雪上项目[1]。由此可见补强这个薄弱环节已刻不容缓。而在高山滑雪、自由式滑雪、单板滑雪、跳台滑雪、越野滑雪、北欧两项、雪车、钢架雪车、雪橇、冬季两项这10个分项中，就备战北京冬奥会而言，摘金夺银的主力军仍然是包括空中技巧在内的自由式滑雪分项，所以充分认识其备战北京冬奥会的战略地位进而成就其伟业，是有重要意义的。

第一节 我国自由式滑雪冬奥战绩

北京冬奥会共有15个分项比赛，历届冬奥会我国选手在6个分项上获得过奖牌。由表2-1可见，在这6个分项中，冰上项目占4个分项，雪上项目有2个分项。其中冰上项目的短道速滑贡献最大，以10枚金牌合计33枚奖牌的显赫战绩居首；而雪上项目的自由式滑雪贡献也可圈可点，以1枚金牌合计11枚奖牌的不俗战绩居第2位，其金牌占1/13=7.69%，银牌占6/28=21.42%，铜牌占4/21=19.04%，合计奖牌占11/62=17.74%。

表2-1 冬奥会我国各分项获奖牌情况统计结果

名次	分项	金牌	银牌	铜牌	合计奖牌
1	短道速滑	10	15	8	33
2	自由式滑雪	1	6	4	11

---

[1] 新浪网. 北京冬奥会新增7个比赛小项 [EB/OL]. https: //news.sina.cn/2018-07-21/detail-ihfqtahh9800283.d.html?oid=3867730829035708&vt=4&pos=3.

（续表）

名次	分项	金牌	银牌	铜牌	合计奖牌
3	速度滑冰	1	3	4	8
3	花样滑冰	1	3	4	8
5	单板滑雪		1		1
6	冰壶			1	1
合计		13	28	21	62

自由式滑雪分项所贡献的11枚奖牌均来自空中技巧项目，一共贡献了1枚金牌、6枚银牌、4枚铜牌。其中1998年长野冬奥会女子空中技巧小项徐囡囡的银牌，是我国雪上项目冬奥奖牌的重大突破；2006年都灵冬奥会男子空中技巧小项韩晓鹏的金牌，则是我国雪上项目冬奥金牌的历史性突破，同时也是我国男选手冬奥金牌的历史性突破。

第二节 冬奥会的自由式滑雪分项

1992年第16届冬奥会开始有自由式滑雪分项比赛，雪上技巧项目首当其冲，设女子雪上技巧小项与男子雪上技巧小项，共2枚金牌；1994年第17届冬奥会增加空中技巧项目，设女子空中技巧小项与男子空中技巧小项，自由式滑雪分项金牌增至4枚；2010年第21届冬奥会增加障碍追逐项目，设女子障碍追逐小项与男子障碍追逐小项，金牌增至6枚；2014年第22届冬奥会增加U型场地技巧项目与坡面障碍技巧项目，设女子U型场地技巧小项、男子U型场地技巧小项、女子坡面障碍技巧小项、男子坡面障碍技巧小项，金牌增至10枚；2018年国际奥委会决定2022年将在北京举行的第24届冬奥会又新增大跳台项目，设女子大跳台小项与男子大跳台小项，同时还新增空中技巧混合团体小项，遂使冬奥会自由式滑雪分项的比赛项目增至13个小项，即其金牌总数增至13枚，成为冬奥会拥有金牌数最多的雪上项目。

2018年于韩国平昌举行的第23届冬奥会共有102个小项。为筹办北京冬奥会，国际奥委会决定再新增7个小项——女子单人雪车、短道速滑混合团体接力、跳台滑雪混合团体、自由式滑雪女子大跳台、自由式滑雪男子大跳台、自由式滑雪空中技巧混合团体，以及单板滑雪障碍追逐混合团体。在新增小项中，冰上项目只有1个小项，雪上项目却有6个小项，而在这6个小项中自由式滑雪就占据了3项，其中空中技巧混合团体又是我们的优势项目。国际奥委会的这一决定遵循了《奥林匹克宪章》，体现了《奥林匹克2020议程》和《新规范》的理念，考虑了项目对年轻人的吸引力和参赛运动员男、女平衡等因素。这也从一个侧面充分体现了自由式滑雪运动的强大生命力。

在北京冬奥会的自由式滑雪分项中，空中技巧是我们的传统优势项目，女子U型场地技巧与女子坡面障碍技巧属新兴潜优势项目，雪上技巧正处于爬坡阶段，大跳台虽然是新上项目初建队伍，但其发展前景乐观可期；而障碍追逐不是难美项群的项目，它是体现速度和激情的运动，比赛滑道宽、窄、曲、直各异，障碍类型多种多样，对选手身体素质与雪上滑行技术要求甚高，参加此项比赛的外国选手大多都有深厚的高山滑雪功底，几十年来高山滑雪一直是我们的弱项，我国障碍追逐项目发展前景如何，尚待观察。

第三节　世界自由式滑雪实力格局

一、平昌冬奥会自由式滑雪奖牌分布

在前言中已经阐明，本书是着眼于我国备战北京冬奥会，那么本节我们首先应关注2018年平昌冬奥会自由式滑雪5个项目10个小项合计30枚奖牌，尤其是金牌的分布格局。

由表2-2可见，平昌冬奥会在自由式滑雪分项共30枚奖牌的争夺中，共有14个国家分享奖牌，其中加拿大战果最佳——共获4金2银1铜达7枚奖牌，男、女障碍追逐与男、女雪上技巧是其强项，女子U型场地技巧也获1枚金牌，除空中技巧实力稍逊之外，在其他4个项目均有斩获；美国获1金（男子U型场地技巧）2银1铜共4枚奖牌，男、女U型场地技巧是其强项；瑞士获1金（女子坡面障碍技巧）1银2铜也是4枚奖牌，除了女子坡面障碍技巧外，女子障碍追逐也是其强项；我国获2银1铜共3枚奖牌，均为空中技巧项目所得，男、女空中技巧小项都是我们的强项；法国获2枚奖牌，其中女子雪上技巧获金牌，女子U型场地技巧获银牌；俄罗斯也获2枚奖牌，其中男子障碍追逐获银牌，男子空中技巧获铜牌；还有8个国家（白俄罗斯、乌克兰、挪威、澳大利亚、哈萨克斯坦、日本、新西兰、英国）各获1枚奖牌，其中白俄罗斯获女子空中技巧金牌，乌克兰获男子空中技巧金牌，挪威获男子坡面障碍技巧金牌。

表2-2 2018年平昌冬奥会自由式滑雪奖牌分布情况统计结果

项目	金牌 女子	金牌 男子	银牌 女子	银牌 男子	铜牌 女子	铜牌 男子
空中技巧	白俄罗斯	乌克兰	中国	中国	中国	俄罗斯
雪上技巧	法国	加拿大	加拿大	澳大利亚	哈萨克斯坦	日本
障碍追逐	加拿大	加拿大	加拿大	俄罗斯	瑞士	瑞士
U型场地技巧	加拿大	美国	法国	美国	美国	新西兰
坡面障碍技巧	瑞士	挪威	瑞士	美国	英国	加拿大

二、近期世界杯系列赛国家积分排名

除了2018年平昌冬奥会自由式滑雪奖牌分布，随后的2019赛季世界杯国家积分排名也可从另一侧面反映世界自由式滑雪实力格局。图2-1的2019赛季世界杯国家积分排名表所截图的前13名为总积分达1000分以上者，世界自由式滑雪强国基本包括在内，项目代号：MO——雪上技巧，AE——空中技巧，SX——障碍追逐，HP——U型场地技巧，SS——坡面障碍技巧，BA——大跳台[1]。由

Rank	Nation	NSA	MO	AE	SX	HP	SS	BA	MO	AE	SX	HP	SS	BA	Total
1	Canada	CAN	642	54	1,236	540	339	320	1,109	121	748	434	468	255	6,266
2	United States Of America	USA	954	468	73	314	490	109	593	365	201	556	647	210	4,980
3	Switzerland	SUI	33	80	1,231		532	280		308	1,206	42	430	363	4,505
4	France	FRA	780		789		212	102	631	1,428	191	60		13	4,206
5	Sweden	SWE	42		1,072				794		295		371	125	2,699
6	P.R. China	CHN	99	760		412				614		88			1,973
7	Germany	GER	319	6	582	52	91	140		646		12	12	23	1,883
8	Japan	JPN	524	44		107	47		850	74	35	21	44	2	1,748
9	Austria	AUT	21		419	86	120	65		809	75	36	116		1,747
10	Australia	AUS	698	323		214			469						1,704
11	Russia	RUS	242	164	203	36	74		130	470	56	55			1,430
12	Kazakhstan	KAZ	573	94					407	12					1,086
13	Norway	NOR	26			246	40			36	415	250			1,013

图2-1 2019赛季世界杯国家积分排名表前13名截图

---

[1] Fis.fis freestyle ski wirkd cup 2019 world cup-nations cup standings [EB/OL]. http：//medias3.fis-ski.com/pdf/2019/fs/8282/2019fs8282 wcncs.pdf.

图2-1可见，总积分前4名的加拿大、美国、瑞士、法国实力雄厚，2018赛季也是列居前4名（法国第3名，瑞士第4名），尤其唯有雄踞榜首的加拿大连续两赛季总积分均高达600分以上[1]。

2018赛季我国以总积分1766分排在第12名，2019赛季则以总积分1973分跃居第6名，可谓长足进步。之所以会如此，主要原因有二：一是自身实力有所增强，除了传统强项空中技巧积分增加41分外，雪上技巧积分增加84分，U型场地技巧积分增加82分；二是正值本赛季后期青年冬奥会在俄罗斯举行，东道主俄罗斯为了力保其理想成绩而放弃了世界杯自由式滑雪最后2站比赛，遂使其本赛季世界杯国家总积分由上赛季的3384分骤降至1430分而跌至第11名，白俄罗斯等国也有类似情况[2]。我国男子障碍追逐、女子障碍追逐、男子大跳台、男子雪上技巧、男子坡面障碍技巧尚无力争得积分，但随着2019年原美国选手谷爱凌强力加盟我队，坡面障碍技巧与大跳台项目竞争实力已明显增强。

2018年平昌冬奥会自由式滑雪比赛共有5个项目10个小项合计10枚金牌，仅图2-1的前4名国家加拿大、美国、瑞士、法国就夺得7枚，其余3枚分别归属排名第13名的挪威（男子坡面障碍技巧）、第17名的白俄罗斯（女子空中技巧）及第21名的乌克兰（男子空中技巧）。白俄罗斯为2019年青年冬奥会也放弃了世界杯最后2站比赛，仅空中技巧1个项目就比上赛季少得660分，否则2019赛季世界杯国家积分也会达1000分以上。另外，尚未截入图2-1排名第14名的新西兰男子U型场地技巧、男子坡面障碍技巧及男子大跳台小项，排名第15名的意大利女子坡面障碍技巧及女子大跳台小项，也都具有一定实力。

2020赛季世界杯国家积分排名表前13名还是上述13个国家，其中前5名依旧，排名变化最大的是中国和俄罗斯——我国由2019赛季的第6名降至第8名，而俄罗斯则由2019赛季的第11名跃至第6名。2020赛季我国U型场地技巧、坡面障碍技巧及大跳台项目有长足进步，比上赛季积分增加了372分，但雪上技巧与障碍追逐是弱项，主要是原本的强项空中技巧表现欠佳减少113分而导致如此局面；再反观俄罗斯，发现其自由式滑雪多项爆发，空中技巧、雪上技巧、U型场地技巧、障碍追逐及大跳台的积分依次增加344分、290分、208分、139分及53分，总积分增值竟达960分，其备战态势咄咄逼人。

[1] Fis.fis freestyle ski wirkd cup 2018 world cup-nations cup standings [EB/OL]. http：//medias1.fis-ski.com/pdf/2018/fs/8126/2018fs8126 wcncs.pdf.

[2] Fis.fis freestyle ski wirkd cup 2019 world cup–disciplne standings [EB/OL]. http：//medias3.fis-ski.com/pdf/2019/fs/8484/2019fs8484 wcncs.pdf.

除了上述自由式滑雪的12个小项外,北京冬奥会空中技巧混合团体这枚金牌将在中国、俄罗斯、白俄罗斯、瑞士、美国等空中技巧强国之间展开激烈争夺[1]。我国属世界强队,无疑这个新增小项对我们有利,但如何将愿景变成胜果尚需慎重对待。

第四节 我国自由式滑雪备战北京冬奥会的使命

一、我国体育代表团在冬奥会奖牌榜的排名

如何才能实现"冰雪运动竞技水平明显提高,冰上项目上台阶、雪上项目有突破,取得我国冬奥会参赛史上最好成绩,努力实现我国冰雪运动跨越式发展"呢?这首先就要明确我们目前所处的位置和起跑线,因为没有起跑线就无从规划自己的航程,只有已知自己现在所处的位置,地图和指南针才能发挥作用[2]。为此,此处首先示出表2-3的2018年平昌冬奥会排在前16名的奖牌榜,这是因为我国冬奥会参赛史上以往最好成绩是2010年温哥华冬奥会奖牌榜的第7名(5枚金牌,共11枚奖牌),2014年索契冬奥会降至第12名(1银2铜共3枚奖牌),而2018年平昌冬奥会再降至第16名(1金6银2铜共9枚奖牌)。

表2-3 2018年平昌冬奥会前16名奖牌榜

排名	国家	金牌	银牌	铜牌	合计
1	挪威	14	14	11	39
2	德国	14	10	7	31
3	加拿大	11	8	10	29
4	美国	9	8	6	23
5	荷兰	8	6	6	20
6	瑞典	7	6	1	14
7	韩国	5	8	4	17

---

[1] 解龙,戈炳珠.冬奥会新增空中技巧混合团体赛引发的思考[J].中国科学学报,2018(11):87-88.
[2] 林杰.拿破仑·希尔成功学[M].北京:中国长安出版社,2008.

（续表）

排名	国家	金牌	银牌	铜牌	合计
8	瑞士	5	6	4	15
9	法国	5	4	6	15
10	奥地利	5	3	6	14
11	日本	4	5	4	13
12	意大利	3	2	5	10
13	俄奥运选手	2	6	9	17
14	捷克	2	2	3	7
15	白俄罗斯	2	1	0	3
16	中国	1	6	2	9

显而易见，就冬奥会奖牌榜排名而论，2018年平昌冬奥会的第16名就是我们现在的起跑线，北京冬奥会奖牌榜突破第7名即是取得我国冬奥会参赛史上最好成绩；就我国冬奥会代表团所获奖牌而论，北京冬奥会若超过5枚金牌6枚银牌、铜牌即是突破。

二、我国自由式滑雪在冬奥会奖牌榜的排名

由表2-4可见，我国自由式滑雪分项至2018年第23届冬奥会已经获得1枚金牌、6枚银牌、4枚铜牌总共11枚奖牌，若只论奖牌枚数可排在奖牌榜第4位，但冬奥会奖牌榜排名的规则是首先看金牌——既看枚数更看成色，所以，我国只能屈居奖牌数少于我国的瑞士（8枚）、白俄罗斯（7枚）、挪威（9枚）、澳大利亚（8枚）之后排在第8位。

表2-4 历届冬奥会自由式滑雪奖牌榜统计结果

名次	国家	女子 金牌 M/A/X/H/S	女子 银牌 M/A/X/H/S	女子 铜牌 M/A/X/H/S	男子 金牌 M/A/X/H/S	男子 银牌 M/A/X/H/S	男子 铜牌 M/A/X/H/S	合计 金牌	合计 奖牌
1	加	2/0/3/1/1	3/1/2/0/0	0/1/0/0/1	4/0/1/0/0	1/1/0/1/0	0/1/0/0/1	12	25
2	美	2/1/0/1/0	1/0/0/0/1	4/1/0/1/0	1/0/2/0/1	2/2/0/1/2	0/0/0/0/1	9	25
3	士	0/1/0/0/1	0/1/0/0/1	0/1/0/0/0	0/1/1/0/0	0/0/0/1/0	0/0/0/0/0	4	9

（续表）

名次	国家	女子 金牌 M/A/X/H/S	女子 银牌 M/A/X/H/S	女子 铜牌 M/A/X/H/S	男子 金牌 M/A/X/H/S	男子 银牌 M/A/X/H/S	男子 铜牌 M/A/X/H/S	合计 金牌	合计 奖牌
4	白	0/2/0/0/0	0/0/0/0/0	0/0/0/0/0	0/2/0/0/0	0/1/0/0/0	0/2/0/0/0	4	7
5	法	2/0/0/0/0	1/0/0/2/0	2/0/1/0/0	0/0/1/0/0	0/1/1/0/0	1/0/1/1/0	3	14
6	挪	0/0/0/0/0	0/0/1/0/0	0/1/0/0/0	2/0/0/0/1	1/0/0/0/0	2/0/2/0/0	3	10
7	澳	1/2/0/0/0	0/0/0/0/0	0/2/0/0/0	0/0/0/0/0	2/1/0/0/0	0/0/0/0/0	3	8
8	中	0/0/0/0/0	0/5/0/0/0	0/2/0/0/0	0/1/0/0/0	0/1/0/0/0	0/2/0/0/0	1	11
9	芬	1/0/0/0/0	2/0/0/0/0	1/0/0/0/0	0/0/0/0/0	0/0/0/0/0	0/0/0/0/0	1	4
9	日	0/0/0/0/0	0/0/0/0/0	0/0/0/1/0	1/0/0/0/0	0/0/0/0/0	2/0/0/0/0	1	4
11	乌	0/1/0/0/0	0/0/0/0/0	0/0/0/0/0	0/0/0/0/0	0/0/0/0/0	0/0/0/0/0	1	1
11	乌	0/0/0/0/0	0/0/0/0/0	0/0/0/0/0	0/0/0/0/0	0/0/0/0/0	0/0/0/0/0	1	1
11	捷	0/0/0/0/0	0/0/0/0/0	0/0/0/0/0	0/0/0/0/0	0/0/0/0/0	0/0/0/0/0	1	1
14	俄	0/0/0/0/0	1/0/0/0/0	0/0/0/0/0	0/0/0/0/0	1/0/0/0/0	2/2/1/0/0	0	7
15	典	0/0/0/0/0	0/1/0/0/0	0/0/1/0/0	0/0/0/0/0	0/0/0/0/0	0/0/0/0/0	0	2
16	德	0/0/0/0/0	0/0/0/0/0	0/0/0/0/0	0/0/0/0/0	1/0/0/0/0	0/0/0/0/0	0	1
16	奥	0/0/0/0/0	0/0/0/0/0	0/0/0/0/0	0/0/0/0/0	0/0/1/0/0	0/0/0/0/0	0	1
18	哈	0/0/0/0/0	0/0/0/0/0	0/0/0/0/0	0/0/0/0/0	0/0/0/0/0	0/0/0/0/0	0	0
18	新	0/0/0/0/0	0/0/0/0/0	0/0/0/0/0	0/0/0/0/0	0/0/0/0/0	0/0/0/0/0	0	0
合计		22	23	20	22	22	22	44	131

注：1.M=MO=雪上技巧，A=AE=空中技巧，X=SX=障碍追逐，H=HP=U型场地技巧，S=SS=坡面障碍技巧；2.哈：哈萨克斯坦，士：瑞士，白：白俄罗斯，典：瑞典，乌：乌兹别克，乌：乌克兰，捷：捷克，新：新西兰；3.独联体MO男子的1枚银牌合并到俄罗斯。

由表2-4还可以衍生冬奥会自由式滑雪各项目奖牌榜。显而易见，表2-4中我国的11枚奖牌均由自由式滑雪空中技巧项目所得，所以此处特列出表2-5的冬奥会空中技巧前6名奖牌榜统计结果以进一步说明问题。由表2-4可见，我国自由式滑雪分项还有弱项，表2-5显示尽管空中技巧至今只获1枚金牌，但其余10枚奖牌足以说明我们拥有可观的冬奥夺金潜力。

表2-5 冬奥会空中技巧前6名奖牌榜统计结果

名次	国家	金牌	银牌	铜牌	合计
1	白俄罗斯	4	1	2	7
2	美国	2	2		4
3	澳大利亚	2	1	2	5
4	瑞士	2		1	3
5	中国	1	6	4	11
6	乌兹别克斯坦	1			1
6	捷克	1			1
6	乌克兰	1			1

三、我国自由式滑雪备战北京冬奥会的目标

对于冬奥会比赛成绩来说，关键在于金牌的争夺。经又一轮的新增小项，已确定北京冬奥会共有109枚金牌。北京冬奥会共有15个分项比赛，若算金牌平均数，每分项只有7.26枚，只占金牌总数的6.66%，自由式滑雪分项就有13枚金牌，却占金牌总数的11.92%；而自由式滑雪分项中的男、女空中技巧小项都是我们的传统强项，都具有北京冬奥会夺金实力，此外，空中技巧混合团体小项也是我们的强项，同样具有北京冬奥会夺金实力；除了这3枚志在必争的金牌外，空中技巧项目还有6枚奖牌，我国该项选手大多具有夺牌实力。另外，在女子U型场地技巧小项，在2018年平昌冬奥会决赛中，时年16岁的张可欣初出茅庐即拿到第9名，2018、2019、2020赛季更是3次站上世界杯分站赛最高领奖台；2020赛季世界杯17岁的谷爱凌夺得1枚金牌、1枚银牌；17岁的李芳慧则是2019赛季涌现出的又一新秀，她在当年世锦赛中获得第5名[1]，2019、2020赛季世界杯夺得2枚银牌；在2019赛季自由式滑雪世界杯U型场地技巧国家总积分排名中，我国该项目已居第3名，2020赛季女子U型场地技巧更是跃居榜首，像张可欣、谷爱凌这样的新秀已逼近夺取冬奥奖牌乃至金牌的实力；在女子坡面障碍技巧与大跳台小项，谷爱凌也具有夺得奖牌实力；女子雪上技巧首次参赛冬奥会即闯入首轮决赛，经历一段低谷之后，近期竞技水平已有所提升。

---

[1] 新浪体育. U型场地中国队坐拥双保险00后小将崛起潜力巨大[EB/OL]. http://sports.sina.com.cn/others/winter/2019-05-10/doc-ihvhiqax7826957.shtml.

笔者以为，我国自由式滑雪分项备战北京冬奥会的成绩目标应当是：金牌——突破都灵冬奥会的1枚，目标2~3枚，由空中技巧混合团体、男子空中技巧、女子空中技巧、女子U型场地技巧及女子坡面障碍技巧5小项共同完成；银牌铜牌——突破温哥华冬奥会和平昌冬奥会的3枚，目标5~7枚，其中空中技巧3小项4~5枚，女子U型场地技巧与女子坡面障碍技巧1~2枚。综上所述可以明了，为实现国家在《意见》中所明确的北京冬奥宏图，我国自由式滑雪分项具有多么重要的战略地位。

第五节　我国自由式滑雪备战北京冬奥会的对策

一、项目合理布局

自由式滑雪分项所属的项目及其小项都要以其重要性合理布局，其布局排序包括项目排序和小项排序。①项目排序：a.空中技巧；b.U型场地技巧、坡面障碍技巧；c.大跳台；d.雪上技巧；e.障碍追逐。②小项排序：a.空中技巧混合团体；b.男子空中技巧与女子空中技巧；c.女子U型场地技巧；d.女子坡面障碍技巧；e.女子大跳台；f.女子雪上技巧；g.其他。

自由式滑雪分项有6个项目。无疑空中技巧项目是主力军，其中空中技巧混合团体小项金牌势在必得，尤其要妥善做好3人男、女混搭阵容的组队工作，以确保届时万无一失；男子空中技巧小项实力雄厚，面对强劲对手挑战应力夺金牌；女子空中技巧小项有实力雄厚的老将坐镇，但面临强化三周动作与参赛阵容合理组队以增强团队实力的新问题，可喜的是，一批潜力很大的年轻人已进入国家青年队，为未来做准备，还将有源源不断的人才涌现出来[1]；U型场地技巧项目发展势头良好，其中女子U型场地技巧有望在北京冬奥会夺取奖牌甚至金牌，除空中技巧外，也应予以优先保障；谷爱凌是女子坡面障碍技巧、U型场地技巧、大跳台兼项选手，要审时度势地审慎处理好三者关系以追求参赛效益最优化；雪上技巧须尽快补齐短板以突破发展瓶颈[2]，其中应适当侧重女子

---

[1] 新浪体育.王禹：北京冬奥新增7个小项将带来哪些机遇和挑战？[EB/OL]. http://sports.sina.com.cn/others/winter/2018-07-21/doc-ihfqtah1464594.shtml.

[2] 戈炳珠.由我国雪上技巧发展现状引发的若干思考[C].空中技巧文丛：第13卷.沈阳：沈阳体育学院戈炳珠研究室，2019：67-78.

雪上技巧；障碍追逐是上马不久的新项目，从项目特点与制胜因素来看，近几年难有大的起色。

二、打造团队优势

除了空中技巧混合团体外，北京冬奥会自由式滑雪比赛都是个人比赛，届时我国选手与所有外国强手争金夺牌，这时我们是一个团队，同时要把所有外国强手视为一个团队，为了确保冬奥金牌的突破，今后我队应力争多人入围争金决赛，当我队能占据至少半数争金席位时才称得上真正的团队优势[1]。

为实证如此团队优势观，本节特列出表2-6以进一步说明问题。由表2-6可见，我国空中技巧男、女选手共有9人次在4届冬奥会争夺7枚金牌的7次终极决赛中有可能夺金，平均每次终极决赛有可能夺金人次为9/7=1.28人次，实现夺金者只有男选手韩晓鹏1人次，实现夺金比率为1/7=0.1428=14.28%；共有22人次在6届冬奥会争夺18枚银牌、铜牌的10次终极决赛中有可能得银（铜），平均每次终极决赛有可能得银（铜）者为22/10=2.2人次，男、女选手实现得银

表2-6　历届冬奥会我国空中技巧争夺奖牌可能人次与实现人次统计结果

届别	性别	金牌 可能	金牌 结果	银牌铜牌 可能	银牌铜牌 结果
18	女			郭丹丹　徐囡囡　季晓鸥	徐囡囡[2]
19	女			李妮娜	
20	女	李妮娜		李妮娜　郭心心	李妮娜[2]
	男	韩晓鹏	韩晓鹏[1]	邱森	
21	女	徐梦桃		徐梦桃　李妮娜　郭心心	李妮娜[2]　郭心心[3]
	男			贾宗洋　齐广璞　刘忠庆	刘忠庆[3]
22	女	徐梦桃		徐梦桃　李妮娜	徐梦桃[2]
	男	齐广璞　贾宗洋		齐广璞　贾宗洋	贾宗洋[3]
23	女	徐梦桃		徐梦桃　孔繁钰　张鑫	张鑫[2]　孔凡钰[3]
	男	齐广璞　贾宗洋		齐广璞　贾宗洋	贾宗洋[2]

注：选手姓名右上方的阿拉伯数字为比赛所获名次。

[1] 刘伶燕，戈炳珠. 备战2022年冬奥会我国女子空中技巧夺金形势辨析[R]. 第十一届全国体育科学大会，南京，2019.

(铜)者10人次(男3人次,女7人次),实现得银(铜)比率为10/18=0.5555=55.55%,在争夺银牌铜牌的统计结果中我们还看到,第21、23届女子终极决赛都有3人上阵结果均获2枚奖牌,而第19、20届的李妮娜和邱森只能孤身作战,均功亏一篑,这些事实都可佐证上述团队优势观。

三、备战针锋相对

对照表2-3、表2-4解读可见,为了从平昌冬奥会第16名的起跑线奋起直追,实现北京冬奥会奖牌榜突破第7名,就自由式滑雪分项而言,首先要超越目前挡在我们前面的备战战略针对国:韩国、日本、白俄罗斯及俄罗斯。韩国近3届冬奥会奖牌榜名列第5名、第6名、第7名,整体实力不俗,短道速滑竞技水平突出,但自由式滑雪无强项,与我无争。日本自由式滑雪整体实力明显不如我们,空中技巧对我们无威胁,但雪上技巧实力强劲,平昌冬奥会曾获1枚男子铜牌,在2019赛季世界杯该项国家总积分排名中男子居第2名,女子居第5名,我们必须奋起直追,与其抗衡。在冬奥会空中技巧奖牌榜上,白俄罗斯虽然比我们少得4枚奖牌,但由于夺得4枚金牌而高居榜首;在2014年索契冬奥会决赛中,该国三周女选手从我们手中夺走1枚金牌,这一得一失在彼此间就造成了±2枚金牌的差距;在2018年平昌冬奥会决赛中,其三周女选手又从我们手中夺走1枚金牌,这一得一失在彼此间再次造成±2枚金牌的差距。而俄罗斯男选手B.Ilya已在平昌冬奥会夺得1枚铜牌,继B.Maxim夺得2019年世锦赛冠军及2019赛季世界杯2枚金牌之后,2020赛季B.Maxim与队友K.Pavel又攻克了世界最高难度动作并在世界杯比赛中夺金,其发展势头正劲。待到2022年北京冬奥会,很有可能女子空中技巧决赛是中国与白俄罗斯选手的金牌争夺战,男子空中技巧决赛是中国与俄罗斯选手的金牌争夺战,两强争金的胜负在彼此间会产生"±2"的效果;此外,在北京冬奥会新增小项空中技巧混合团体决赛中,白俄罗斯队与俄罗斯队也是我们争金的劲敌,届时也有可能与其再次形成"±2"的严峻局面,这关系到我国征战北京冬奥会的大局。由此可见,白俄罗斯与俄罗斯是我国自由式滑雪备战北京冬奥会的主要战略针对国,我国空中技巧女队必须针锋相对,提高三周动作竞技实力,空中技巧男队齐广璞、贾宗洋、王心迪等主力选手在动作难度与质量上要紧紧咬住B.Maxim、K.Pavel、B.Ilya、N.Stanislav等俄罗斯主力选手,混合团体小项要真正做到知己知彼,在组队、技术、难度、战术等各方面做好充分准备,以期届时向国人交上一份更加满意的答卷。

四、破解困扰难题

从1998年长野冬奥会开始，自由式滑雪空中技巧就一直是中国代表团在冬奥会雪上项目雷打不动的奖牌争夺点。无论是长野冬奥会徐囡囡的首枚银牌，都灵冬奥会韩晓鹏一举夺金实现历史性突破，还是都灵冬奥会与温哥华冬奥会李妮娜蝉联亚军，直至平昌冬奥会贾宗洋、张鑫、孔凡钰站上领奖台，22年来，空中技巧始终扛起我国雪上项目的大旗。万众瞩目的北京冬奥会正在向我们一步步走来，我国空中技巧项目重任在肩。雄关漫道真如铁，而今迈步从头越，辉煌战绩已是既往，面临难题亟待破解。

冬奥会空中技巧参赛高手彼此间动作难度都不低，空中动作完成质量也都具有相当水平，最关键也最要命的则是最后的着陆稳定性，比拼的最终结果往往在此一举，这就是所谓的"一锤定音"。在这方面，以往我国选手不乏成功范例，但也吃过不少苦头。着陆稳定性是整个跳跃动作的最终结果，实质上是前面各动作环节技术正确、合理与否的见证；着陆技术有其自身特点，其专门训练也不可忽视，但着陆技术只能在一定限度内起作用，若着陆失败，往往须逆向循序找原因[1]。实际上，我国该项优秀选手的准备着陆动作、空中翻转、起跳出台乃至助滑技术都已熟练可控，只有精准确定助滑起点这一环节虽经多年努力但至今未能妥善解决——选手比赛出发前，站在助滑道起点附近，究竟应该再上一步还是下一步，无论对选手本人还是对教练员都是一道难解的课题。当然，外国同行也同样面临这一难题。

空中技巧比赛成绩是参赛动作最后得分，而其最后得分等于裁判员评出的动作质量有效分（满分30分）与既定参赛动作难度系数（动作越难系数越大）的乘积，也就是说，在着陆稳定的前提下，比赛胜负取决于动作质量的高低与动作难度的大小。为了在冬奥会上摘金夺银，教练员和运动员都深知加难参赛动作的重要性，但在该加难时因怕受伤时而踌躇不前，反观白俄罗斯女队却是另一番情景——索契冬奥会女子冠军T.Alla和平昌冬奥会女子冠军H.Hanna，都是由于果断加难三周动作难度而成就了该队冬奥会两连冠伟业；教练员和运动员也都深知高难参赛动作只有平时练够跳次，比赛才可能有更稳定的发挥，但同样是因怕受伤时而踌躇不前。笔者以为，备战冬奥会的选手宜尽早在世界杯、世锦赛赛场上磨练冬奥会拟用动作，只有经过几个赛季（至少两个赛季）

---

[1] 戈炳珠.自由式滑雪空中技巧初探[M].北京：人民体育出版社，2003.

第二章　我国自由式滑雪的冬奥战略地位

的磨练，才有可能实现由量变到质变的升华。况且，就整个备战周期来说，前半程即开始磨练冬奥会拟用动作还有一个好处——即使受伤经过治疗与恢复之后还有机会，倘若下半程不幸受伤恐怕就没有多少回旋余地了。有人可能会说，在世界杯、世锦赛中冬奥会拟用的高难动作跳次再多也确保不了冬奥会就能成功，此话不假。但这里谁也不可否认的一般规律是，高难参赛动作平时跳次越多，到关键时刻成功的概率越高。面对空中技巧客观存在的高度偶然性特点，我们备战冬奥会不能心存侥幸寄希望于幸运之神，只能脚踏实地地追求成功的更高概率[1]。

《意见》强调"加强备战保障工作，大力推进'科技冬奥'重点攻关"，希望能借此东风各方协作以破解上述困扰难题。

本章小结

（1）指出我国自由式滑雪分项备战北京冬奥会的重要战略地位。

征战冬奥会关键在于金牌的争夺，我国该分项中的空中技巧混合团体、男子空中技巧、女子空中技巧、女子U型场地技巧及女子坡面障碍技巧5个小项都具有夺金实力。

（2）提出该分项备战北京冬奥会成绩目标。

金牌：突破都灵冬奥会的1枚，目标2~3枚，由空中技巧混合团体、男子空中技巧、女子空中技巧、女子U型场地技巧及女子坡面障碍技巧5小项共同完成；奖牌：突破温哥华冬奥会和平昌冬奥会的3枚，目标5~7枚，空中技巧3小项达成4~5枚，女子U型场地技巧与女子坡面障碍技巧达成1~2枚。

（3）提出"战略针对国"概念。

为了实现北京冬奥会奖牌榜突破我国参赛史上最好成绩的第7名，就该分项而言，首先要超越目前挡在我们前面的白俄罗斯、俄罗斯、日本。日本雪上技巧实力强劲，我国雪上技巧重担在肩；白俄罗斯在第22届冬奥会与第23届冬奥会先后从我们手中夺得1枚男子空中技巧金牌和1枚女子空中技巧金牌，每届一得一失在彼此间都造成±2枚金牌的差距，这对全局而言关系重大；俄罗斯男子空中技巧目前上升势头强劲，北京冬奥会时是我队争金的主要劲敌，很可能在一得一失的彼此间也会造成±2枚金牌的差距；此外，在新增小项空中技巧混合团体决赛中，白俄罗斯与俄罗斯也是我们争金的劲敌，届时也有可能与其再次形成

---

[1] 戈炳珠.空中技巧新论[M].沈阳：辽宁人民出版社，2016.

"±2"的严峻局面,这对全局而言也关系重大。

（4）提出备战对策。①项目合理布局,以其重要性布局排序：a.空中技巧混合团体；b.男子空中技巧与女子空中技巧；c.女子U型场地技巧；d.女子坡面障碍技巧；e.女子大跳台；f.女子雪上技巧；g.其他。②打造团队优势：指出我国选手与外国强手竞争时,我们是一个团队,同时要把所有外国强手视为一个团队,为了确保冬奥会金牌的突破,我队应力争多人入围争金决赛,当其占据至少半数争金席位时才称得上真正的团队优势。③备战针锋相对：俄罗斯与白俄罗斯是我国自由式滑雪备战北京冬奥会的主要战略针对国,我国须针锋相对地厉兵秣马、力压劲敌。④破解困扰难题：精准掌控助滑起点和跳高难动作与可能受伤的矛盾,是困扰空中技巧项目的两大难题,要加强备战保障工作,大力推进"科技冬奥"重点攻关,各方协作以破解有关困扰难题。

（作者：戈炳珠、刘伶燕,2020年定稿 ）

第三章 空中技巧成绩单体系解读

第一节 绪论

竞技体育可以简单地理解为比较竞技水平高低的体育活动。它作为人类的一种特殊社会活动，具有其自身的特点，而激烈的竞争性就成为竞技运动区别于其他体育活动的最本质的特点之一。运动成绩是选手参加比赛的结果，所有选手参加比赛都力求创造理想的运动成绩，尤其是在世界性大赛中，人们追求的首先是金牌，是胜负和名次[1]。运动成绩即比赛成绩，在国际雪联自由式滑雪比赛成绩单中的表达为Results，即结果、成绩。一提起空中技巧比赛成绩单，人们往往首先想到的是某轮或某场比赛的具体评分成绩单，即Results List，但本章所研究的成绩单却并非仅限于此，而是包括其在内的一整套比赛成绩单。而比赛成绩单正是记载比赛结果的载体，是赛会的重要文件，对于整个运动训练及比赛活动都起着重要的导向作用，向来为人所关注。

自由式滑雪空中技巧比赛，就年龄而言，有少年赛、青年赛和成年赛；就地域规模而言，有国内比赛、洲际比赛、世界性比赛。在诸多世界性比赛中，最具典型性和代表性的是4年1届的冬奥会、2年1届的世锦赛和每年举行的世界杯系列赛（简称世界杯），堪称自由式滑雪世界三大赛。自20世纪80年代末我国开展自由式滑雪运动以来已全面与国际接轨，国内比赛成绩单完全依照世界三大赛模式，不但每年、每届都积极报名参加世界三大赛，而且奋力在冬奥会上摘金夺银。回顾以往冬奥战绩，自由式滑雪分项中的空中技巧项目在我国所有雪上项目中独占鳌头；前瞻万众瞩目的2022年北京冬奥会，空中技巧项目也是我国雪上项目摘金夺银的主力军。

本章所研究的冬奥会成绩单、世锦赛成绩单和世界杯成绩单，依其内容繁简划分，每轮比赛有简化成绩单和具体成绩单，前者只示出名次、姓名、国家

---

[1] 全国体育院校教材委员会.体育院校通用教材·运动训练学[M].北京：人民体育出版社，2003.

及得分等基本内容；后者是预赛和决赛的详细比赛结果，其内容三大赛基本相同，信息周详，这里包括每轮比赛选手出发顺序表及其成绩单明细，广为人们关注。依比赛轮次划分，预赛阶段有1轮或2轮具体成绩单及其汇总成绩单，决赛阶段有2轮或3轮具体成绩单及其汇总成绩单；但与冬奥会与世锦赛成绩单不同的是，世界杯系列赛各赛站除上述简化成绩单、出发顺序表、每轮比赛成绩单及汇总成绩单以外，还有个人单项积分排名表、个人全能积分排名表、国家单项积分排名表和国家全能积分排名表这四种成绩单。由上述可见，本章重点研究世界三大赛每轮比赛成绩单与世界杯积分排名表是具有典型性与代表性的。

　　上述成绩单蕴含着大量宝贵信息，无论是运动员、教练员、裁判员、科研人员、管理人员，甚至媒体工作者等各方人士，都要查看成绩单以获取所需信息。以往人们只是关注与己直接有关的比赛临场成绩单，所获信息颇为有限；国际雪联发布的成绩单均为英语版本，有一套独特的术语代号体系和表达模式，由于语言和术业所限，欲顺利解读尚有难度；在几十年的自由式滑雪发展历程中，其竞赛规则与裁判方法几经修改，还有老赛制和新赛制之别，这也给有关人士解读成绩单平添了些许麻烦。然而笔者经文献搜索发现，至今尚未见到专题系统阐述世界三大赛自由式滑雪成绩单体系及其解读的研究成果。基于上述，本章力图填补这一研究领域空白。

　　虽然至今尚未见到专题系统阐述世界三大赛自由式滑雪成绩单体系及其解读的研究成果，但零星的与此有关的文献资料尚有一些。最近的一篇是门传胜2018年初发表的《中国自由式滑雪女子空中技巧队平昌冬奥会预赛点评》。该文首先结合示出的首轮预赛出发顺序表，介绍了赛前基本情况；然后示出预赛成绩单，对赛况进行了分析，提出应从"看难度、看分数、看发挥"这三方面来对比中外选手成绩；随后还示出预赛前6名选手成绩单截图，对裁判员打分情况做了分析，在此作者尖锐地提出"谁是比赛真正的主宰者？"的问题，然而其既表达了"真正主宰比赛的是'综合实力'——大到国家强盛，天下无敌；小到绝世武功，称霸一方"的观点，也表达了"比赛的主宰者是裁判员"和"比赛中能左右运动员的只有教练员"的观点[1]。另外较有代表性的是戈炳珠发表的几篇论文。例如2005年发表的《空中技巧动作bRuRuF难度系数之辨析》，在此针对2004赛季世界杯bRuRuF难度系数究竟应是4.45还是4.375的问

---

[1] 门传胜. 中国自由式滑雪女子空中技巧队平昌冬奥会预赛点评[EB/OL]. http://kuaibao.qq.com/s/20180216A02G6J00.

题，根据国际规则裁判手册难度计算法则及动作结构特点进行了辨析，最后得出两条结论：①认为该动作难度系数仍然应为4.375，当时改为4.45是缺乏有力根据的。②国际雪联或是纠正4.45的错误，把该动作难度系数重新计为4.375，或是及时修订难度系数计算法则，使之与4.45相适应，二者不可矛盾[1]。这是解读成绩单时发现动作难度系数疑问并据理辨析的学术论文。后来的事实表明，2007年11月国际雪联对空中技巧动作难度系数计算法则进行了第2次修订，其中就包括把该动作难度系数改为4.45[2]。再如2007年发表的《论空中技巧动作时机评分行情及应对思路》，就第20届冬奥会男子空中技巧冠军之争白俄罗斯选手D.Dmitri究竟输在何处，经作者对当时裁判员评分行情的解读明确指出："他主要输在bdFFF的动作时机错误上。[3]"还应提及2010年发表的《对温哥华冬奥会空中技巧比赛结果的另类解读》。为了有助于正确认识温哥华冬奥会空中技巧比赛结果，更加准确地判断目前我们与对手的竞技实力水平，该文另辟蹊径从"假设"的视角对该届冬奥会空中技巧比赛结果进行了另类的解读[4]。诚然，比赛既已结束已无从"假设"，既定的比赛结果也不可改变，但从假设视角去解读不但能更加准确地认识自己和对手的真实竞技实力水平，使我们可以有根有据地规划备战下届冬奥会的各方面工作，而且在研究方法上也为解读成绩单提供了一种新思路。

  本章研究内容主要有两方面：一是解读自1994年第17届冬奥会空中技巧成为正式比赛项目以来国际雪联官方网站公布的冬奥会、世锦赛、世界杯每轮比赛成绩单，并阐述其解读功用，其中以2013年度开始执行新赛制的世界三大赛成绩单为主，二是解读自1994年第17届冬奥会以来，国际雪联官方网站公布的每赛季世界杯空中技巧个人单项积分排名表、个人全能积分排名表、国家单项积分排名表和国家全能积分排名表这四种成绩单，并阐述其解读功用，其中以2013年度开始执行新赛制的世界杯空中技巧积分排名表为主。

  本章选题具有一定的开拓性，既有理论意义也有实践意义。其理论意义在于，可为本项目理论建设添砖加瓦：从一个全新的层面提高业内有关人员的专业理论水平，进而促进其本职工作效果；有利于我方在国际雪联修订赛制、规

---

[1] 戈炳珠，等.空中技巧动作bRuRuF难度系数之辨析 [J].辽宁体育科技，2005（2）：1-3.
[2] Fis.fis freestyle skiing general rules for scoring judging handbook 2008 [Z].SUI：FIS，2007：18.
[3] 戈炳珠，等.论空中技巧动作时机评分行情及应对思路 [J].沈阳体育学院学报，2007（4）：10-12.
[4] 宫华，戈炳珠.对温哥华冬奥会空中技巧比赛结果的另类解读 [J].辽宁体育科技，2010（5）：1-4.

则时拿出有利的中国方案，由被动变主动；还可为教材建设提供素材，填补其章节空白。其实践意义在于，可有效提高各方有关人士对自由式滑雪比赛成绩单的解读能力，并直接应用于本职实践活动：有助于教练员、运动员和科研人员对训练与比赛效果进行科学诊断，也有助于其对训练与比赛过程实施科学监控；有助于裁判员深刻理解规则精神，准确掌控评分尺度，引导我国空中技巧运动健康发展；有助于管理人员与时俱进地把握世界自由式滑雪项目的发展态势，进而做出更加高瞻远瞩的顶层设计方案；还有助于记者、解说员及其嘉宾能更地道地报道、宣传本项目比赛，观众能更明白、更愉悦地欣赏本项目比赛。

还需要说明的是，鉴于空中技巧项目成绩单体系目前是自由式滑雪各项目中最为成熟的体系，尤其是多年来该项目一直是我国的优势项目，所以本章仅以空中技巧项目为例来阐述自由式滑雪成绩单体系及其解读。

第二节　简化成绩单与出发顺序表

一、简化成绩单

包括最终所获名次、号码布号码、国际雪联选手代码、选手姓名、出生年、国家、最后得分、与第1名选手的分差及国际雪联积分，如图3-1所示。

Rank	Bib	FIS code	Athlete	Year	Nation	Score	Diff. Score	FIS Points
1	2	2485033	HUSKOVA Hanna	1992	BLR	96.14		1000.00
2	29	2439777	ZHANG Xin	1985	CHN	95.52	-0.62	800.00
3	12	2529016	KONG Fanyu	1993	CHN	70.14	-26.00	600.00
4	11	2192518	TSUPER Alla	1979	BLR	59.94	-36.20	500.00

图3-1　第23届冬奥会女子空中技巧第三轮决赛简化成绩单截图

其中选手号码布上的号码，在世界杯首站是上一赛季世界杯该项总积分排名的名次，此后则为本赛季世界杯积分累计排名的名次。国际雪联选手代码有助于区分并确认选手。Diff. Score系与第1名选手的分差。简化成绩单对媒体最有用，借此可以最快速度把大家最关心的最终比赛结果报道出去。

二、出发顺序表

主要内容是出发序号、号码布号码、国际雪联选手代码、姓名、国家、出生年、参赛动作、难度系数及选用跳台序号，如图3-2所示。比赛首轮预赛出发顺序由抽签而定，其他各轮比赛依此前一轮比赛名次（PR）的倒序出发，但团体赛每队内部几人出发顺序自定，大多为女选手先出发[1]；2013赛季世界杯之前老赛制下每轮比赛跳2个不同动作，此后新赛制下每轮比赛只跳1个动作；1号台即一周台，2号、3号台即两周台，4号、5号台即三周台，选手依据参赛动作选择相应跳台。

Start Order	Bib	FIS Code	Name	NSA	YB	PR	Jump	DD	Kicker
1	33	2527147	LILLIS Jonathon	USA	1994	6	bdFFF	4.525	4
2	7	2533607	WERNER Pirmin	SUI	2000	5	bdFFF	4.525	5
3	41	2528330	LOUGHRAN Eric	USA	1995	4	bLdFF	4.175	4
4	5	2532120	ROTH Noe	SUI	2000	3	bdFdFF	4.900	5
5	9	2527534	BUROV Ilia	RUS	1991	2	bFFdF	4.525	5
6	3	2529995	BUROV Maxim	RUS	1998	1	bdFFdF	5.000	5

图3-2 2020赛季空中技巧世界杯第3站男子第二轮决赛出发顺序表截图

在这里，团体赛每队内部几人出发顺序，尤其是申报动作颇为讲究难度战术。由于规则允许选手比赛临场出发前更改参赛动作[2]，因此有时申报动作难度有诈，意在迷惑对手；有时申报动作属实，但依比赛临场竞争态势也可能增减难度。2019世锦赛出发顺序表增添了性别和替补选手的内容。其赛制规定每队可有1名排在第4号的替补选手，在该表中用符号"（﹡）"注明，在训练中和比赛开始前可替换上场，但比赛开始后选手则不可替换。在解读具体成绩单时，人们往往忽略出发顺序表，须知，在某些情况下，只有两者结合来解读才能做出更加正确的判断。此表的其他内容将在下一节具体成绩单中一并解读。

---

[1] 解龙,戈炳珠.冬奥会新增空中技巧混合团体赛引发的思考[J].中国科学学报,2018(11):87-88.

[2] 国家体育总局冬运中心审定.自由式滑雪竞赛总则与裁判手册[J].张迎红,门传胜,译.北京：人民体育出版社,2010.

第三节 具体成绩单

每轮比赛具体成绩单一般简称为成绩单，它是本章研究的中心内容。除简化成绩单和汇总成绩单外，每轮比赛具体成绩单的结构由两部分构成：第一部分是表格形式的成绩单主体，其内容是具体成绩，此乃成绩单核心内容，除了简化成绩单载有的内容外，还包括起跳-腾空单分、空中动作单分、着陆单分、合计有效分、参赛动作、难度系数及同分判别；第二部分是成绩单附件，左上部是裁判员名单，右上部是比赛场地技术参数，其下是天气预报，末尾是注释。

一、成绩单主体

（一）成绩单结构与内容

首先以图3-3的第二轮第4~6名成绩之截图来说明成绩单的结构与内容。

Rank	Bib	FIS Code	Name	NOC Code	YB			J1	J2	J3	J4	J5	Score	Jump DD	Run Score	Best Score	Tie
4	16	2529999	NIKITINA Liubov	OAR	1999	Q1:	Air:	1.7	1.9	1.7	1.7	1.9	5.3			88.83	Q
							Form:	4.2	4.1	4.2	4.1	3.6	12.4				
							LDG:	2.4	2.5	2.5	2.8	2.5	7.5	bdFF			
							Total:						25.2	3.525	88.83		
						Q2:	Air:	1.7	1.8	1.9	1.9	1.8	5.5				
							Form:	4.3	4.3	4.5	4.6	4.4	13.2				
							LDG:	1.7	1.0	1.7	1.8	1.7	5.2	bFdF			
							Total:						23.9	3.525	84.24		
5	8	2528866	McKINNON Kiley	USA	1995	Q1:	Air:	1.5	1.8	1.7	1.6	1.5	4.8			87.88	19.5 Q
							Form:	3.8	3.7	3.9	3.9	3.8	11.5				
							LDG:	1.3	1.3	1.6	1.3	1.6	4.2	bdF			
							Total:						20.5	3.525	72.26		
						Q2:	Air:	1.9	1.9	2.0	1.9	2.0	5.8				
							Form:	4.5	4.6	4.6	4.6	4.7	13.7				
							LDG:	2.7	2.8	2.9	2.7	3.0	8.4	bFF			
							Total:						27.9	3.150	87.88		
6	17	2528013	OLSEN Madison	USA	1995	Q1:	Air:	1.6	1.8	1.7	1.8	1.7	5.2			87.88	19.1 Q
							Form:	4.6	4.6	4.7	4.7	4.6	13.9				
							LDG:	2.8	2.9	2.9	3.0	3.0	8.8	bFF			
							Total:						27.9	3.150	87.88		
						Q2:	Air:	1.6	2.0	1.8	1.8	1.9	5.5				
							Form:	4.3	4.4	4.6	4.5	4.8	13.5				
							LDG:	2.8	2.9	2.8	2.9	3.0	8.6	bLF			
							Total:						27.6	2.900	80.04		

图3-3 第23届冬奥会空中技巧女子第二轮预赛成绩单截图

成绩单包括：名次（Rank）、号码布号码（Bib）、国际雪联选手代号（FIS Code）、姓名（Name）、国家或地区（NOC Code）、出生年（YB）、每位裁判员评出的起跳-腾空单分（Air）、空中动作单分（Form）、着陆单分（LDG）、每位裁判员上述评分的有效分（Score）及其合计有效分（Score-Total）、参赛动作（Jump）、难度系数（DD）、每轮比赛动作最后得分（Run Score）、最好分数（Best score）、同分判别（Tie），以及表示选手预赛已出线的"Q"，即Qualified。

（二）成绩单诸分数指标

众所周知，冬奥会是顶级世界大赛，最具典型性与代表性，因此，回顾历届冬奥会空中技巧比赛成绩单各项分数指标及其表达，最能说明问题。

由表3-1可见，第17届冬奥会首次举行空中技巧比赛，其成绩单尚欠规范，每位裁判员评分与合计有效分中的起跳-空中分"FORM/AIR"前后顺序颠倒，每跳得分不宜为TOTAL，甚至两跳总分为空白[1]。在老赛制下的前5届冬奥会中，对着陆合计有效分的表达只有第19届是Ldg[2]，与其他几届不一致。其实，对于起跳-空中和着陆每位裁判员评分与合计有效分的表达，笔者以为，从逻辑意义考虑更严谨的表达前者应为Air&Form和Land，后者则为A&F和LDG。在新赛制下的第22、23届成绩单中，最后得分由前者的Overall Score改为后者的Run Score是适宜的。从图3-3可以看到，在每轮比赛最后得分Run Score之后还有最好分数"Best Score"一项[3]，这是在此前的冬奥会所没有的，这是由于对预赛阶段次轮预赛排名办法做了修改所致。如果不是世锦赛和冬奥会次轮预赛成绩单，则没有Best Score一项，那么Run Score就是最后得分。还有一个问题是新赛制下第22届冬奥会裁判员所评分数的合计有效分，尽管它与第23届同样表达为"Score"，但两者却有质的区别，正因如此，才会在第22届出现如表3-2所示每位裁判员总分"Total-Score"。这两个问题将在后面进一步阐析。

---

[1] Organizing Committee for the OWG in LILLEHAMMER 1994. Man's Aerials Qualification [S]. LILLEHAMMER（NOR）：1994-02-21.

[2] Organizing Committee for the OWG in SALT LAKE 2002. Man's Aerials Results List [S]. SALT LAKE（USA）：2002-02-19.

[3] Organizing Committee for the Winter Olympies in PYEONGCHANG 2018. Ladies' Aerials Q2 Results [EB/OL]. http: //medias2.fis-ski.com/pdf/2018/FS/8052/2018FS 8052RLQ2.pdf.

表3-1　历届冬奥会空中技巧成绩单各项分数指标表达变化对比情况

届别	每位裁判员评分		合计有效分		每跳得分	两跳总分	每位裁判员总分	最后得分
	起跳-空中	着陆	起跳-空中	着陆有效总分				
17	FORM/AIR	LANDING	FORM AIR	LAND	TOTAL	空白		空白
18	Air/Form	LDG	A&F	LDG	Score	Total		Total
19	Air&Form		A&F	Ldg	Score	Total		Total
20	Landing		A&F	LDG	Score	Total		Total
21	Air&Form Landing		A&F （以下为新赛制）	LDG	Score （以下为新赛制）	Total		Total
22	Air&Form Landing			Score			Total	Overall Score
23	（以下为新赛制） A&F Air Form	LDG LDG	Air Form	LDG Score				Run Score

（三）国际雪联选手代码

FIS Code是参赛选手在国际雪联的注册代码。由于它具有唯一性，因此有时可以据此来判别选手身份，这对于记者、科研人员等不甚熟悉选手情况的读者是很有意义的。例如，原白俄罗斯女选手SLIVETS Assoli自2002赛季开始参加世界比赛，当时国际雪联代码为2335206，2005赛季该队又冒出来一位SLIVETS Oly，经查其国际雪联代码仍为2335206，由此断定二者系同一人；2010赛季又现SLIVETS Assoli，其代号仍为2335206，同理断定还是同一人；此后两年未见其踪影，但2013赛季世界杯和2014年第22届冬奥会又见SLIVETS Assoli名字，可此时却是代表俄罗斯参赛，其国际雪联代码变为2530890，按国际规则来理解，变更国籍须重新注册，自然会有新的代码，加之见到其标志性参赛动作bLPF，综合判定其还是"同一人"，只不过是国籍由白俄罗斯变成了俄罗斯。

（四）起跳-腾空单分

所谓"单分"，即成绩单中示出的每位裁判员（老赛制下为J1、J2、J3、

J4、J5、J6、J7，新赛制下为J1、J2、J3、J4、J5）所评出的分数[1]，删掉其最高分与最低分之后，其余中间分为有效分。起跳–腾空单分起初表达为AIR，第22届冬奥会表达为A，大多表达为Air。从英语表达为Air或A的本意来理解，这主要是腾空之意，但在本项目中它却包括起跳（Take- Off）与腾空（Air）这两部分，因此其严谨的中文翻译应是起跳与腾空高度及飞行远度分[2]，在成绩单中宜表达为T&A。每位裁判员评分时，起跳满分为1分，腾空高度及飞行远度满分也为1分。从多年的世界三大赛成绩单来看，成功着陆的选手间这一分数差距不大；如果该分数很低，那肯定会导致后续动作环节接连出现问题。

（五）空中动作单分

每位裁判员评出的空中动作单分满分为5分，删掉其最高分与最低分之后，其余中间分为有效分。本项目空中动作分最初英语表达为FORM，第22届冬奥会表达为F，但大多表达为Form。早期我国业内人士把它直译为"姿势分"，从实际情况来看，应当意译为"空中动作分"，因为这部分从腾起后到着陆前的空中动作环节不仅有身体姿势扣分（Form breaks），还包括周际界线扣分（Separation break）和动作时机扣分（Timing breaks）[3]。

（六）着陆单分

每位裁判员评出的着陆单分满分为3分。老赛制下2个着陆单分均值乘以3之积为其合计有效分，新赛制下从5个着陆单分中删掉最高分与最低分之后其余中间分之和为其合计有效分。包括着陆动作本身Landing的分数（满分为2分）和随后滑出Exit的分数（满分为1.0分），在以往成绩单中两者合一，起初称为LANDING，后来有时统称为Landing（第19届、第20届、第21届冬奥会），有时又称为LDG（第18届、第22届、第23届冬奥会）。着陆单分宜称Land，而其有效总分则应称为LDG，如此表达不但更符合逻辑，还使两者的概念更加明确而不会产生歧义。

---

[1] 戈炳珠.自由式滑雪空中技巧探究［M］.北京：人民体育出版社，2003.
[2] 国际雪联自由式滑雪裁判手册（1999版）［M］.戈炳珠，译.北京：国家体育总局冬运中心，2000.
[3] 周冉，戈炳珠.关于空中技巧动作基本理论若干问题的研究［J］.中国体育教育学报，2013（3）：155–158.

在裁判工作中，动作着陆完全成功或彻底失败好判别，而介于两者之间的诸多情况却不易评判；在科研工作中，科研人员通过成绩单统计着陆成功率时也遇到类似的问题，由于不同统计者所采用的判别标准常常不尽相同，由此而得出的着陆成功率统计结果也时有出入。为解决上述问题，戈炳珠在裁判与科研实践中于1997年提出了一个统一的判别标准——所谓着陆成功与失败，应以着陆时身体是否触及雪面为准，如果身体此时未触雪即为成功，否则为失败，两者之间的着陆单分临界值为2.0（着陆+滑出），也就是说，临界值≥2.0为成功，临界值<2.0为失败[1]。随着时间的推移，国际雪联几经修订着陆评分标准，2018年10月新版国际规则裁判手册6004.3.1.1款在2.1分-2.5分采分段阐明"No touch of hand（s）"，即手未触雪，在1.6分-2.0分采分段又指出"No body contact but hand（s）dragging"，即身体虽未触雪但单手或双手拖雪。基于如此修订，我们认为对上述着陆成败临界值2.0的表述"≥2.0为成功，<2.0为失败"，应与时俱进地修订为">2.0为成功，≤2.0为失败"。

着陆成败临界值的提出既有助于裁判员统一着陆评分标准与打分尺度，也有利于科研统计工作有章可循避免随意性，还有助于读者能够看懂成绩单。

（七）合计有效分

按国际规则裁判手册6003条的规定，对于每跳参赛动作，每位裁判员所评出的起跳-腾空单分Air、空中动作单分Form和着陆单分Land，在删除其最高分与最低分之后，都要逐项先从横向上确认5个（老赛制下）或3个（新赛制下）中间的有效分，继而得出各动作环节的有效总分，最后再从纵向上三者相加之和即为合计有效分[2]。

由表3-1可见，老赛制下第17届至第21届冬奥会成绩单上没有单独示出各动作环节有效总分和合计有效分，但此处合计有效分还是按上述规定计算出来的。新赛制下第22届和第23届冬奥会成绩单上单独示出了合计有效分Score，但第22届合计有效分的算法却与国际规则裁判手册上述规定相悖。此时合计有效分的算法是先从纵向上各自相加得出每位裁判员所评分数的总分，然后再横向上比较剔除其最高分与最低分，余下的3个中间分之和才是合计有效分。对于上

---

[1] 戈炳珠,等.质量有多高——备战1998年冬奥会女子自由式滑雪大赛情报研之二[J].沈阳体育学院学报，1997（2）：12-16.

[2] Fis.fis freestyle skiing general rules for scoring judging handbook 2006[Z].SUI：FIS，2006：1-3.

述两种不同的合计有效分之计算方法，本章从其计算过程出发，形象地把前者命名为"横-纵计算法"，把后者命名为"纵-横计算法"。

2012年末国际雪联把合计有效分（Total Judges Score）原本的横-纵计算法改为纵-横计算法，并示出如下实例加以说明：

Example：
Overall （Maximum 10.0 points per Judge）
　　　　　　J1　J2　J3　J4　J5
Overall Score：7.8　~~7.3~~　~~8.3~~　8.0　7.9=23.7
Total Score （Maximum 30 points × Degree of Difficulty）
Total Judges Score：=23.7
Total Score：=23.7×DD[1]

这种纵-横计算法从新赛制之初的2013赛季世界杯开始执行，经历了2013年世锦赛、2014赛季世界杯、2014年第22届冬奥会和2015赛季世界杯的3个年度之后，于2016赛季世界杯开始又重新走上正轨——摒弃纵-横计算法，回归横-纵计算法。纵-横计算法之所以短命，主要是在新赛制下5位裁判员按此法操作，每跳动作的评分肯定会有2位裁判员所有评出的分数完全无效，可是这里面含有横-纵计算法下的有效分，而此时计入合计有效分当中又有横-纵计算法下的无效分，这是一个相当严重的局面。对此，本章实证研究结果表明：合计有效分的算法不同，会直接影响选手的最后得分乃至名次。

现以两个实例来具体说明这个问题的严重性。由表3-2可见，在执行合计有效分纵-横计算法的情况下，2014年索契冬奥会我国女选手张鑫仅以0.03分之差屈居白俄罗斯女选手T.A（T.Alla）之后而痛失进入决赛阶段的最后机会[2]；假设此时执行原来的横-纵计算法，张鑫与T.Alla的名次就会颠倒过来，张鑫即可进入决赛阶段，T.Alla却止步于此而丧失决赛权，那就更谈不上什么夺取金牌了。在该届冬奥会女子空中技巧第二轮预赛（Q2）正式成绩单中，由于采用了合计有效分纵-横计算法，只在其Total一项杠掉了（删除）T.Alla的最高分7.0与

---

[1] Fis.fis freestyle skiing general rules for scoring judging handbook 2012 [Z]. SUI：FIS，2012：5.
[2] Organizing Committee for the OWG in SOCHI 2014. Ladies' Aerials Q2 Results [Z]. SOCHI（RUS）：2014.02.14.

最低分6.5及张鑫的最高分8.8与最低分8.1，但前者相应的A&F分5.9、5.4与LGD分1.1、1.1和后者相应的A&F分6.1、5.7与LGD分2.7、2.4也是无效分却没有杠掉，我们在表3-2、表3-3相应处做了统一性的杠掉处理。

表3-2　合计有效分两种不同计分方法效果实例之一

计分	名次	姓名		J1	J2	J3	J4	J5	Score	Jump/DD	最后得分
实际	6	T.A	A&F	5.5	5.6	5.6	5.9	5.4		bLFF/	77.52
（索契）			LDG	1.3	1.3	1.1	1.1	1.1		3.80	
			Total	6.8	6.9	6.7	7.0	6.5	20.4		
	7	张鑫	A&F	5.7	5.7	5.5	5.9	6.1		bFF/	77.49
			LDG	2.4	2.4	2.6	2.5	2.7		3.15	
			Total	8.1	8.1	8.1	8.4	8.8	24.6		
假设	6	张鑫	A&F	5.7	5.7	5.5	5.9	6.1	17.3	bFF/	
（平昌）			LDG	2.4	2.4	2.6	2.5	2.7	7.5	3.15	78.12
			Total						24.8		（+0.63）
	7	T.A	A&F	5.5	5.6	5.6	5.9	5.4	16.7	bLFF/	76.76
			LDG	1.3	1.3	1.1	1.1	1.1	3.5	3.80	（-0.76）
			Total						20.2		

注：T.A—T.Alla。

表3-3　合计有效分两种不同计分方法效果实例之二

计分	名次	姓名		J1	J2	J3	J4	J5	Score	Jump/DD	最后得分	Tie
实际	2	贾宗洋	Air	2.0	2.0	2.0	2.0	2.0	6.0	bFFdF/	128.05	
（平昌）			Form	4.9	4.7	4.8	4.8	4.7	14.3	4.525		
			LDG	2.9	2.6	2.6	2.7	2.7	8.0			
			Total						28.3			
	1	A.O	Air	1.9	2.0	2.0	2.0	2.0	6.0	bFFdF/	128.51	
			Form	4.7	4.8	4.7	4.7	4.8	14.2	4.525		
			LDG	2.7	2.8	2.6	2.7	2.8	8.2			
			Total						28.4			
假设	1	贾宗洋	Air	2.0	2.0	2.0	2.0	2.0		bFFdF/	128.05	20.3
（索契）			Form	4.9	4.7	4.8	4.8	4.7		4.525		

（续表）

计分	名次	姓名		J1	J2	J3	J4	J5	Score	Jump/DD	最后得分	Tie
			LDG	2.9	2.6	2.6	2.7	2.7				
			Total	9.8	9.3	9.4	9.5	9.4	28.3			
	2	A.O	Air	1.9	2.0	2.0	2.0	2.0		bFFdF/	128.05	20.2
			Form	4.7	4.8	4.7	4.7	4.8		4.525	（−0.46）	
			LDG	2.7	2.8	2.6	2.7	2.8				
			Total	9.3	9.6	9.3	9.4	9.6	28.3			

注：A.O—A.Oleksandr；表中贾宗洋的20.3分为其A&F分，A.Oleksandr的20.2分为其A&F分。

由表3-3可见，在回归执行合计有效分横-纵计算法的情况下，2018年平昌冬奥会我国男选手贾宗洋仅以0.46分之差不及乌克兰男选手A.O（A.Oleksandr）而屈居亚军[1]；假设此时执行4年前索契冬奥会的纵-横计算法，贾宗洋最后得分依旧为128.05分，而A.Oleksandr却减少0.46分，其最后得分也为128.05分，此时须按同分判别（Tie）法则首先分别计算出两者A&F的有效总分，结果贾宗洋为20.3分，A.Oleksandr为20.2分，由此该判定贾宗洋夺冠。

当然，上述空中技巧世界大赛业已判定的比赛结果无法改变，表3-2、表3-3的假设只是意在说明正确运用空中技巧评分裁判员合计有效分计算法的重要性。那么国际雪联裁判委员会为何在2012年末着手推行该项目5人评分的新赛制时突然修订国际规则裁判手册6003条合计有效分的计算法？又为何仅执行3年之后又回归传统计算法？这段涉及比赛名次甚至冬奥会金牌归属的历史弯路应深刻反思并引以为戒。

在国际雪联自由式滑雪空中技巧理论体系中，已有量化表述动作难度大小的指标——难度系数，但并没有量化表述动作质量高低的指标。在空中技巧项目早期的科研文献中，作者常用某跳单个动作最后得分和两跳组合动作总分来描述动作质量的高低，但由于本项目动作不同其满分亦不同，这就使这种描述缺乏可比性。为解决上述问题，第19届冬奥会前后戈炳珠提出并引入一个既具有可比性也能全面表征动作全过程完成质量的新概念——质量系数，即每跳动作得分与该动作满分的比数，其最大值为1，它表明完成得完美无缺，无分

---

[1] Organizing Committee for the OWG in PYEONGCHANG 2018. Men's Aerials F3 Results [EB/OL]. http: //medias4.fis-ski.com/pdf/2018/FS/8056/2018 FS8056RLF3.pdf 2018.02.18.

可扣[1]。后来刘伶燕、戈炳珠又提出一个计算质量系数的方法，即选手所得合计有效分除以该动作质量分满分30分，所得比数与先前计算方法相同，并把这一比数称为"质量指数"[2]。由于动作质量分满分30分是业内人士熟知的常量，所以运用此法计算起来更加简便。

（八）参赛动作

在老赛制下的第17届至第21届冬奥会，每轮比赛每名选手要跳2跳不同动作，即第一跳动作和第二跳动作，这搭配在一起参赛的2跳动作即为动作组合；自2013赛季世界杯开始，在新赛制（也可称为"2013新赛制"）下每轮比赛每名选手只跳1跳动作。对于同一选手来说，新赛制下第一轮预赛和第二轮预赛参赛动作不得重复，3轮决赛参赛动作也不得重复。自2019世锦赛开始，对"每轮比赛每名选手只跳1跳动作"又有所修订，关于"2019新赛制"的新变化，这将在后面第五章第三节阐述。

在空中技巧成绩单中，参赛动作在"Jump"一栏中以国际规则专门动作代号表示。本项目在我国开展三十多年来，业内人士对此已一目了然，但媒体记者的报道至今时常出错，一般百姓更是不甚了了。为此，有必要在此对动作代号做相应阐释，其中，表3-4内容是基础知识，表3-5内容是由戈炳珠翻译并已被广泛采用的世界大赛常见动作代号的规范汉语译文，这对媒体记者和实况直播主持人及其嘉宾很有参考价值。其中动作代号中的第一个小写英语字母表示空翻方向，至今在各种版本的国际规则及其裁判手册中对空翻方向均无明确严谨的界定。

表3-4 空中技巧动作代号要素释义

代号要素	英语释义	中文释义
b	Back	向后
T	Tuck	团身，团身空翻
P	Pike	屈体，屈体空翻

---

[1] 戈炳珠，杨明. 从本赛季夺冠历程看明年冬奥会夺金态势——2001年度自由式滑雪空中技巧8次世界大赛女子夺冠情况统计分析[J]. 沈阳体育学院学报，2001（2）：14-17.

[2] 刘伶燕，戈炳珠. 我国女子空中技巧冬奥"5银之憾"反思与前瞻[C]. 空中技巧文丛：第12卷. 沈阳：沈阳体育学院戈炳珠研究室，2018：3-14.

（续表）

代号要素	英语释义	中文释义
L	Lay=Layout	直体，直体空翻
H	Half twist（1/2 twist）	（自由姿势）空翻转体半圈（180°）
Hl	Half twist in layout position	直体空翻转体半圈（180°）
F	Full twist（1 twist）	直体空翻转体1圈（360°）
Ru	Rudy（1 1/2 twist）	直体空翻转体1 1/2圈（540°）
dF	Double Full（2 twist）	直体空翻转体2圈（720°）
Ra	Randy（2 1/2 twist）	直体空翻转体2 1/2圈（900°）
tF	Triple Full（3 twist）	直体空翻转体3圈（1080°）

表3-5 空中技巧动作代号规范中文译文参照表

动作代号	规范中文译文
bLF	直体后空翻接直体后空翻转体360°
bFF	直体后空翻转体360°接直体后空翻转体360°
bFdF	直体后空翻转体360°接直体后空翻转体720°
bdFF	直体后空翻转体720°接直体后空翻转体360°
bLTF	直体后空翻接团身后空翻接直体后空翻转体360°
bFTF	直体后空翻转体360°接团身后空翻接直体后空翻转体360°
bLFF	直体后空翻接直体后空翻转体360°接直体后空翻转体360°
bFFF	直体后空翻转体360°接直体后空翻转体360°接直体后空翻转体360°
bLdFF	直体后空翻接直体后空翻转体720°接直体后空翻转体360°
bFdFF	直体后空翻转体360°接直体后空翻转体720°接直体后空翻转体360°
bdFFF	直体后空翻转体720°接直体后空翻转体360°接直体后空翻转体360°
bFFdF	直体后空翻转体360°接直体后空翻转体360°接直体后空翻转体720°
bdFdFF	直体后空翻转体720°接直体后空翻转体720°接直体后空翻转体360°
bFtFF	直体后空翻转体360°接直体后空翻转体1080°接直体后空翻转体360°
bFdFdF	直体后空翻转体360°接直体后空翻转体720°接直体后空翻转体720°
bdFFdF	直体后空翻转体720°接直体后空翻转体360°接直体后空翻转体720°

周冉、戈炳珠认为，在本项目中，空翻方向应这样界定：运动员起跳出台的初始翻转方向与前胸同向为向前空翻，与后背同向为向后空翻，与肩轴（两肩关节点连线）同向为向侧空翻，无论第二周和第三周的实际翻转方向如何，

41

其方向均由首位字母来表征并受其统领[1]。至今我们见到的都是首位字母为b的后空翻而未见到首位字母为f与s的前空翻和侧空翻，可以说，空中技巧运动员是难以完成有价值的向前和向侧空翻动作的[2]。

动作代号中F前面的d表示Double（两倍的），b、d两个字母之所以小写是因为大写的B和D在此项目中另有其意，为了避免产生歧义，其动作代号体系才有如此特殊规定，但在报刊与书籍等文献资料中常见把这个小写的b和d误写成大写的B和D，甚至连计算机识别软件也误以为此处b、d是拼写错误而用红色曲线标注，类似这种问题都是有待于解决的。

可能有的读者看了表3-5的中文译文会说：怎么这么啰嗦呢？比如bFFF，像体操那样说成"直体后空翻转体1080°"，甚至更简练的"1080直旋"不是更好吗？我们说不行，因为1080直旋包括若干不同的直体后空翻转体1080°，空中技巧动作强调多周空翻各周之间的周际界线，只有把每周动作交代清楚才能明确参赛动作概念，这是本项目的特点之一。

（九）难度系数

其英语为Degree of Difficulty，在成绩单上简称为DD，用阿拉伯数字（常为小数）表示动作的难易程度，其数字越大即动作难度越大。在解读成绩单的DD时要注意这么两个问题：一是在不同年代有些动作DD有所变化，二是有时成绩单的DD会出现错误。

1. 难度系数变化

动作难度系数的量值由其难度系数计算法则来确定，如果其计算法则有所修订，那么某些动作的难度系数则会有相应变化。以历届冬奥会成绩单为例，bFdF、bdFF在第20届冬奥会之前其难度系数为3.55，此后降为3.525；bFdFF、bdFFF在第20届冬奥会之前其难度系数为4.45，此后降为4.425，其中bdFFF的难度系数从2008赛季又升为4.525[3]；bLdFF在第20届冬奥会之前难度系数为

---

[1] 周冉，戈炳珠. 关于空中技巧动作基本理论若干问题的研究[J]. 中国体育教育学报，2013（3）：155-158.

[2] 戈炳珠. 论空中技巧动作创新与技术进步[C]. 空中技巧文丛：第10卷. 沈阳：沈阳体育学院戈炳珠研究室，2012-2013：35-46.

[3] FIS.2008 freestyle fis world cup Results Men's Aerials Final [EB/OL]. http://medias3.fis-ski.com/pdf/2008/FS/8032/2008FS8032FRL.pdf.

4.20，此后降为4.175；bRuRuF第19届为4.375，第20届升为4.40；bdFdFF在第20届冬奥会之前难度系数为4.85，此后升为4.90。尤其是2018年8月20日国际雪联又颁布了新的空中技巧动作难度表（Aerial Jump Code and Degree of Difficulty Chart[1]），开始实行男子动作难度与女子动作难度双轨制，遂使17个女子三周动作难度系数明显增值，并且所有动作难度系数均取小数点后3位，因此本书从2019赛季开始也按此变化来表达动作难度系数。

自由式滑雪空中技巧世界大赛早期使用的后空翻动作难度表奠定了该项目动作难度系数计算法则的基础：①空翻第一周的基础难度系数为2.0；②空翻第二周横轴翻转难度系数增加0.55；③空翻第三周则再增0.60；④每周直体姿势的难度系数为0.05；⑤一圈转体的难度系数为0.25；⑥在同一周空翻中超过一圈以上的每半圈转体在原难度系数基础上再额外增值[2]。此后，国际雪联曾对国际规则裁判手册的动作难度系数计算法则所进行的三次修订，体现了对该项目特点与规律的再认识。2005年10月的首次修订，体现了每周空翻中转体圈数越多难度越大其增值也越多的理念；2007年11月的再次修订，增补了其转体超过1圈以后每半圈转体的难度再增值计算法，此次修改亦"物有所值"[3]。2018年的第三次修订有如下特点：一是删除所有向前、向侧空翻，只有向后空翻；二是男子动作难度原封未动，只有女子动作难度增值；三是女子两周动作难度不变，只有其三周动作难度增值；四是其17个三周动作难度增幅相同，其增值比例均为6%。

在解读空中技巧成绩单的参赛动作难度系数时，有关人员（尤其是科研人员）应根据研究目的和实际情况，对成绩单上有所变化的难度系数要灵活处理：为使其更加具有可比性，有时应以现时量值为准；有时涉及具体动作得分，则应以当时量值为准。

2. 难度系数错误

在国际雪联主办的世界大赛中，其正式比赛成绩单曾多次出现误计难度系数的低级错误。例如，2013赛季世界杯第2站比赛成绩单上连续出现异常难度

---

[1] FIS.Aerial Jump Code and Degree of Difficulty Chart [EB/OL]. https://res.cloudinary.com/fis-production/image/upload/v1540908679/fis-prod/Aerial Jump Code and Degree of Difficulty Chart.pdf.

[2] 戈炳珠.空中技巧动作难度系数计数法则的研究 [C].空中技巧文丛：第10卷.沈阳：沈阳体育学院戈炳珠研究室，2012-2013：14.

[3] 戈炳珠.空中技巧新论 [M].沈阳：辽宁人民出版社，2016.

系数：bFdF与bdFF的"3.530"（本应是3.525），bLdFF的"4.180"（本应是4.175）以及bFdFF的"4.430"（本应是4.425）[1]。有时在世界大赛中出现难度系数错误并非无关痛痒，可能由此导致一系列实质性的错误，甚至酿成赛会最忌讳的错误——名次颠倒。对于上述错误必须及时提出质疑，否则可能会错过拨乱反正的最佳时机。为此，我们教练员、运动员要深入研究并熟练运用动作难度系数计数法则，这对主动、及时地掌控比赛具有重要意义。

（十）最后得分

2013赛季之前的老赛制时期，参赛选手最后得分是2跳动作得分之和，当时称为Total Score，简称Total；此后的2013新赛制时期，参赛选手最后得分是1跳动作得分，第22届冬奥会称为Overall Score，第23届改称为Run Score。须知，在解读成绩单时要注意一个新问题——国际雪联于2015年对世锦赛和冬奥会预赛阶段次轮预赛排名办法做了修改：此前是次轮预赛从零开始，与首轮预赛成绩毫不相干，只依次轮预赛动作得分排出前6名（即整个预赛阶段的第7～12名）；但从该届世锦赛开始却改为Q2（次轮预赛）与Q1（首轮预赛）挂钩，即如果某选手Q2分数低于Q1分数，则舍Q2分数取Q1分数排名，结果成绩单的表现形式发生了相应变化[2]。如在前面图3-3示出的第23届冬奥会女子第二轮预赛成绩单截图第4名俄罗斯选手N.Liubov的成绩中，不但有本轮比赛Q2动作最后得分84.24分，还示出了Q1动作最后得分88.83分，在Run Score的下一项还增添了"Best Score"（最好分数）一项，即对本人而言Q1、Q2中的较高分数，但这并不一定是决定进入决赛阶段的分数：在本例中，她第一轮Q1的88.83分仅排在第10名尚未入围决赛阶段（本轮预赛取前6名），然而其Q2的84.24分却排在本轮比赛的第6名（本轮比赛再取前6名），结果以此较低分数入围决赛阶段，然后最终排名时却以首轮的88.83分作为有效分排在次轮预赛的第4名和整个预赛的第10名。

---

[1] Fis.fis freestyle ski world cup 2013 resuts men's aerials final [EB/OL]. http://medias4.fis-ski.com/pdf/2013/FS/8064/2013FS8064F1RL.pdf.

[2] 戈炳珠.2015年空中技巧赛季锦标赛点评[C].空中技巧文丛：第11卷.沈阳：沈阳体育学院戈炳珠研究室，2014-2016：49-58.

（十一）同分判别

成绩单的最后一项是"Tie"。"Tie"在成绩单最后的注释中解释为"Tie-break points"，可直译为打破同分或破解同分，本文译为同分判别。

1. 判别依据

同分判别的依据随时代不同多有变化。起初，若2跳动作总分相等则名次并列，在其名次前标注等号"="，在"Tie"一栏注明相同的分数[1]；自2008年版国际规则裁判手册修订为某一跳分数最高者为胜者，如果此种方法仍分不出胜负，则两名选手名次并列[2]；但不久国际雪联对上述规定又有所调整——当此种方法仍分不出胜负时，则一一对应地比较裁判员所评出的7组（个）单分，每居高1次积1分，每相等1次各积0.5分，最后依其总积分多者列前（见表3-6）；由于动作最后得分等于动作质量合计有效分与难度系数之积，但比赛中常见难度系数相同，若此时合计有效分亦相同势必导致最后得分亦同而名次并列，因此在这种情况下同分判别依据又改为动作质量合计有效分中的A&F多者列前，如仍分不出胜负，则依难度系数低者列前，倘若难度系数相同则名次并列。同分判别是解读成绩单的一个难点，下面以若干典型案例来进一步阐释。

表3-6　依裁判单分积分多者列前案例

名次	选手	J1	J2	J3	J4	J5	J6	J7	A&F	LDG	DD	得分	总分	Tie
1	O.S	6.9	6.8	6.4	6.8	6.6	2.9	2.8	20.20	8.55	4.425	127.21	250.96	4.0
		6.1	6.6	5.8	6.8	6.1	2.8	2.9	18.80	8.55	4.425	123.75		
2	K.A	6.9	6.4	6.9	6.8	6.8	2.6	2.9	20.50	8.25	4.525	127.21	250.96	3.0
		6.9	6.6	6.5	6.3	6.0	2.6	2.7	19.40	7.95	4.525	123.75		
13	刘	6.0	6.5	6.3	6.5	6.5	1.9	1.5	19.30	5.10	4.525	107.97		5.0
14	F.D	5.5	6.2	3.9	5.6	5.8	2.4	2.6	16.90	7.50	4.525	107.97		2.0

注：前一例为2009世界杯男子第6站决赛，后一例为2010世界杯男子第2站决赛；黑体数字为对比中占优者；O.S=O.Steve，K.A=K.Anton，刘=刘忠庆，F.D=F.Dylan。

---

[1] Fis.2002 suzuki freestyle fis world cup wumen's aerials qualificaton rezults［EB/OL］. http：//medias1.fis-ski.com/pdf/2002/FS/8064/8064QRL.pdf.

[2] Fis.fis freestyle skiing general rules for scoring judging handbook 2008［Z］. SUI：FIS，2008：19.

2. 典型案例

（1）依某一跳得分最高者列前。

第21届冬奥会男子预赛第3名L.Thomas与第4名D.Dmitri2跳总分都是238.33分，但因高分的1跳L.Thomas比D.Dmitri多1.35分（123.75-122.40=1.35分），结果判L.Thomas列前，在成绩单Tie一项依次标注为123.75、122.40[1]。

（2）依裁判单分积分多者列前。

有时碰巧会有这种情况：两名选手动作得分一模一样，其动作难度也一模一样，如表3-6所示两个案例，此时依裁判单分积分多者列前。

由表3-6可见，在老赛制下前一案例按常规比2跳动作，后一案例在特殊情况下比1跳动作。前者是选手2跳动作裁判单分之和——对应比较，在其成绩单上有一处错误——在J3比较中，O.Steve为6.4+5.8=12.2分，K.Anton为6.9+6.5=13.4分，此处K.Anton本应积1分，但却误判为各积0.5分，结果二者Tie的总积分本应是4与3却误计为4.5与2.5[2]，正确结果如表3-6所示已改正为4.0和3.0，好在冠、亚军的名次并未颠倒，也算万幸。此案例至少可给出两点启示：一是赛会主办方应引以为戒，由于粗心大意若酿成关键名次颠倒错误其负面影响非同小可；二是赛会参赛方（尤其是教练员、运动员、领队）要精通规则，善于快速、精准解读成绩单，一旦发现问题马上有力应对，以免蒙受不白之冤。

（3）依A&F有效分数多者列前。

2014年第22届冬奥会男子第一轮预赛第1名我国的贾宗洋与第2名澳大利亚的M.David最后得分同为118.59分，但起跳与空中动作A&F有效分贾宗洋比M.David多0.2分（18.6-18.4=0.2分），结果判贾宗洋列前，在成绩单Tie一项依次标注为18.6、18.4，但在成绩单此前的分数上并未直接显示，需读者自己算出剔除最高分与最低分之后的A&F有效分，第一轮决赛第2名K.Anton和第3名A.Oleksandr也出现同样情形。至今同分判别时仍沿用依A&F有效分多者列前这一依据。

---

[1] Organizing Committee for the OWG in VANCOUVER 2010. Man's Aerials Qualification [S]. VANCOUVER（CAN）：2010-02-22.

[2] Fis.fis freestyle ski world cup 2009 results Man's Aerials Final [EB/OL]. http：//www.fis-ski.com/results/2009.02.06/.

（4）A&F有效分、DD均相同之特例。

表3-7的2018赛季世界杯第6站女子预赛成绩单的同分判别情况比较特殊：第10名的澳大利亚选手W.Samantha和并列第11名的俄罗斯选手S.Kristina及其队友K.Liubov 3名选手最后总分同为80.95分，但其A&F有效分依次为17.9、17.8、17.8。

表3-7 2018赛季世界杯第6站女子预赛成绩单（片段）

名次	选手	国家	质量有效分		动作与难度		最后得分	同分判别	
10	W.Samantha	澳大利亚	A	5.3	bFF	3.150	80.95	17.9	Q
			F	12.6					
			L	7.8					
				25.7					
11	S.Kristina	俄罗斯	A	5.2	bFF	3.150	80.95	17.8	Q
			F	12.6					
			L	7.9					
				25.7					
11	K.Liubov	俄罗斯	A	5.1	bFF	3.150	80.95	17.8	Q
			F	12.7					
			L	7.9					
				25.7					

对于表3-7这种情况，首先按上述A&F的有效分多者列前的同分判别依据判定 W.Samantha列前排在第10名；然后再处理S.Kristina、K.Liubov最后得分与A&F有效分皆相同的判别，这时须比较动作难度——同为3.150，于是判定二者并列第11名，在同分判别Tie一项标注其动作难度系数3.150。如此情况在2013赛季世界杯第1站女子预赛中已出现过：我国选手杨雨和全慧临最后得分、合计有效分及A&F有效分均相同，参赛动作都是难度为3.150的bFF，结果判定二者并列第2名，同时在成绩单最后一项Tie中均注明"3.150"[1]。

---

[1] Fis.fis freestyle ski world cup 2013 results Ladies' Aerials Qualification [EB/OL]. http：//www.fis-ski.com/results/2013.01.05/.

3. 2018新规

2018年7月国际雪联出版了最新的自由式滑雪竞赛规则，在其4004.2款同分判别（Tie Breaking）中有4条规定，其中第3条原文如下："4004.2.3 If any ties still remain, if the format for the current Phase comprises more than one jump, the DDs for each competitor shall be added together and compared, and the competitor with lower aggregate DD shall receive the better rank; otherwise they remain tied.[1]"意思是倘若仍保持平局，如果当下赛制比几跳动作，则分别合计每位选手几跳动作难度再做比较，那么几跳动作合计难度低者名次列前，否则仍将保持并列。笔者第一时间见到此款时，觉得与2013赛季开始执行的"三次淘汰一锤定音"的新赛制（下称2013新赛制）相悖，似乎无法付诸执行，但半年后见到2019世锦赛空中技巧成绩单则发现，该项预赛和第一轮决赛已不再是"一锤定音"，因此才有上述4004.2款新规定。

由上述笔者联想到以往国际规则裁判手册关于同分判别条款的阐述。鉴于国际规则对此条款的阐述不甚明了，甚至时有发生"未交待就执行"或"先执行后交待"的规则与实施脱节的不良状况，这就要求我们教练员、运动员、裁判员、科研人员、管理人员及其他有关人士要与时俱进洞悉赛事钻研规则，不但读懂成绩单Tie的判别，还要领会其导向。

二、成绩单附件

（一）裁判员名单

老赛制下有7名评分裁判员，1~5号裁判员为起跳与空中动作（Air & Form）裁判员，6号、7号裁判员为着陆（Landing）裁判员；新赛制下有5名评分裁判员，每名裁判员都负责完整动作评分。由于成绩单上有裁判员序号、姓名、国籍，如此透明度可供读者评说。自2013赛季开始执行新赛制起，国际雪联采用了录像反馈手段，即有一名专职人员（即成绩单裁判名单中的新成员"Video Controller"）负责拍摄每一名选手的全程动作，主要是反馈给裁判长（Head Judge）回放。裁判长是既看了选手临场实际表现，也看了录像回放的

---

[1] Fis.the international freestyle skiing competition rules（ICR）2018［EB/OL］. https：//res.cloudinary.com/fis-production/image/upload/v1542730293/fis-prod/FS_FI.

第一人，他虽不直接评分，但在会商时却有绝对话语权。

（二）场地参数

按照惯例，在赛前领队会议上会报告比赛场地技术参数，同时在出发顺序表和成绩单右上角也会示出其技术参数。它包括助滑道长度和坡度，过渡平台长度，着陆坡长度和坡度，每座跳台长度、高度和角度等。

自第17届冬奥会至今，空中技巧比赛场地技术参数并非一成不变，其变化具有明显的阶段性。跳台高度与角度是影响动作技术效果最敏感的技术参数，其中数三周台参数变化最大。这主要由两方面因素决定，一是三周台可为发展难新动作提供更加有利的时空条件；二是三周台是世界空中技巧比赛的主战场。

空中技巧比赛场地技术参数变化与训练、比赛息息相关。运动员动作技术应随其变化及时做出相应调整，教练员对此要消息灵通并练就娴熟、精湛的修台技能。从体育情报学的理论来看，单独一个材料也许没有多大用，但是把它系列化了，这个材料就起作用了[1]。作为相关的教学与科研人员，通过系统地收集、研究成绩单上的场地参数，还可写出颇有理论价值与实际意义的研究成果。例如，戈炳珠主要通过系统地收集、研究成绩单上的场地参数，在2003年出版的《自由式滑雪空中技巧探究》一书中写出了一个专题"空中技巧比赛场地规格"[2]，在2016年出版的《空中技巧新论》一书中又发表了新作"冬奥会空中技巧比赛场地技术参数变化研究"[3]一文。

（三）天气预报

空中技巧比赛与天气密切相关，教练员、运动员尤其关切临场即时风向与风速。成绩单上的风向示出的是英语缩略语，如W——西风，N——北风，NE——东北风，SE——东南风等，而VR则表示风向不定。世界大赛临场都有风速仪和风向标，前者反映在成绩单上报告的是m/sec（米/秒），后者是教练员指挥选手何时出发所关注的客观依据。

---

[1] 张人民.体育情报研究理论与方法的若干问题[J].体操情报，1987（3）：1-25.
[2] 戈炳珠.自由式滑雪空中技巧探究[M].北京：人民体育出版社，2003.
[3] 戈炳珠.空中技巧新论[M].沈阳：辽宁人民出版社，2016.

（四）各项注释

注释有三项内容：①动作代号解释（Explanation of Jump Codes）；②每跳动作最后得分计算公式｛［Air+Form+LDG（Landing）］× DD（Degree of Difficulty）=Run score｝；③缩略语（Legend：DD——Degree of Difficulty，J——Judge，LDG——Landing，Q——Qualified，Q1——Qualification 1，Q2——Qualification 2，Tie——Tie-break points，YB——Year of Birth）。

上述注释有时只示出其中1项或2项，最完整的注释是示出3项。第1项和第3项内容无需赘言，但第2项每跳动作最后得分计算公式有必要加以讨论。首先应当指出，每跳动作最后得分计算公式2014年索契冬奥会成绩单注释的是［A&F（Air & Form）+LDG（Landing）］× DD（Degree of Difficulty）= Overall Score，2018年平昌冬奥会成绩单注释的是［Air+Form+LDG（Landing）］× DD（Degree of Difficulty）= Run Score，表面看二者在前半部分合计有效分的表达上稍有区别，但其实质别无二致。可是实际情况并非如此，前者是采用纵-横计算法计入3位裁判员各自评出的合计单分的3个中间分，后者则是采用横-纵计算法计入Air、Form、Landing各自的3个中间分，这在前面"合计有效分"的讨论中已经阐明。

关于每跳动作最后得分计算方法，最新的2018年原版国际雪联自由式滑雪裁判手册6003.3.1款比以往阐述得更清楚，如今Take Off & Air取代了以往的Air，遂使Air的概念更加明确了：

Total Judges' Score = Take Off & Air+Form+Landing

Total Score=Total Judges' Score × DD

2018年第23届冬奥会成绩单底部注释的每跳动作最后得分计算公式是［Air + Form+LDG（Landing）］× DD=（Degree of Difficulty）= Run score，但最后得分以往的成绩单计算公式有时是Overall Score，而国际规则及其裁判手册的相应条款中却是Total Score；在计算公式中对起跳与腾空高度飞行远度有效分、空中动作有效分及着陆有效分的英语表达也不尽一致，存在裁判员单分与其合计有效分表达的混乱状况。为此，对于成绩单注释每跳动作最后得分的计算公式，本章提出表达公式——（T&A+F+LDG）× DD=Total Score，其中Total Score与国际规则条款保持一致，T&A+F+LDG依次表达起跳与腾空高度飞行远度合计有效分（满分6分）、空中动作合计有效分（满分15分）、着陆合计有效分（满分9分），都用大写字母表达，不会与表达裁判员单分的Air、Form、

Landing混淆不清。

三、关于评分倾向性的讨论

任何一个竞技项目比赛的运动成绩都是由运动员在比赛中的表现、对手在比赛中的表现以及竞赛结果的评定行为这三方面因素所决定的。而竞赛结果的评定行为又包括裁判员的道德及业务水平、成绩的评定手段和竞赛规则这样三个因素[1]。鉴于成绩评定手段和竞赛规则非属本题研究范畴，因此这里仅涉及裁判员的道德及业务水平。

作为世界大赛的评分裁判长和裁判员，应具有高尚的体育道德操守和过硬的专项裁判水平，在比赛临场完全以参赛选手完成动作实际情况为依据，严格以现行国际规则相应评分标准为尺度，公正、准确地予以独立评分。这里所谓裁判员评分的倾向性，系指有的读者解读成绩单时认为某裁判员有意针对某特定选手"压分"或"抬分"问题。诚然，这是个敏感问题，但笔者无意回避，为了本项目的健康发展，为了读者更好地解读成绩单，愿讨论以下几个问题。

（一）无效分与有效分

在裁判员均来自"中立国"且业务水平相当的情况下，考察其每评出1个分数剔除1个最高分和1个最低分后保留的中间分计入成绩的有效分，可在一定程度上反映裁判员的公正性和准确性。若裁判员之间业务水平明显参差不齐，此时则不可简单地、绝对地看问题，因为有时也许那个被剔除的最高分或最低分才是正确答案。历史告诉我们，有时真理在少数人手里。

（二）双向查看分数

在新赛制下查看成绩单时，不但要沿着J1～J5横向查看每位裁判员所评出的Air、Form、Landing分数及其有效分与无效分，还要纵向分别查看每位裁判员所评出Air、Form、Landing分数的个人评分尺度与趋势。某位裁判员纵向分数一贯偏低，也有可能说明其对动作评分标准的理解更严格些，倘若某位选手及其教练员仅从横向看到该裁判员评分较低就说"压分"，恐有失偏颇。

---

[1] 全国体育院校教材委员会.体育院校通用教材·运动训练学[M].北京：人民体育出版社，2003.

（三）采分段的合理范畴

在国际规则裁判手册6004.1款起跳与腾空高度远度（Air）评分标准、6004.2款空中动作（Form）评分标准以及6004.3款着陆（Landing）评分标准中，依据动作错误程度轻重，都给出了若干采分段，每个采分段均有几个采分点供裁判员选择。一般来说，如果裁判员选取采分段准确，评出的分数或高或低在理论上都视为合理。倘若裁判员突破了其上限或下限而误入相邻采分段，则另当别论。

（四）成绩单与录像相结合

成绩单上有的关键分数对摘金夺银具有决定性，此时如有疑问，解读成绩单最好的办法就是查看分数与观察录像相结合。录像能如实反映现场动作完成情况，国际规则对各种完成情况都有相应的评分标准，据此即可判断其评分是否合理，尤其是采用视频采集软件对其动作特征画面进行截图并结合裁判员评分的解读效果更好。

下面举一个实例加以说明。在2018年第23届冬奥会空中技巧男子争金决赛中，有些媒体和电视观众对亚军（我国选手贾宗洋）与冠军（乌克兰选手A.Oleksandr）的0.46分之差颇有质疑，对此我们通过分数与录像相结合的分析方法来探究事情究竟是怎么回事。

从常规播放的电视直播来看，二者参赛动作难度相同且完成情况亦相差无几，如判贾宗洋获胜也未尝不可。但通过慢放逐帧观看，尤其是把他们着陆下蹲最深瞬时的画面截图仔细对比分析图3-4、图3-5便可发现：贾宗洋此时身

图3-4 贾宗洋着陆动作特征画面截图   图3-5 A.Oleksandr着陆动作特征画面截图

体重心明显滞后，导致板尖明显翘起，经测量得出其前半部雪板与着陆坡形成14°左右的夹角；而A.Oleksandr此时身体重心位置较为合理，板尖并无明显上翘现象。由此可以看出，贾宗洋的0.46分主要是输在着陆的这一动作细节。

（五）裁判长的权限

从成绩单表面看，上面所记载的都是评分裁判员所直接评出的单分及由此计算出的合计分，好像没有裁判长什么事。实际上，评分裁判员们都是在裁判长领导下工作，世界大赛的打分节奏非常快，只要不出现"分差过大"现象，裁判长一般不会干涉，但遇到疑难问题需会商的时候，裁判长有权首先查看录像回放，经会商后他有权做出最后的决定，此时裁判员们必须服从，这既是常规，也是纪律。

（六）慎言"压分""抬分"

包括空中技巧项目在内的所有打分项目在世界大赛中都有一个铁定常规：如果难度计算有误可以申诉，但概不受理申诉打分问题，成绩一旦正式公布即不可改变。即便如此，也常常见到或听到所谓"压分""抬分"之说，倘若这种说法来自媒体或百姓无可厚非，但对于业内的运动员、教练员、裁判员、科研人员及管理人员来说，最好慎言"压分""抬分"，而最要紧的是多从自身找问题，既然成绩一旦正式公布即不可改变，那么"我们只能立足于把自己做得更强、更全面、更完善、更无懈可击"[1]。

第四节　世界杯积分排名表

世界杯积分排名表也是成绩单体系中的一个类别，其中包括个人单项积分排名表（discipline standings）、个人全能积分排名表（worldcup-owerall standings）、国家单项积分排名表（discipline nations cup standings）及国家全能积分排名表（nations cup standings）。这些积分排名表与上述成绩单内容明显不

---

[1] 沈楠. 平昌冬奥会落幕　高志丹总结代表团成绩［EB/OL］. http：//www.sohu.com/2018.02.25/.

同，以往读者不甚关注，其实解读这些成绩资讯也有重要功用。

一、个人单项积分排名表

（一）个人积分排名表的结构及内容

依据本章主要研究任务，这里仅以空中技巧为例阐述之。表格上方以"After*of*Competitions"（*为阿拉伯数字）格式示出实际举行的站次，例如2007赛季第6站表达为After 6 of 11 Events，表明原定的11站因故取消了5站实际比了6站，2018赛季第6站表达为After 6 of 6 Competitions，表明原定6站比赛如数举行。多年来，由于天气尤其是经费问题致使各赛季世界杯系列赛的站次有多有少起伏不定，其极值为4站与13站，其中1999赛季原定11站，因当时找不到赞助商只在美国、加拿大比了4站，其余7站无奈取消。自2013赛季以来世界杯系列赛站次比较稳定，一直维持在6站次左右。

表格上方以图示明各站比赛时间地点。看到此图即可了解整个赛程安排。须知，每赛季世界杯赛程文件的颁布都早于其个人空中技巧积分排名表，前者常常有所变化。例如，2019赛季空中技巧世界杯在其赛程文件中安排了10站比赛，结果日后在其首站积分排名表上方的图示中发现，原计划10站比赛已缩减至4站比赛（后又增为5站），而且比赛时间地点也有很大变化，如图3-6所示。

图3-6　2019赛季空中技巧世界杯首站个人积分排名表截图

表格主体包括名次、选手姓名、国家、每站积分、总积分及同分判别。2004赛季之前只截取每位选手积分较高的几站积分（多为5站）为其总积分的有效积分，而积分较低的几站无效积分在表格中加以括号表示，即括号内的各站积分并不加入总积分之中，但从2004赛季开始改为全取所有赛站积分来计算其总积分。总积分多者排名列前。如总积分相同各站小分亦同名次并列，否则由高至低依次比较各站小分，首见小分不同则判其多者列前。

表格最下方常常附有世界杯每赛站名次与其积分对照表，如图3-7所示。

Explanation of FIS World Cup points										
Place	Points	Place	Points	Place	Points	Place	Points	Place	Points	Place	Points
1	100	6	40	11	24	16	15	21	10	26	5
2	80	7	36	12	22	17	14	22	9	27	4
3	60	8	32	13	20	18	13	23	8	28	3
4	50	9	29	14	18	19	12	24	7	29	2
5	45	10	26	15	16	20	11	25	6	30	1

图3-7 国际雪联世界杯每赛站名次积分表截图

国际雪联制定的该表个人总积分计算方法如果变换成本文改制的如表3-8所示方式表达，解读效果会更好。如此表达可以清楚揭示这种积分法的规律性：在空中技巧世界杯的每一站比赛中，30名之前的选手们都会按各自名次获得相应的积分，即第1名积100分，1～3名分差20分；3～4名分差10分；4～6名分差5分；6～8名分差4分；8～10名分差3分；10～15名分差2分；15～30名分差1分；31名及其以下无积分。按选手所有各站有效积分之和的多少排定每个赛季世界杯系列赛的总排名。世界杯总排名第1名也可称为世界杯总冠军。此积分法在自由式滑雪各项目中通用，自2004年执行至今。

表3-8 世界杯每赛站名次积分变换表达表

名次	积分	名次	积分
1	100	14	18
2	80	15	16
3	60	16	15
4	50	17	14
5	45	18	13
6	40	19	12
7	36	20	11
8	32	21	10
9	29	22	9
10	26	23	8
11	24	24	7
12	22	25	6
13	20	26	5

（续表）

名次	积分	名次	积分
27	4	30	1
28	3	31	0
29	2		

（二）个人积分排名表的解读与功用

1. 纵向解读与横向解读并重

拿到排名表，要纵向解读与横向解读相结合。纵读可使某站赛况一目了然，此时最好把金、银、铜牌得主所积的100分、80分、60分做个标记，这样便于日后对重点选手再次解读；横读可对某选手该赛季赛况全面掌握，此时也应把其金、银、铜牌所积的100分、80分、60分做个标记，同样便于日后再次解读。

2. 要辩证地处理好若干关系

世界杯个人空中技巧积分总排名虽说是表征选手该项竞技实力水平的重要指标之一，但在解读时要对其辩证地看待。为此，要处理好如下几个关系：

（1）每站名次与冬奥会及世锦赛名次关系。

冬奥会4年1届，世锦赛2年1届，这是高手云集的盛会，但世界杯系列赛每年都进行多站比赛，况且并非每站都是世界最高水平的比赛，因为有些高手并不一定参加所有各站比赛，可见这世界三大赛名次的含金量并不相同。

（2）系列赛前半程成绩与后半程成绩关系。

世界杯系列赛的前半程选手们都有个该赛季初上雪台的适应过程，尤其是前几站趋于保守，而后半程选手们则纷纷加难，竞争越发激烈，可见后半程比赛名次也许比其前半程更能说明问题。

（3）系列赛累计积分排名与夺金次数关系。

采用系列赛各站名次指标时，获奖牌次数尤其是获金牌次数比累计积分排名指标更能说明问题，因为后者受参赛次数影响较大，而前者标志着选手所具有的最高实力水平。戈炳珠在本项目的冬奥攻关服务过程中，从比赛成绩角度分析中外重点选手实力时，创立了一项"奖牌累计积分"指标：设定世界杯分站赛每枚金、银、铜牌分别积3分、2分、1分，鉴于冬奥会、世锦赛奖牌的含金量比世界杯分站赛高,所以前者积分比后者增值50%,即其金、银、铜牌分别积4.5分、3分、1.5分;之所以世界杯总排名不进行奖牌积分换算,除了总排名前3名并无奖牌之外,主要是考虑到该指标在某些情况下并不一定能真实反映选手的实力水平。由于这一新指标最具综合性与典型性,所以在该项目研究中颇能说明问题[1]。

3.世界杯分站赛冠军的概念

本章既然意在解读成绩单,那么在此也不应回避"世界杯冠军"与"世界杯分站赛冠军"的基本概念问题。在我国媒体报道及有关部门宣传中,时而会见到或听到把二者都称为"世界冠军",虽不严谨,但也无可厚非。其实,世界冠军有两种解释,其广义解释:在我国,在奥运会、世锦赛或世界杯赛中取得冠军的,都称为"世界冠军";其狭义解释:仅仅是一个比赛的第1名的称号,这个比赛就是世锦赛,而世界杯、奥运会第一名不是真正意义上的世界冠军,奥运会第1名就应称其为奥运会冠军,世界杯总冠军可称其为世界冠军,而世界杯某一分站赛或某几分站赛第1名却称不上真正的世界冠军,这在国家体育总局颁发体育运动荣誉奖章等一系列奖励政策中都有严谨明确的规定[2]。

二、个人全能积分排名表

目前自由式滑雪个人全能积分排名表共有6项,依次为雪上技巧、空中技巧、障碍追逐、U型场地技巧、坡面障碍技巧及大跳台,按其中最多的一项积分(在排名表右端示为"Best")来排名。在2018赛季男子排名表中,我国选手贾宗洋和齐广璞以空中技巧积分54.83及42.33分别排在第6名和第12名[3];在2018赛季女子排名表中,我国选手徐梦桃和张鑫以空中技巧积分67.50排在第2名,张可欣以U型场地技巧积分47.60排在第11名[4]。

与2018赛季比较,2020赛季自由式滑雪个人全能积分排名表情况有些变

---

[1] 戈炳珠,杨明,等.备战都灵冬奥会空中技巧项目信息与对策研究[C].空中技巧文丛:第7卷.沈阳:沈阳体育学院戈炳珠研究室,2007:39-44.

[2] 360百科.世界[EB/OL].https://baike.so.com/doc/4091594-4290473.html.

[3] Fis reestyle ski world cup 2018 world cup-ouerall standings http://medias2.fis-ski.com/pdf/2018/FS/8287/2018FS8287WCALL.pdf.

[4] FIis reestyle ski world cup 2018 world cup-ouerall standings http://medias1.fis-ski.com/pdf/2018/FS/8286/2018FS8286WCALL.pdf.

化。男子项目共有282人获得积分进入排名表，其中包括我国空中技巧与U型场地技巧选手13人，无人兼项。在8名空中技巧选手中，齐广璞、贾宗洋分别排在第30名、第34名；在5名U型场地技巧选手中，其最好名次排在第94名。女子项目共有194名选手获得积分进入排名表，其中包括我国空中技巧、U型场地技巧、坡面障碍技巧、大跳台及雪上技巧选手21人，1人兼项。在7名空中技巧选手中，徐梦桃、徐思存、孔凡钰分列第10名、第33名、第34名；在6名U型场地技巧选手中，张可欣、李芳慧、谷爱凌分列第9名、第11名、第25名（谷爱凌是兼项选手，参赛坡面障碍技巧还获得20.00积分）；3名选手获得大跳台积分，最好名次是杨硕瑞的第118名；5名选手获得雪上技巧积分，最好名次是宁琴的第134名。

  在我国的奥运争光战略中，以往我们并不注重个人全能积分排名。但认真解读男、女个人全能积分排名表，可有效拓展研究视野，有助于我们全面了解世界自由式滑雪的发展趋势与实力格局，这对我国雪上项目的布局与发展策略具有重要意义。仅就解读2018赛季与2020赛季男、女个人全能积分排名表而言，起码可以给我们如下启示：①在自由式滑雪的6个项目中，就近期而言，除了空中技巧传统强项之外，还应不失时机地发展U型场地技巧、坡面障碍技巧及大跳台；②外国有许多选手兼项高山滑雪-障碍追逐，或U型场地技巧-坡面障碍技巧，或坡面障碍技巧-大跳台，甚至U型场地技巧-坡面障碍技巧-大跳台，我国可考虑鼓励并实施自由式滑雪选手在某些相近项目上兼项，通过"集约经营"使人才培养效率最佳化；③我国雪上技巧项目是继空中技巧项目之后开展的第二个自由式滑雪项目，由第二章"我国自由式滑雪的冬奥战略地位"的论述已知，日本、韩国也是我们备战北京冬奥会的战略针对国，但我们目前水平尚无力与其抗衡，要针对其成绩的80%取决于雪上而20%取决于空中（即雪上=回转分占60%+速度分占20%，空中=跳跃分占20%）的项目特点，亟待找到突破口，尽快补齐这块短板具有重要战略意义。

三、国家单项积分排名表

  从表3-9的2018赛季世界杯国家空中技巧积分排名表来看，我国该项目的整体实力以1333分居世界之首，其女队与男队也均处于领先地位。从女子项目来看，中国、白俄罗斯、澳大利亚、俄罗斯、美国均可称为世界强队；从男子项目来看，中国、白俄罗斯、俄罗斯堪称世界三强；其中白俄罗斯是我们的强劲对手，无论是总积分还是女队积分及男队积分都紧紧咬住我们均排名次席。

表3-9　2018赛季世界杯国家空中技巧积分前6名排名表

名次	女子		男子	
	国家	积分	国家	积分
1	中国	652	中国	681
2	白俄罗斯	591	白俄罗斯	621
3	澳大利亚	550	俄罗斯	589
4	俄罗斯	514	美国	361
5	美国	405	加拿大	182
6	加拿大	99	澳大利亚	98

表3-10的2020赛季排名却情况有变：我国该项目男女整体实力虽然以1261分仍居世界之首，女队以665分依旧占据优势地位，但澳大利亚女队实力明显增强，以非常接近的650分升至第2名；我国男队积分比2018赛季少了85分，由第1名跌至第3名，而俄罗斯却以105分的涨势雄踞榜首，甚至瑞士更是突飞猛进——2018赛季世界杯国家积分仅以149分排在第8名，2020赛季竟以670分跃居第2名，显然，这两支长足进步的男队已成为我国男队的强劲对手。

表3-10　2020赛季世界杯国家空中技巧积分前6名排名表

名次	女子		男子	
	国家	积分	国家	积分
1	中国	665	俄罗斯	689
2	澳大利亚	650	瑞士	670
3	白俄罗斯	563	中国	596
4	美国	491	美国	531
5	哈萨克斯坦	322	白俄罗斯	427
6	俄罗斯	289	加拿大	404

此处讨论世界杯国家空中技巧积分排名表如果与冬奥会空中技巧金牌榜结合起来解读，则能更加全面客观地洞察当今世界空中技巧强国的实力格局。须知，2018年在韩国平昌举行的第23届冬奥会结束之后，冬奥会空中技巧金牌榜的前6名依次是白俄罗斯（金牌4枚，银牌1枚，铜牌2枚，奖牌合计7枚）、美国（金牌2枚，银牌2枚，奖牌合计4枚）、澳大利亚（金牌2枚，银牌1枚，铜牌2枚，奖牌合计5枚）、瑞士（金牌2枚，铜牌1枚，奖牌合计3枚）、中国（金牌1

枚，银牌6枚，铜牌4枚，奖牌合计11枚）、乌兹别克斯坦（金牌1枚）、白俄罗斯由于夺得4枚金牌而雄踞金牌榜榜首。由表3-9积分排名的2个第1名和冬奥会金牌榜奖牌合计的第1名，可见我们雄厚的潜在实力；从冬奥会金牌我国与白俄罗斯1∶4的现状，更要正视其差距，进而找出致因并拿出良策以便在2022年北京冬奥会上打个漂亮的翻身仗。

四、国家全能积分排名表

世界杯国家全能积分排名表是以国家为单位，经自由式滑雪分项的女子与男子雪上技巧（MO）、空中技巧（AE）、障碍追逐（SX）、U型场地技巧（HP）、坡面障碍技巧（SS）及大跳台6个项目共12小项合计总积分的排名结果，由此可以考察各国自由式滑雪分项的综合实力水平。其实，由于北京冬奥会新增了空中技巧混合团体小项，这个排名表应由12小项增至囊括该新增项目的13小项。

由图3-8可见，2020赛季前13名依次为加拿大（7485分）、美国（4992分）、瑞士（4667分）、法国（3864分）、瑞典（3040分）、俄罗斯（2490分）、澳大利亚（2254分）、中国（2228分）、日本（2153分）、德国（1633分）、奥地利（1533分）、挪威（1418分）、哈萨克斯坦（1317分）。2018

Rank	Nation	NSA	MO (L)	AE (L)	SX (L)	HP (L)	SS (L)	BA (L)	MO (M)	AE (M)	SX (M)	HP (M)	SS (M)	BA (M)	Total
1	Canada	CAN	688	110	1,329	464	300	221	1,320	404	1,449	604	314	282	7,485
2	United States Of America	USA	926	491	22	414	375	58	433	531	185	750	464	343	4,992
3	Switzerland	SUI		78	1,022		431	469	58	670	1,076	129	485	249	4,667
4	France	FRA	896		537		100	69	835		1,048	34	109	236	3,864
5	Sweden	SWE	1		1,300		66		735		405		225	308	3,040
6	Russia	RUS	490	289	327	380		29	172	689	71	19		24	2,490
7	Australia	AUS	764	650	300	13	13		514						2,254
8	P.R. China	CHN	95	665		611	100	58		596		103			2,228
9	Japan	JPN	817	25	14	214	16		853	31	112	26	45		2,153
10	Germany	GER	134		513	139	22	36		760	7		22		1,633
11	Austria	AUT	95		502		36	78		556	86	25	155		1,533
12	Norway	NOR				320	250				18	119	264	447	1,418
13	Kazakhstan	KAZ	431	322					507	57					1,317

图3-8 2020赛季世界杯国家全能积分前13名排名表截图

赛季世界杯我国以1766分排在第12名，仅用1年时间2019赛季即以1973分超越德国、日本、奥地利、澳大利亚、俄罗斯、挪威升至第6名[1]，其中男、女空中技巧合计1374分，占总分的70%，男、女U型场地技巧合计500分，占总分的25%，女子雪上技巧99分，占总分的5%。2020赛季自由式滑雪世界杯国家全能积分排名表前13名还是这13个国家，其中前5名排名如故，但我国由第6名降至第8名，而俄罗斯却由第11名越至第6名。2019赛季我国赢俄罗斯543分，2020赛季却输给俄罗斯262分。究其主要致因，2020赛季我国虽然U型场地技巧项目对总积分贡献率提高了7%（由25%升至32%），但空中技巧项目对总积分贡献率却降低了13%（由70%降至57%），看来问题主要出在空中技巧项目上；俄罗斯2020赛季比上赛季总积分增值多达1060分，主要赢在雪上技巧、障碍追逐及空中技巧项目上，仅此3项就赢我国682分，其中我国的雪上技巧是弱项，障碍追逐刚起步，但传统强项男子空中技巧却输给俄罗斯93分，这给我国敲响了警钟。

在2014年索契冬奥会和2018年平昌冬奥会奖牌榜上我国代表团分别为第12名[2]和第16名[3]，我们备战北京冬奥会的目标起码应突入前10名，逼近甚至越入第一集团。为此，就要尽快改变我国长期以来冰强雪弱的现状，其最好的突破口就是自由式滑雪分项。仅就2020赛季该分项排名表而论，我国自由式滑雪整体实力欲百尺竿头更进一步，既大有希望，也有相当长的路程要走——既要不断提高现有项目实力水平，还必须尽快补齐短板填补空白。

本章小结

（1）明确成绩单的概念。

成绩单并非仅限于某轮或某场比赛的具体评分成绩单，而是包括其在内的一套比赛成绩单——成绩单体系。

（2）"横-纵计算法"与"纵-横计算法"的提出与解读。

首次把两种合计有效分计算法命名为"横-纵计算法"与"纵-横计算法"。本章通过近两届冬奥会实证研究结果指出，合计有效分的算法不同，会直接影

---

[1] Fis.fis freestyle ski world cup 2019 world cup-nations cup standings [EB/OL]. http://medias3.fis-ski.com/pdf/2019/FS/8282/2019FS8 282WCNCS.pdf.

[2] 网易体育.索契冬奥会奖牌总榜 [EB/OL]. http://sochi2014.sports.163.com/.

[3] 网易体育.2018年平昌冬奥会奖 [EB/OL]. http://sports.163.com/18/0208/07/DA3TI2I900058784.html.

响选手的最后得分乃至名次：假如索契冬奥会执行原来的横–纵计算法，我国女选手张鑫与白俄罗斯女选手T.Alla的预赛名次就会颠倒过来，张鑫即可进入决赛阶段，T.Alla则止步于第2轮预赛而无夺冠机会；假如平昌冬奥会执行4年前索契冬奥会的纵–横计算法，则会判定我国男选手贾宗洋夺冠。

（3）解读成绩单动作难度系数要注意的两个问题。

一是在梳理动作难度系数变化历史沿革的基础上，指出教练员与运动员要透过相应变化敏锐地领悟其导向意图；二是指出有时成绩单的动作难度系数会出现错误，对此必须及时提出质疑，否则可能会错过拨乱反正的最佳时机。

（4）解惑同分判别依据。

阐释了同分判别依据随时代不同多有变化的过程，指出了国际规则对此条款的阐述不甚明了，甚至时有发生"未交待就执行"或"先执行后交待"的规则与实施脱节的不良状况。针对解读成绩单同分判别的若干难点，以典型案例做了进一步阐释。

（5）关于裁判员评分倾向性的讨论。

为了本项目的健康发展，为了读者更好地解读成绩单，本章就这个敏感问题讨论了无效分与有效分、纵向与横向查看分数、采分段合理范畴、查看分数与观察录像相结合、裁判长权限以及慎言"压分""抬分"等问题。

（6）解读全能积分排名表的特殊意义。

在我国奥运争光战略下，以往我们并不注重个人全能与国家全能积分排名。但认真解读上述积分排名表可有效拓展研究视野，尤其对谋划冰雪运动全局性宏观战略有重要意义。

（作者：刘伶燕、戈炳珠，2020年定稿）

第四章　冬奥争金前史之鉴

冬奥会自由式滑雪比赛至今已举行了7届，1992年雪上技巧率先进入第16届冬奥会，1994年空中技巧进入第17届冬奥会，2010年障碍追逐进入第21届冬奥会，2014年U型场地技巧与坡面障碍技巧进入第22届冬奥会，2022年大跳台将进入第24届冬奥会。迄今为止，在我国自由式滑雪的上述项目中，空中技巧参赛了所有的7届次冬奥会比赛，而其他项目仅参赛了1届次或2届次。自由式滑雪世界强国在冬奥会上的角逐，主要是夺金的角逐，而历届冬奥会我队有实力与外国强队在终极决赛争金的项目至今只有空中技巧。基于上述两点，本章将从不同角度按如下三节内容来阐述我国空中技巧冬奥争金的前史之鉴。

第一节　我国女子空中技巧冬奥争金历程

自第17届冬奥会空中技巧成为正式比赛项目以来，我国空中技巧女队已参赛了所有的7届冬奥会。除第17届"重在参与"之外，其后6届皆争金未果。更为遗憾的是，第18届的徐囡囡、第20届和第21届的李妮娜、第22届的徐梦桃以及第23届的张鑫均获得银牌，五度以一步之遥与金牌擦肩。这就是平昌冬奥会以来被各界热议的中国女子空中技巧冬奥争金"5银之憾"。

那么，这个历经5届冬奥会长达20年的"5银之憾"，是否每块银牌都那么遗憾？若有遗憾又憾在何处？看似偶然的"5银之憾"是否其中隐藏着必然性和规律性？至今尚未见到以辩证唯物主义和历史唯物主义的世界观和方法论对此展开专题研究的文献。目前仅有戈炳珠所著由辽宁人民出版社2016年出版的《空中技巧新论》一书，对2014年索契冬奥会后的我国女子空中技巧冬奥争金"5银之憾"做了初步论述，这为本节全面深入的专题研究提供良好基础。

本节以马克思主义哲学之唯物辩证法关于必然性和偶然性辩证关系原理为指导，主要研究对象为我国银牌得主徐囡囡、李妮娜（2届次）、徐梦桃、张鑫4人和外国金牌得主S.Nikki、L.Evelyne、L.Lydia、T.Alla、H.Hanna 5人，还包括其他我国主力选手郭丹丹、季晓鸥、郭心心、孔凡钰4人和其他外国竞争对手M.Kirstie、C.Jacqui、S.Oly、C.Ashley 4人，研究第18、20、21、22、23届冬奥会女子空中技巧决赛我国选手屡获银牌的来龙去脉，旨在从看似偶然的我国女子空中技巧冬奥"5银之憾"中揭示隐藏其中的必然性与规律性。

人们都说空中技巧是具有高度偶然性的运动项目，此话无可厚非。但马克思主义哲学原理告诉我们：在任何事物的联系与发展过程中，偶然性与必然性是同时存在的，凡看来是偶然性在起作用的地方，偶然性本身又始终服从于内部隐藏着的必然性[1]。在备战北京冬奥会周期前半程，本节针对我国女子空中技巧冬奥"5银之憾"，深入地总结过去、思考未来，下一番"去粗取精、去伪存真、由此及彼、由表及里"的思辨功夫，在找出导致偶然性事件发生原因之基础上去揭示隐藏其内部的必然性和规律性，这对于我们提高备战质量，届时为取得我国冬奥会参赛史上最好成绩做出更大贡献，无疑是十分重要的。

一、5届冬奥会中外主要竞争对手赛前对垒形势

为便于分析，特列出5届冬奥会中外主要竞争对手一览表，其中选手姓名后面括号内数字为当时规则的动作难度（前3届为最难2跳动作难度之和，后2届为最难3跳动作难度及其均值），如表4-1所示。

表4-1　5届冬奥会中外主要竞争对手一览表

届别	赛制	中国选手	外国选手
18	老赛制	徐囡囡（6.70）郭丹丹（6.70）季晓鸥（7.30）	S.Nikki（7.05）T.Alla（6.70）M.Kirstie（6.70）C.Jacqui（7.30）
20	老赛制	李妮娜（7.05）徐囡囡（7.05）郭心心（7.85）	L.Evelyne（7.85）C.Alisa（7.05）S.Oly（7.30）C.Jacqui（7.85）
21	老赛制	李妮娜（7.425）郭心心（7.85）徐梦桃（8.225）	L.Lydia（7.975）C.Jacqui（7.85）L.Evelyne（7.85）
22	新赛制	徐梦桃（3.80 4.05 4.175 $\overline{X}$4.00）李妮娜（3.525 3.525 3.90 $\overline{X}$3.65）	L.Lydia（4.05 4.175 4.425 $\overline{X}$4.21）T.Alla（3.75 3.80 4.05 $\overline{X}$3.86）C.Ashley（3.50 3.80 4.05 $\overline{X}$3.78）

---

[1] 刘伶燕，等.关于我国空中技巧运动若干问题的哲学思考[J].沈阳体育学院学报，2011（6）：16-21.

（续表）

届别	赛制	中国选手	外国选手
23	新赛制	徐梦桃（3.80 4.05 4.175 $\bar{X}$4.00） 孔凡钰（3.50 3.80 4.05 $\bar{X}$3.78） 张鑫（3.15 3.525 3.525 $\bar{X}$3.40）	C.Ashley（4.05 4.175 4.425 $\bar{X}$4.21） L.Lydia（4.05 4.175 4.425 $\bar{X}$4.21） T.Alla（3.75 3.80 4.05 $\bar{X}$3.86） H.Hanna（3.50 3.50 3.80 $\bar{X}$3.60）

（一）老赛制下的前3届冬奥会对垒形势

1. 第18届冬奥会

1998年第18届冬奥会在日本长野举行，我国4名选手满额报名参赛，其中3名主力选手是徐囡囡、郭丹丹、季晓鸥。外国4名主要对手是美国的S.Nikki，乌克兰的T.Alla（从1999年开始加盟白俄罗斯队），澳大利亚的M.Kirstie与C.Jacqui。从第17届至第21届都是执行"两跳组合"的老赛制，所以这里以最难的2跳动作组合难度表征选手的难度实力。

季晓鸥与C.Jacqui拥有当时最高难度7.30的bLTF+bLFF，当年1月世界杯加拿大赛站二人2跳均成功，分别以200.21分及191.36分高居前两名。他们7.30的超高难动作谁能在冬奥会上再次成功，谁就最有希望夺得金牌[1]。但是二人7.30的bLTF+bLFF完成跳次有限，届时能否成功着陆是个大问题。

S.Nikki在1998赛季世界杯已获3站冠军。她的次高难度动作为7.05的bFdF+bLTF，这是罕见的两周动作与三周动作混合搭配的动作组合，尽管比赛临场要从两周台转换到三周台，但其凭借超强的适应能力和丰富的比赛经验，仍然会有较高成功率。况且，bFdF+bLTF组合可使她依比赛临场态势掌握一定的主动权——当第一跳赛罢已胜券在握时，第二跳可用更加稳妥的3.15的bFF；当第一跳分数吃紧时，第一跳便可用3.50的bLTF奋力一搏。

M.Kirstie、郭丹丹、徐囡囡、T.Alla动作难度均为6.70的bFF+bFdF，这是仅次于上述7.30与7.05的动作组合。M.Kirstie是1997赛季的风云人物，不仅获得5站世界杯金牌，还夺得2017年世锦赛冠军。郭丹丹在1997赛季世界杯分站赛也曾获得过冠、亚军，为备战长野冬奥会曾练过7.0甚至7.30动作组合，但均欠火候，看来届时还得用6.70动作组合。徐囡囡曾获1997赛季世界杯第10站亚军，

---

[1] 长野冬奥会空中技巧项目攻关课题组. 目标在逼近——长野冬奥会情报研究之五[J]. 沈阳体育学院学报，1997（4）：21-24.

虽说也练过7.0动作组合，但主打动作还是动作质量较高的6.70的bFF+bFdF，如果着陆顺利分数不会低。至于T.Alla，因bFdF第二周dF绞腿，动作质量欠佳，恐难有大的作为。

1998年长野冬奥会是中澳美争金，如果C.Jacqui、S.Nikki等有所失误，我队有夺金机会，否则尚无登顶实力。

2. 第20届冬奥会

2006年第20届冬奥会在意大利都灵举行，我国4名选手满额报名参赛，3名主力选手是李妮娜、徐囡囡、郭心心。李妮娜、徐囡囡与澳大利亚的C.Alisa参赛动作同为7.05的bFdF+bdFF。其中李妮娜动作规范，平均动作质量指数逾0.91（最佳值为1），着陆成功率高达90%以上，2005赛季连获世界杯总冠军及世锦赛冠军；C.Alisa动作高飘、着陆干脆，着陆成功率80%左右，是上届冬奥会冠军、2003年世锦赛冠军及2004赛季世界杯总冠军，可见李妮娜、C.Alisa二人势均力敌。白俄罗斯的S.Oly参赛动作为7.30的bLPF+bLFF，其三周动作雪龄尚短，动作稳定性差，对我队威胁不大。我国的郭心心、瑞士的L.Evelyne、澳大利亚的C.Jacqui拥有当时世界最高难度动作7.85的bLFF+bFFF。其中郭心心的空中动作质量优于对手，但由于该赛季才开始掌握这一新动作组合，其着陆成功率尚不理想；C.Jacqui是三周动作老手，2002年盐湖城冬奥会前受伤后复出，在都灵冬奥会周期很少使用7.85动作参赛；对我队最有威胁的当属L.Evelyne，曾用7.85高难度动作在上届冬奥会预赛列首位，其空中动作质量较好，但着陆成功率只有50%左右，此外，还曾以7.30的bLTF+bLFF获2005年世锦赛亚军及3次世界杯分站赛第1名。戈炳珠在赛前曾指出：若她今后重新启用7.85的世界最高难度动作，则会对任何选手构成严重威胁。[1]

我国主力选手与外国强劲对手势均力敌，将在两个战场展开角逐：一是三周台上郭心心对阵瑞士的L.Evelyne与澳大利亚的C.Jacqui。二是两周台上李妮娜、徐囡囡对阵澳大利亚的C.Alisa。倘若三周台失守，将给我队的两周台选手造成很大压力。

3. 第21届冬奥会

2010年第21届冬奥会在加拿大温哥华举行，这是老赛制下的最后一届冬奥会空中技巧比赛，我国4名选手满额报名参赛。其中3名主力选手动作难度实

---

[1] 戈炳珠，等.空中技巧论百篇［M］.沈阳：辽宁人民出版社，2013.

力明显提升，除郭心心仍为7.85的动作之外，李妮娜从7.05的bFdF+bdFF增至7.425的bdFF+bdFdF，新秀徐梦桃首次参赛冬奥会即拿出8.225的bFFF+bLdFF，此乃该届最高难度。澳大利亚的L.Lydia参赛动作为7.975的bLdFF+bLFF，C.Jacqui为7.85的bLFF+bFFF，瑞士的L.Evelyne也为7.85的bFFF+bLFF。从整体难度实力上来看，我国3名选手与外国3名对手旗鼓相当，平均难度前者为7.83，后者为7.89；从个人难度实力上来看，徐梦桃较L.Lydia拥有0.25的难度优势，只要她决赛2跳成功就大有可能夺金。

李妮娜攻克两周超高难动作bdFdF，徐梦桃雄踞世界女子空中技巧难度制高点，这是我国女队上述3届冬奥会争金形势最好的一届冬奥会。

（二）新赛制下的后2届冬奥会对垒形势

1. 第22届冬奥会

2014年第22届冬奥会在俄罗斯索契举行，我国4名选手满额报名参赛，其中1名三周选手3名两周选手。就冬奥会来说，从该届开始比赛启用"一锤定音"的新赛制，入围争金决赛选手由原来的12人减为4人，因此这里以每跳动作难度（尤其是争金决赛动作难度）来表征难度实力。[1]由表4-1可见，我国主力选手徐梦桃最难3跳动作难度为3.80、4.05、4.175，李妮娜为3.525、3.525、3.90；澳大利亚选手L.Lydia最难3跳动作难度为4.05、4.175、4.425，白俄罗斯选手T.Alla为3.75、3.80、4.05，C.Ashley为3.50、3.80、4.05。中外两相比较，中国选手每跳平均难度为3.82，最高难度为徐梦桃4.175的bLdFF，外国选手每跳平均难度为3.95，最高难度为 L.Lydia 4.425的bFdFF。显然，在此届金牌争夺战中，面对外国强劲对手，我国的争金动作难度实力略逊一筹。

我国1名三周选手与1名两周选手抗衡外国3名三周选手，争金形势不甚乐观，但3跳平均难度达4.0的三周选手徐梦桃尚有夺金机会。

2. 第23届冬奥会

2018年第23届冬奥会在韩国平昌举行，我国4名选手满额报名参赛，其中有2名三周选手（孔凡钰具有两周与三周动作，视为三周选手）与2名两周选手，2名两周选手最难一跳动作平均难度只有3.33。该届大赛赛制又有微调：3轮决赛改为12进9——9进6——最后6人争金决赛。由于李妮娜退役和现役国家队主力

---

[1] 周冉. 冬奥会空中技巧新赛制引发的思考 [J]. 冰雪运动，2012（6）：28-32.

选手受伤情困扰，本届冬奥会我国女队竞争实力明显逊于温哥华冬奥会与索契冬奥会。

本届有望夺金的基本上都是三周高手，她们每人都掌握5个左右三周动作。由表4-2可以看出，无论是三周动作储备难度均值，最难3跳动作难度均值，还是最难1跳动作难度，C.Ashley和L.Lydia都拥有明显优势。二人赛前被普遍视为我国女队的主要对手，我国女队争金形势不甚乐观。

表4-2 平昌冬奥会周期中外三周高手动作难度实力对比

姓名	国家	三周动作储备 每跳难度					均值	最难3跳难度均值
徐梦桃	中国	3.50	3.75	3.80	4.05	4.175	3.85	4.00
C.Ashley	美国	3.50		3.80	4.05	4.175	4.425	3.99	4.21
L.Lydia	澳大利亚	3.50		3.80	4.05	4.175	4.425	3.99	4.21

面对拥有世界最高难度的C.Ashley和L.Lydia，我国只有徐梦桃有一定实力与之抗衡，这是中外选手赛前对垒形势最为严峻的一届冬奥会。

二、争金决赛前的淘汰与入围情况

（一）5届冬奥会中外重点选手遭淘汰出局情况

冬奥会空中技巧争金的终极决赛参赛者有一定人数限制，因此，在此之前按赛制首先要进行一系列淘汰赛以确定有资格入围争金决赛者。在老赛制下淘汰赛为预赛，也称资格赛，所有选手都比2跳动作，2跳总分列前12名者入围争金决赛。在2013新赛制下淘汰赛包括首轮预赛、次轮预赛（首轮预赛列前6名者不再参加次轮预赛）、第一轮决赛和第二轮决赛，经过3～4轮淘汰赛进入第三轮决赛者才有机会争金[1]。

关于表4-3的5届冬奥会中外重点选手遭淘汰出局情况统计结果，有如下几个问题需要加以说明。

---

[1] 周冉.应对空中技巧新赛制的冬奥会比赛策略探讨[J].沈阳体育学院学报，2013（6）：111-113.

表4-3　5届冬奥会中外重点选手遭淘汰出局情况统计结果

届别	赛制	选手	国家	失误赛段	动作	着陆得分	得分	总分	名次	入围名额
18	老	C.Jacqui	澳大利亚	Q1	bLTF	3.60	69.65	101.19	23	12
				Q2	bLFF	0.00	31.45			
		M.Kirste	澳大利亚	Q1	bFF	3.90	66.46	101.19	14	12
				Q2	bFdF	5.55	82.53			
21	老	L.Evelye	瑞士	Q2	bLFF	1.65	61.75	155.50	16	12
23	新	C.Ashley	美国	Q1	bFFF	4.90	81.81			
				Q2	bLFF	5.00	55.86	55.86	17	12
		L.Lydia	澳大利亚	Q1	bdFF	0.70	66.27			
				Q2	bFdF	0.60	63.45	63.45	20	12
		徐梦桃	中国	F2	bFTF	0.70	59.25	59.25	9	6
均值						2.66				

注：Q1为第一轮预赛，Q2为第二轮预赛，F2为第二轮决赛；第23届C.Ashley与L.Lydia均以Q2成绩排定名次。

1. 出局的届次届别

在本节研究的5届冬奥会中，共有3届发生有望夺金选手在争金决赛前的淘汰赛中惨遭淘汰的情况，其中老赛制下2届（第18届、第21届），新赛制下1届（第23届）。

2. 出局选手的队别

表中惨遭淘汰的6人都是有望夺金的选手，其中澳大利亚选手占一半，此外瑞士、美国、中国各1人。

3. 动作失误的赛段

外国5名选手都是在预赛中被淘汰，其中C.Jacqui、M.Kirstie、C.Ashley、L.Lydia是预赛2跳动作都失误，尤其是L.Lydia降低难度以求稳妥出线但事与愿违；我国选手徐梦桃在首轮预赛和第一轮决赛都高居第2名的大好形势下，进入争夺前6名的第二轮决赛时惨遭淘汰，实在可惜可叹。

4. 得分骤减的根源

淘汰赛失误动作多为三周动作，从表面看得分骤减是因为着陆跌倒，然而其根源却在于助滑速度掌控失准。表4-3的着陆有效分是裁判员所打出的合计有效分（每人满分为3分），其满分为9.0分，而着陆成败的临界值是6.0分（单分为2.0分）[1]，但表4-3中10个失误动作着陆有效分均值只有2.66分，即每位裁判员平均只打出了约0.9分。那么0.9分究竟是什么状态的着陆呢？经查看录像并对照国际规则评分标准已知其惨状——身体横轴翻转严重不足或过度，着陆后前冲趴倒（前翻）或背拍雪坡，腹部或背部或体侧拖雪卧姿滑下，无后续板上滑行[2]。这显然不是着陆技术欠佳，而是助滑速度掌控严重失准的恶果。

在平昌冬奥会空中技巧预赛阶段的淘汰赛中，我国女队最主要的两个强劲对手C.Ashley与L.Lydia意外出局，我国3名主力选手徐梦桃、张鑫、孔凡钰携手晋级。决赛阶段的主要竞争对手变成并不甚强大的白俄罗斯选手T.Alla、H.Hanna及俄罗斯选手O.Alexandra。同时晋级决赛阶段的T.Alla最难动作为4.05的bFFF，虽说她是索契冬奥会冠军，但此时已39岁，竞技状态今非昔比；H.Hanna与O.Alexandra最难动作同为3.80的bLFF，都是刚学会不久的新动作。如此形势对我国女队尤其对徐梦桃来说，可谓冬奥争金最有利的大好形势。

第一轮决赛一切顺利，徐梦桃、孔凡钰、张鑫以第2、4、6名稳稳出线；第二轮决赛张鑫、孔凡钰出色发挥率先闯入争夺金牌的终极决赛，谁知最有望夺金的徐梦桃完成bFTF时跌落平台而三度痛失夺金良机。这样一来，在争金的终极决赛中，张鑫和身体有伤的孔凡钰只能以两周3.525的bFdF抗衡T.Alla三周4.05的bFFF及H.Hanna三周3.80的bLFF，显然在难度实力方面处于下风。

那么，徐梦桃第二轮决赛的bFTF着陆时为何会飞行与翻转严重不足而跌落平台仅得0.70分呢？这问题主要源自助滑速度太慢。根据以往经验，完成这一动作的助滑速度应在64~65km/h，但此跳助滑速度仅为63.22km/h[3]。也许有人质疑：着陆成败并不一定是取决于助滑速度乃至出台速度，还可以靠运动员的着陆技术有效调整。须知，着陆技术固然很重要，但它只能在一定限度内起作用。如果着陆前身体横（纵）轴翻转（转体）明显不足或明显过度，已超出着陆技术所涉及的调控范围，纵使运动员有再好的着陆技术也无力回天。对于有望冬奥夺金的选手来说，其助滑技术都有固定的程式，起跳出台技术几趋自

---

[1] 周冉.空中技巧比赛动作着陆裁判法[J].中国体育教育学报，2009（6）：104-106.

[2] Fis.fis freestyle general rules for scoring judging handbook 2017[Z].SUI: FIS, 2017: 14.

[3] 平昌冬奥会中国体育代表团科研组.平昌冬奥会自由式滑雪空中技巧赛运动员比赛状况分析报告[R].第23届冬奥会，韩国平昌，2018.

动化，空中的几周直体空翻靠身体的屈伸来调整角速度已无多少余地。此时，按动量矩守恒原理来理解，可以说选手从台端腾起那一瞬间所具有的力学参数已经基本决定了动作的结果——着陆稳定性。而腾起瞬间的力学参数与助滑速度密切相关。尽管诸多外界条件的变化从不同方面对选手完成动作产生各种各样的影响，然而在本项目中最具有代表性意义的却是它们都会对助滑速度产生影响。从一定意义上也可以说，助滑速度乃是各种外界条件影响的集中体现。而助滑速度却是极易变化且难以控制的参数，它不但影响起跳出台、空中翻转等动作环节的准确性，还会对着陆稳定性产生决定性影响。测速及助滑速度知觉与着陆稳定性关系密切。因此，选手要有精准的助滑速度知觉，要通过赛前测速选好助滑起点，教练员在比赛临场指挥中要审时度势帮助选手及时调整助滑起点。

C.Jacqui、C.Ashley、L.Lydia、徐梦桃等名将在争金决赛前惨遭淘汰实在可惜可叹，其失误动作均为三周动作，从表面看得分骤减是因为着陆跌倒，然而其根源却在于助滑速度掌控失准。

（二）6届冬奥会争金决赛我国女选手入围情况

在老赛制下的第17届至第21届冬奥会，争金决赛设有12个名额；在新赛制下的第22届冬奥会减到4个名额，第23届冬奥会又增至6个名额。鉴于我国首次参赛第17届冬奥会的特殊性需要排除，所以，表4-4只列出此后6届冬奥会我国女选手入围争金决赛的有关情况。

由表4-4可以看出，6届冬奥会我国女选手入围争金决赛平均人数占决赛满额人数比例近1/3，其中比例最小是第19届冬奥会2人的2/12=1/6，它正常反映了我国女队当时的状态和水平；比例最大是第22届冬奥会2人的2/4=1/2，这半数席位是以往6届冬奥会中仅有的1届。从入围人数上看，人数最多是第20届、第21届冬奥会的各4人，尽管在12名争金决赛选手中占1/3，但这已是最大比例，因为所有参赛的4名选手都入围了，并且取得了不俗战绩——第20届李妮娜、徐囡囡、郭心心分别获得第2名、第4名和第6名，第21届李妮娜、郭心心、徐梦桃、程爽分别获得第2名、第3名、第6名和第7名。鉴于2018年第23届冬奥会空中技巧争金决赛入围名额已由上届冬奥会的4名增至6名，那么为了早日实现冬奥金牌的突破，今后冬奥会我国女队应力争至少3人入围争金决赛，当我队能占据至少半数争金席位时才称得上真正的团队优势。

表4-4　6届冬奥会争金决赛我国女选手入围情况统计表

届别	人数	选手	占决赛总人数比例	占本队人数比例
18	3	徐囡囡、郭丹丹、季晓鸥	1/4	3/4
19	2	李妮娜、徐囡囡	1/6	2/4
20	4	李妮娜、徐囡囡、郭心心、王娇	1/3	4/4
21	4	李妮娜、郭心心、徐梦桃、程爽	1/3	4/4
22	2	徐梦桃、李妮娜	1/2	2/4
23	2	张鑫、孔凡钰	1/3	2/4

6届冬奥会我国女选手入围争金决赛平均人数占决赛满额人数比例近1/3，为了早日实现冬奥金牌的突破，今后我国女队应力争入围占据至少半数争金席位，这时才称得上真正的团队优势。

三、5届冬奥会冠、亚军争金决赛参数分析

在中外主要竞争对手赛前对垒形势分析与争金决赛前淘汰与入围情况分析的基础上，就可以顺理成章地进行5届冬奥会冠、亚军争金决赛参数分析了。表4-5的参数包括参赛动作、难度系数、难度差、质量分、质量分差、总分、总分分差量值及总分分差比率（亚军总分分差除以冠军总分的百分比）。

（一）老赛制下的前3届冬奥会

由表4-5可见，在第18届、第20届和第21届冬奥会争金决赛中，相对于3位外国冠军，我国3位亚军动作组合难度明显处于劣势，难度差均值为-0.56，这是一个颇大差距；裁判员所打出的动作质量分均处于优势，其质量分差均值为+1.22分，但此质量优势无力抵消更大的难度劣势，因此，这3届的银牌也算应得其所。例如第20届冬奥会，李妮娜的动作质量赢L.Evelyne 2.23分，按说这是一个相当可观的质量优势，但无奈其两周动作（7.05）较之L.Evelyne三周动作（7.85）-0.80的颇大难度劣势，最终只能以-5.16的总分差与金牌擦肩；再如第21届冬奥会，李妮娜虽然出色完成了当今世界两周最高难度3.90的bdFdF，在有限空间急速转体1440°时动作质量指数竟超过0.92（最佳值为1），如此高超技艺至今无人能出其右，但仍因另一跳bdFF明显偏低的难度系数3.525拖后腿，终以-7.50的更大总分差不敌L.Lydia而再次得银。

表4-5 5届冬奥会女子空中技巧冠亚军争金决赛参数比较表

届别	冠军/亚军	参赛动作	难度系数	难度差	质量分	质量分差	总分	总分分差量值 差值	总分分差量值 比率
18	S.Nikki	bFdF bLTF	7.05		27.37		193.00		
	徐囡囡	bFF bFdF	6.70	−0.35	27.90	+0.53	186.97	−6.03	3.1%
20	L.Evelyne	bLFF bFFF	7.85		25.77		202.55		
	李妮娜	bFdF bdFF	7.05	−0.80	28.00	+2.23	197.39	−5.16	2.5%
21	L.Lydia	bLdFF bLFF	7.975		27.00		214.74		
	李妮娜	bdFF bdFdF	7.425	−0.55	27.92	+0.92	207.23	−7.50	3.5%
22	T.Alla	bFFF	4.05		24.20		98.01		
	徐梦桃	bLdFF	4.175	+0.125	20.00	−4.2	83.50	−14.6	14.9%
23	H.Hanna	bLFF	3.80		25.30		96.14		
	张鑫	bFdF	3.525	−0.275	27.10	+1.8	95.52	−0.62	0.6%

第18届的徐囡囡、第20届与第21届的李妮娜，均是其质量优势无力抵消更大的难度劣势才金牌旁落，这3届的银牌也算应得其所。

（二）新赛制下的近2届冬奥会

1. 第22届冬奥会

经过前两轮决赛的淘汰，实力最强的澳大利亚选手L.Lydia、中国选手徐梦桃、李妮娜和白俄罗斯选手T.Alla进入末轮决赛。首先出场的T.Alla成功完成4.05的bFFF获98.01分，随后出场的李妮娜、L.Lydia先后动作严重失误，此时变成最后出场的徐梦桃与T.Alla的争金对决战。由表4-5可见，此时徐梦桃对T.Alla拥有0.125的动作难度优势，此乃中国选手唯一难度占优的实力格局；由于着陆失衡其−4.2的质量分差也是表4-5中国选手唯一动作失败的遗憾战况。徐梦桃4.175的bLdFF着陆时后倒触雪，导致与冠军T.Alla总分分差为−14.60分，其比率为14.9%，这两个参数值在5届冬奥会中都是最大的。这就是空中技巧项目特点的一个显著特征——纵然有再难动作，只要着陆失败成绩就有可能一落千丈。徐梦桃之所以在关键时刻着陆失败，虽与临场心理压力过大有关，但从录像观察来看，也与bLdFF之末周F过早屈膝有关，而从根本上来说还是在备战期间出了问题——由于对对手的实力估计不足，仅把bLdFF作为两可的备用动作，由此导致该动作练习次数太少，缺乏相应熟练性和稳定性的bLdFF折戟索契也就不算偶然了[1]。

在拥有难度优势的徐梦桃与T.Alla的争金对决中，后者夺金源于积极攻克并成功完成三周动作bFFF，前者得银则因三周动作bLdFF训练跳次太少缺乏相应熟练性和稳定性而导致着陆跌倒。

2. 第23届冬奥会

第三轮决赛的争金战从我国2名两周选手张鑫、孔凡钰对抗2名白俄罗斯三周选手T.Alla、H.Hanna开始。张鑫先声夺人，3.525的bFdF获95.52的好分数，随后由于孔凡钰和T.Alla相继着陆失败，最终变成压轴的H.Hanna与张鑫的较量。令人震惊的是，面对张鑫95.52的高分，H.Hanna既不使用3.525的bFdF，也不再使用3.50的bLTF或bLFT，而是突然亮出从未面世的秘密武器3.80的bLFF，起跳及高度远度获5.8的有效分（满分6.0），空中动作获13.80的有效分（满分15.0），但着陆姿位介于成败之间，获得5.70的着陆有效分（满分9.0分），按国际规则成绩计算公式Total Score=Total Judges' Score × DD，则有25.30分（动作质量分）×3.80（动作难度系数）=96.14分（总分），结果以0.62分的微弱优势险胜张鑫而夺金，此乃继上届T.Alla夺冠之后白俄罗斯女队蝉联冬奥会冠军。

表4-5显示，张鑫-0.62分的总分分差距离冠军分数只欠0.6%，从这一角度可以说，这是我国女队距离金牌最近的一届冬奥会。那么，这个非常令人遗憾的-0.62分差距究竟是怎么产生的呢？下面通过3个算式来揭示其答案。

张鑫动作质量优势的总分效益：

$$（27.1-25.3）\times 3.525=1.8 \times 3.525=6.34 分 \tag{1}$$

H.Hanna动作难度优势的总分效益：

$$25.3 \times （3.80-3.525）=25.3 \times 0.275=6.96 分 \tag{2}$$

---

[1] 戈炳珠.空中技巧新论[M].沈阳：辽宁人民出版社，2016.

第四章　冬奥争金前史之鉴

张鑫动作质量优势对H.Hanna动作难度优势的逆差：

$$(1)-(2)=6.34-6.96=-0.62\text{分} \quad\quad\quad (3)$$

由上述算式可见，尽管式（1）张鑫1.8分的动作质量优势赢得了6.34分的总分效益，但仍然不抵式（2）H.Hanna 0.275的动作难度优势所赢得的6.96分的总分效益，最终式（3）-0.62分逆差正是3.525对3.80的难度劣势导致的。须知，为了争夺这枚宝贵的金牌，此时张鑫在动作难度上除了3.525的bFdF已无更好的选择余地；而H.Hanna原本是两周选手，为备战平昌冬奥会，在其备战周期的最后一年毅然走上三周台，接连突破了bLTT（3.20）、bLTF（3.50）、bLFT（3.50）直至bLFF（3.80）这4个三周动作，应当说，这才是H.Hanna异军突起惊艳夺金的根本原因。

H.Hanna以0.62分的微弱优势险胜张鑫而夺金后，有些媒体提出"为什么出色完成动作的张鑫却输给了着陆失败的H.Hanna？"的问题。在此我们通过对H.Hanna争金决赛bLFF着陆动作特征画面所做截图（图4-1），与其着陆有效分5.7（1.6、2.0、1.8、1.9、2.0）结合起来进行分析，来有理有据地回应这个问题。据笔者详查国际雪联官方公布的成绩单并反复观看争金决赛视频可以看出，尽管5位裁判员的评分有高有低，但均在合理区间之内。再使用Video Capture Master V8.2.0.28视频采集软件，对H.Hanna该跳比赛着陆动作截图的特征画面仔细测量发现，她是着陆滑出6m之后才右手短暂触雪（见图4-1第5幅画面）并持续完成滑行动作的，按当时国际规则评分标准（≥6.0分为成功，即6.0分为成功着陆的下限分数，满分为9.0分），这是接近完成的状态，因此能得到5.70分的着陆有效分。

图4-1　H.Hanna夺金一跳bLFF着陆动作特征画面截图

（图片来源：第23届冬奥会自由式滑雪空中技巧女子终极决赛视频［EB/OL］http：//tv.cntv.cn/video/VSET100377106909/f6328a1dd778462f8700cdc48624d227.）

自空中技巧成为冬奥会比赛项目至今，白俄罗斯队雄踞冬奥会该项金牌榜之首，绝非偶然。之所以会如此，主要是源于其对该项目特点与规律的认识与把握具有独到之处。其主要表现将在本章第三节展开论述。

由于多名三周高手淘汰赛出局，孔凡钰和T.Alla争金决赛相继着陆失败，最终变成压轴的H.Hanna与张鑫的较量。最后得分张鑫以-0.62分逆差失利，从表面上看是3.525对3.80的难度劣势而导致；而H.Hanna异军突起惊艳夺金的根本原因，则在于其果断执行了"弃两周上三周"的正确备战策略。

四、北京冬奥会前瞻

2018年平昌冬奥会大幕已经落下，2019—2022年北京冬奥会周期业已开始，本节在此初步抛出几块引玉之砖，以期为我国空中技巧项目备战北京冬奥会提供些许参考。

（一）正确看待主场优势

诚然，作为北京冬奥会的东道主，我们会占有天时、地利、人和的主场优势，但是，我们对此切莫奢求。须知，迄今为止的冬奥史表明，自由式滑雪空中技巧大赛无所谓主场优势。由表4-6可见，以往7届冬奥会男女共14位冠军没有1位来自东道国。该项选手成绩为两个因数相乘之积，其一是人为评出的动作质量合计有效分，其封顶值为满分30分，其二是客观存在的动作难度系数，它不以人的意志为转移，只能靠选手真功夫，所谓的主场优势完全给不上力，可见裁判员并不能完全左右选手成绩。从老赛制到新赛制比赛不但更加刺激、更加具有悬念，而且更加残酷，其显著特点是每轮比赛都是"一锤定音"，倘若着陆跌倒，纵然在主场也只能认栽。当年美国男子空中技巧明星B.Eric便是很好的例证——他乘1998年长野冬奥会客场夺冠的东风，在2002年主场盐湖城冬奥会决赛第一跳bFdFF以130.38分遥遥领先的大好形势下，竟然第二跳bdFFF着陆后倒顿时跌到第12名。因此，备战2022年北京冬奥会，我们只能立足于把自己做得更无懈可击。

表4-6　历届冬奥会举办国与空中技巧冠军国籍情况一览

届别	举办国	女子 选手	女子 国籍	男子 选手	男子 国籍
17	挪威	T.Lina	乌兹别克	S.Andreas	瑞士
18	日本	S.Nikki	美国	B.Eric	美国
19	美国	C.Alisa	澳大利亚	V.Ales	捷克
20	意大利	L.Evelyne	瑞士	韩晓鹏	中国
21	加拿大	L.Lydia	澳大利亚	G.Alexei	白俄罗斯
22	俄罗斯	T.Alla	白俄罗斯	K.Anton	白俄罗斯
23	韩国	H.Hanna	白俄罗斯	A.Olexandr	乌克兰

（二）精准评估对手实力

依据以往信息尤其是备战北京冬奥会前半程世界大赛的赛况，可以看出我们的对手将主要来自美国、白俄罗斯、澳大利亚及俄罗斯的三周选手。下面本节点出如下8名选手，随着备战后半程形势变化也可能会冒出新的对手，对此我们会及时跟进做进一步研究。

1. C.Ashley

美国选手，27岁，自温哥华冬奥会至今已经过3届冬奥会的摔打，尽管成绩不甚理想，但三周高难动作储备充盈，3跳平均动作难度可高达4.469，其中最难动作bFdFF曾在2017年世锦赛成功完成并夺冠，此乃世界第一人。尽管C.Ashley近两年主要以两周动作参赛，但她最终还会用三周动作去拼搏北京冬奥会金牌。

2. P.Laura

澳大利亚选手，31岁，2020赛季世界杯开始使用三周动作bLTF和bFTF，成功率高，动作质量较好，以bFTF获得2金1银1铜，并以绝对优势跃居积分总排名榜首，尽管已至而立之年，但其发展势头较好。

3. H.Hanna

白俄罗斯选手，28岁，2018年开始使用三周动作，成功率较高，动作质量较好。2018年平昌冬奥会4跳三周动作成功3跳，并以bLFF夺冠，2020赛季世界杯又以bLFF获得1枚金牌，日后尚有较大发展空间。

4. R.Aliaksandra

白俄罗斯选手，24岁，2018年开始使用三周动作，动作质量较好，着陆成功率较高（2020赛季世界杯成功率达80%），2019年世锦赛以bLFF夺冠，近两个赛季世界杯获得2金2银，系该国主力选手之一。

5. O.Alexandra

俄罗斯选手，23岁，在平昌冬奥会用bLFF、bLTT、bLFT 3个三周动作打到第二轮决赛，其中预赛bLFF的102.22分（现为108.35分）是整个比赛的最高分。但她2019、2020两赛季未参赛，今后动态如何我们拭目以待。

6. N.Liubov

俄罗斯选手，21岁，2019年以bFdF获世锦赛亚军，虽然三周动作bLFT、bLFF动作技术尚欠火候，但对这位小将日后发展亦不可小觑。

7. T.Alla

白俄罗斯老将，41岁，在2014年35岁时，夺得索契冬奥会冠军，2019赛季休养生息，2020赛季重返世界杯又开始备战北京冬奥会。鉴于其39岁高龄还能以bFFF获得平昌冬奥会第4名，我们就没有理由对2022年已43岁的这位"常青树"掉以轻心。

8. L.Lydia

澳大利亚老将，现年38岁，拥有诸多高难三周动作，曾以bLdFF＋bLFF夺得2010年温哥华冬奥会冠军，又以超高难三周动作bFdFF获2014年索契冬奥会季军，尽管2018年平昌冬奥会之后至今未露面，但我们相信其征战北京冬奥会也是大概率事件。

三周动作难度比两周动作难度具有明显优势，上述8名外国三周选手无论谁闯入北京冬奥会争金决赛都会对我们构成严重威胁，对此我们要有充分思想准备与应对措施。

（三）三周台是争金主战场

回顾以往，7届冬奥会女子空中技巧大赛中有6届冠军都是三周选手（2002年盐湖城冬奥会除外）；再看平昌，为争夺金牌，老谋深算的白俄罗斯队派出的是清一色的三周选手，结果如愿蝉联；前瞻北京，争金的主战场依然是在三周台，正所谓"无限风光在险峰"。对此我们应有清醒认识。

（四）我国女队形势不容乐观

我国空中技巧女队至今已获5银2铜共7枚冬奥会奖牌，堪称丰功伟绩；均与冬奥会金牌近在咫尺的"5银之憾"，一再令人扼腕。我们热切期望我国女队志在夺金的多年夙愿能在北京冬奥会终成正果。但毋庸讳言，届时我队与对手的对垒形势不容乐观。

无疑，30岁的徐梦桃仍是我国女队头号主力选手，不但拥有可观的三周动作难度储备，而且还有丰富的冬奥大赛经验，若成功着陆成绩可期。相信她会以顽强斗志克服伤情困扰，届时以最佳状态去实现自己的人生价值。继2018年已33岁的张鑫退役之后，现年27岁的孔凡钰和28岁的徐思存是我们备战北京冬奥会倚重的另2位主力选手，目前已掌握bLTF、bLFF等3～4个三周动作，备战后半程的发展空间很大。除上述3位主力选手外，其余新、老队员的上升势头目前虽尚不明朗，但却值得期待。

通过中外重点选手的对比分析可见，相对于上述已显现和尚潜在的对手之强劲实力，足见我国女队的备战形势不容乐观。

本节小结

所谓"5银之憾"不可一概而论。4届冬奥会亚军徐囡囡、李妮娜（两届次）、张鑫已充分发挥水平而获得银牌，无遗憾可言；3届冬奥会均有夺金实力的徐梦桃皆因着陆失败而与金牌无缘，实属遗憾。冬奥会我国4届亚军虽有动作质量优势，但皆因动作难度劣势而争金未果；1届亚军徐梦桃虽有动作难度优势，却因着陆失败而屈居第二。为备战北京冬奥会，我国女队亟须提升三周动作难度，切实解决精准掌控助滑速度难题。白俄罗斯两周选手及时攻克并使用三周动作在近两届冬奥会接连夺金的骄人战绩，值得我们学习与借鉴。北京冬奥会我国女队将面对数名新老强劲对手，备战形势不容乐观，届时我国女队应力争2~3人入围争金决赛，惟此才能更有胜算。

第二节 历届冬奥会空中技巧决赛夺金动作

自2015年7月31日我国成功申办2022年北京冬奥会以来，国人对我国有望冬奥会夺取金牌的优势冰雪项目关注度越来越高。然而现实是，尽管冬奥会三分之二的比赛项目是雪上项目，但我国至今仍然是冰强雪弱，目前雪上项目中只有自由式滑雪空中技巧是北京冬奥会有望夺金的优势项目。因此，无论我国广大民众的热情，还是备战北京冬奥会的项目布局，都对空中技巧项目寄予了更大的期望。

冬奥会空中技巧每轮比赛不比成套动作而是只比单个动作。第17届至21届冬奥会的老赛制每轮比2个动作，由于从2013赛季世界杯开始执行新赛制，随之自第22届冬奥会开始每轮比赛也是只比1个动作。每跳动作得分等于动作质量有效分（Total Jadge's Score，满分30分）与该跳动作难度系数（Degree of Difficulty，DD）的乘积。也就是说，每位选手的最后成绩取决于两大因素——动作质量和动作难度。那么，在冬奥会空中技巧争金决赛中，究竟应以难制胜还是以质取胜，这显然是我国空中技巧选手无法回避的重要课题。

经文献检索，至今仅见2009年李军艳的《冬奥会自由式滑雪空中技巧夺金动作难度与质量的关系》一文，其主要结论是"动作难度和质量存在着此消彼涨的联系，动作难度大其质量将会有所降低；冬奥会男女夺金动作难度组合均须在主流动作组合以上，对备战2010年冬奥会具有重要意义[1]。"该文的着眼点是2010年温哥华冬奥会，彼时还在执行"一次淘汰两跳组合"的老赛制，显然其时效性已大幅降低，况且其主要结论也还值得商榷。尤其是面对已执行7年的"三次淘汰一锤定音"的新赛制，也亟须对冬奥会空中技巧夺金动作进行与时俱进的研究。

空中技巧自1994年第17届冬奥会成为正式比赛项目以来，我国女选手参加了全部的7届冬奥会，既有获得5银2铜的好成绩，也留下5届与金牌擦肩的"5银之憾"；自1998年第18届冬奥会至今我国男选手参加了6届冬奥会，既有2006年

---

[1] 李军艳.冬奥会自由式滑雪空中技巧夺金动作难度与质量的关系[J].冰雪运动，2009（1）：34-38.

第20届冬奥会韩晓鹏一飞冲天实现冬奥会雪上项目金牌的历史性突破，也有此后12载拼搏而未能再次夺金的"3届未果"。眼下2018年第23届冬奥会已落下帷幕，备战2022年北京冬奥会周期业已启动，我国空中技巧健儿又从零开始，不忘初心砥砺前行，无论女队还是男队，都盯着金牌志在必得，决心届时再创更加辉煌的冬奥战绩。

基于上述可见，此时本节以1994年第17届冬奥会至2018年第23届冬奥会空中技巧争金决赛7届女子冠军12跳次的夺金动作与7届男子冠军12跳次的夺金动作（其中包括前5届"两跳组合"的老赛制10组计20跳次和后2届"一锤定音"的新赛制4跳次总计24跳次夺金动作）为研究对象，对历届冬奥会空中技巧夺金动作进行深入系统的研究，以期为我国空中技巧项目备战北京冬奥会提供参考依据，是很有必要的。

一、夺金动作特点

为了有根有据地说明问题，本节根据研究需要首先编制了以往7届冬奥会空中技巧终极决赛夺金动作及其背景资料一览表，其中参赛动作难度（DD）均以比赛当时的国际规则裁判手册动作难度表为准，ΣDD为2跳动作组合难度（自第22届冬奥会起已无这项指标），"√"表示争金决赛最高难度动作，"√'"表示次高难度动作。

（一）难度档次

相对于冬奥会这样的世界顶级赛事来说，空中技巧动作难度由高至低可划分为4个档次：第一档次为最高难度和次高难度，第二档次为主流难度，第三档次为一般难度，第四档次为低难度[1]。动作难度档次的划分是相对的、动态的，该项运动发展时期不同，其划分标准也不同，例如，1994年第17届冬奥会女子冠军T.Lina夺金的6.70难度动作bLFT+bLTT，当时是第一档次，20年之后至索契冬奥会前已降至第三档次。

由表4-7可见，在以往的7届冬奥会争金决赛中，女选手与男选手以最高难度动作夺金者各有3届，以次高难度动作夺金者女选手3届男选手1届，占所有夺金选手的71.4%；同时从单个动作角度来看，有15个是最高难度和次高难度动

---

[1] 戈炳珠.自由式滑雪空中技巧探究[M].北京：人民体育出版社，2003.

作，在总共24跳次动作中占62.5%。以上事实表明，在历届冬奥会空中技巧争金决赛中，夺金动作大多为第一档次的难度动作。

表4-7 历届冬奥会空中技巧决赛夺金动作及其背景资料

性别	届别	夺金选手	国家	动作	DD	ΣDD	说明
女子	17	T.Lina	乌兹别克	bLFT	3.50√	6.70√	
				bLTT	3.20√×		
	18	S.Nikki	美国	bFdF	3.55√	7.05√	
				bLTF	3.50√×		
	19	C.Alisa	澳大利亚	bLTF	3.55	7.10√×	最高ΣDD7.85
				bdFF	3.55		
	20	L.Evelyne	瑞士	bdFF	3.80√×	7.85√	
				bdFF	4.05√		
	21	L.Lydia	澳大利亚	bLdFF	4.175√	7.975√×	最高ΣDD8.225
				bLFF	3.80		
	22	T.Alla	白俄罗斯	bLFF	4.05		最高DD4.425
							次高DD4.175
	23	H.Hanna	白俄罗斯	bFFF	3.80√×		最高DD4.05
男子	17	S.Andreas	瑞士	bFdFF	4.05√×	8.50√×	最高ΣDD8.90
				bFdFF	4.45√		
	18	B.Eric	美国	bdFFF	4.45√	8.90√	
				bdFFF	4.45√		
	19	V.Ales	捷克	bdFFF	4.45√	9.30√	
				bdFdFF	4.85√		
	20	韩晓鹏	中国	bFdFF	4.425	8.60	最高ΣDD9.325
				bLdFF	4.175		次高ΣDD9.075
	21	G.Alexei	白俄罗斯	bFdFF	4.425	8.95	最高ΣDD9.40
				bFFdF	4.525		次高ΣDD9.325
	22	K.Anton	白俄罗斯	bdFFdF	5.00√		
	23	A.Olexandr	乌克兰	bFFdF	4.525		最高DD4.90
							次高DD4.65

除了上述一般规律外，这里也有特例——2006年第20届冬奥会我国男选手韩晓鹏以难度系数仅为8.60的bFdFF+bLdFF夺得了金牌。之所以称其为特例，它主要"特"在以下几点。

1. bdFFF的难度系数

从2007年11月动作难度表第二次修订至今bdFFF的难度系数为4.525，比bFdFF多0.1，但当时二者却同为4.425。如果韩晓鹏的主要竞争对手D.Dmitri第二跳动作bdFFF当时难度为4.525，则会赢韩晓鹏0.56分而夺金，但历史从来不容如果。

2. bdFFF的评分行情

当时裁判员对其第一周dF转体结束时机要求很严，使bdFFF普遍得分不高；韩晓鹏自知bLdFF是自己的拿手动作，则根据当时评分行情果断放弃bdFFF而启用bLdFF作为第二跳动作来投其所好。结果他在第一跳输给D.Dmitri 0.89分的不利情况下，第二跳比D.Dmitri参赛动作bdFFF难度小0.35的bLdFF却赢了2.98分，最终以2.09分的总分优势战胜D.Dmitri夺得金牌。

3. 5名高难度对手均有失误

在12名争金决赛选手中，包括D.Dmitri在内有5名选手动作难度明显超过韩晓鹏（5人参赛动作平均难度达8.99），除D.Dmitri外的其他4人均有更严重的着陆失误，这也是很罕见的赛况。

了解了上述特殊背景，也就不难理解为何这是历届冬奥会唯一以第三档次一般难度动作夺金的特例，以后再未出现过类似奇迹。

（二）翻转周数

历届冬奥会男子夺金动作皆为三周动作，而女子夺金动作大多为三周动作也有少量的两周动作，因此这里仅讨论女子夺金动作翻转周数特点。

第19届冬奥会女子冠军澳大利亚选手C.Alisa的 7.05两周动作bdFF+bFdF，是历届冬奥会女子空中技巧争金决赛中唯一的2跳两周夺金动作，此后冬奥会再未出现过两周夺金动作。何以至此？可以表4-8的典型案例来阐释。

表4-8　女子三周动作难度增值情况

选手	决赛动作	第一周 基数	第一周 直体	第一周 转体	第二周 翻转	第二周 直体	第二周 转体	第三周 翻转	第三周 直体	第三周 转体	难度系数	难度差值
L.Lydia	bLdFF	2.0	0.05		0.55	0.05	0.625	0.60	0.05	0.25	4.175	
李妮娜	bdFdF	2.0	0.05	0.625	0.55	0.05	0.625				3.90	−0.275
L.Lydia	bLFF	2.0	0.05		0.55	0.05	0.25	0.60	0.05	0.25	3.80	
李妮娜	bdFF	2.0	0.05	0.625	0.55	0.05	0.25				3.525	−0.275

一周动作的基础难度系数是2.0，第二周横轴翻转难度系数增加0.55，第三周则再增0.60，对于女选手来说，从两周到三周需要相当的能力、技术和胆量，所以份额颇大的0.60是物有所值[1]。下面，以该表的典型案例来说明在计算难度系数上三周动作相对于两周动作的优越性。

2010年第21届冬奥会冠军澳大利亚选手L.Lydia的三周动作bLdFF与亚军我国选手李妮娜的两周动作bdFdF，二者横轴翻转加纵轴转体的总旋转量同为6周（圈）计2160°。由表4-8可见，虽然bdFdF的4圈纵轴转体比bLdFF的3圈纵轴转体多0.375的难度系数，即（0.625×2）−（0.625+0.25）=1.25−0.875=0.375，但是bLdFF第三周的横轴翻转却获得了0.60+0.05=0.65的难度系数增值，结果李妮娜的bdFdF合成难度系数比L.Lydia的bLdFF合成难度系数少0.275。同理，李妮娜的另一两周动作bdFF与L.Lydia的另一三周动作bLFF旋转总量同为5周（圈）合计1800°，前者比后者的合成难度系数也少0.275。在本届决赛中，尽管李妮娜2跳动作完成得比L.Lydia还要漂亮，2跳动作质量指数（Quality Index，简称QI，即动作质量有效分与其满分的比值，最佳值为1）均值李妮娜为0.93，L.Lydia为0.90，但由于2跳两周动作相对于2跳三周动作存在−0.55（−0.275×2）的难度劣势，致使以−7.50分的总分差距而不敌L.Lydia。在冬奥会女子争金大战中，此案例深刻揭示了三周动作之于两周动作的使用价值和广阔前景。

---

[1] Fis.fis freestyle general rules for scoring judging handbook 2017 [Z]. SUI：FIS，2017：10-15.

（三）使用频次

由表4-9可见，从1994年至2018年的7届冬奥会空中技巧女子争金决赛共有8个夺金动作，男子争金决赛共有7个夺金动作，该表难度系数DD均为执行单轨制动作难度表的标准，男子项目括号内的DD为第18届与第19届夺金时的标准。在执行2013新赛制时期，动作难度划分为如表4-10所示的4个档次[1]，该表难度系数DD均为该赛制时期的单轨制动作难度表的标准，男子项目括号内的DD为第18届、第19届夺金时的标准。在现已执行2019新赛制双轨制新版动作难度表的情况下，动作难度须重新划分为如表4-11所示的4个档次，该表难度系数DD均为现行的双轨制标准，括号内的DD为夺金时的标准。从该表可见，由于2018年颁布了新版动作难度表，已使原来颇有分量的两周高难动作3.90的bdFdF降至第二档次难度的下限，两周选手的主要参赛动作bFdF、bdFF的难度系数3.525没有变化，而原来难度系数只有3.50的三周动作bLTF、bLFT、bLPF却增值至3.710，遂使原本在同一动作难度水平上的上述两周动作与三周动作难度价值拉开了距离，而先前是第四档次难度3.20的三周动作bLTT因增值为3.392而升格至第三档次难度。

表4-9　历届冬奥会决赛夺金动作使用频次

女子			男子		
动作	DD	使用频次	动作	DD	使用频次
bLFF	3.80	3	bFdFF	4.425（4.45）	4
bFFF	4.05	2	bdFFF	4.525（4.45）	2
bLdFF	4.175	1	bFFdF	4.525	2
bLFT	3.50	1	bdFFdF	5.00	1
bLTF	3.50	1	bdFdFF	4.90（4.85）	1
bLTT	3.20	1	bLdFF	4.175	1
bFdF	3.55	1	bFFF	4.05	1
bdFF	3.55	1			

---

[1] 戈炳珠.难度战术实证研究[C].空中技巧文丛：第11卷.沈阳：沈阳体育学院戈炳珠研究室，2014：1-27.

表4-10 2013新赛制下单轨制动作难度档次划分

难度档次	女子 动作	DD	男子 动作	DD
一	bFdFF	4.425	bdFFdF	5.00
	bLdFF	4.175	bFdFdF、bdFdFF、bFtFF	4.90
二	bFFF	4.05	bLtFF	4.65
	bdFdF	3.90	bdFFF、bFFdF	4.525
	bLFF	3.80	bFdFF	4.425
三	bFdF、bdFF	3.525	bLdFF	4.175
	bLTF、bLFT、bLPF	3.50	bFFF	4.05
四	bLdF（3.275）及其以下难度动作		bLFF（3.80）及其以下难度动作	

表4-11 2019新赛制下双轨制动作难度档次划分

难度档次	女子 动作	DD	男子 动作	DD
一	bFdFF	4.690	bdFFdF	5.000
	bLdFF	4.425	bFdFdF、bdFdFF、bFtFF	4.900
二	bFFF	4.293	bLtFF	4.650
	bLFF	4.028	bdFFF、bFFdF	4.525
	bFTF	3.975	bFdFF	4.425
	bdFdF	3.900		
三	bLTF、bLFT、bLPF	3.710	bLdFF	4.175
	bFdF、bdFF	3.525	bFFF	4.050
	bLTT	3.392		
四	bLdF（3.275）及其以下难度动作		bLFF（3.800）及其以下难度动作	

1. 第一档次难度动作使用频次

依新赛制下动作难度档次划分标准，结合表4-9～表4-11可以看出，第一档次的最高难度与次高难度动作夺金男女仅各有1次。女子是在老赛制下第21届冬奥会L.Lydia 4.175的bLdFF（106.25分），与3.80的bLFF（108.49分）组合以214.74分夺金；男子是在新赛制下第22届冬奥会K.Anton 5.00的bdFFdF以134.50分夺金。尽管历届冬奥会争金决赛使用第一档次难度动作夺金男女仅各有1次，

86

但已付诸使用的次数却不少。据统计，女子已使用4次：bLdFF 3次，bFdFF 1次；男子已使用8次：bdFFdF 2次，bFdFdF 1次，bFtFF 2次，bRuRaF 1次，bdFdFF 2次，男女共计12次。

在此还应提及，在女子决赛中，第22届冬奥会争金决赛L.Lydia破天荒地使用了最高难度4.425的bFdFF，但着陆失败仅得铜牌；第23届拥有第一档次难度bLdFF的徐梦桃，以及掌握bLdFF、bFdFF的L.Lydia和C.Ashley如能顺利挺进第三轮争金决赛，恐怕H.Hanna以3.80的bLFF惊艳夺金就不会如此幸运。在男子比赛中，第22届争金决赛贾宗洋使用4.90的bFdFdF，齐广璞使用5.00的bdFFdF均着陆失败分获第3名和第4名；第23届争金决赛白俄罗斯选手H.Stanislau使用4.90的bdFdFF着陆失败获第6名，尤其是拥有5.00难度的齐广璞、K.Anton未能进入争金决赛，遂使乌克兰选手A.Olexandr以4.525的第二档次难度动作bFFdF幸运夺金。

2. 第二档次难度动作使用频次

由表4-9～表4-11还可以看出，夺金动作使用频次较多的均为第二档次难度动作。女子3.80的bLFF 3次，4.05的bFFF 2次；男子4.425的4次，4.525的bdFFF 2次以及4.525的bFFdF 2次。上述5个动作是已出现多年的老动作，虽属第二档次难度，但其竞争力经久不衰，甚至在新赛制下的第22届、第23届冬奥会争金决赛中仍有夺金机会，如第23届女子冠军H.Hanna的bLFF与男子冠军A.Oleksandr的bFFdF。另外，诸如上述第二档次难度动作还有另一重要使用价值——在如今新赛制下的预赛阶段和决赛阶段的淘汰赛中，它们是颇为管用的参赛动作。

3. 第三档次难度动作使用频次

尽管第18届、第19届冬奥会女子决赛有过第三档次难度的夺金动作bFdF、bdFF，第20届男子决赛出现过第三档次难度的夺金动作bLdFF，但自第20届冬奥会之后，由于时过境迁，第三档次难度动作竞争力渐弱，就再未有此类现象。

二、以难制胜与以质取胜辨析

（一）以难制胜

在讨论空中技巧项目以难制胜的比赛策略时，首先要搞清以难制胜的基本概念。笔者以为，这里既包括绝对性的以难制胜，也应涵盖相对性的以难制胜。关于前者，系指选手使用当时世界最高难度动作制胜，这个"难"具有绝对性，故不难理解。关于后者，其"难"是相对而言，这里有两种情况：一是选手使用相对该场决赛而言的最高难度动作制胜。二是选手使用相对个人储备的最高难度动作制胜，这里的"难"具有相对性。

1. 绝对性以难制胜的典型案例

第18届冬奥会男子冠军B.Eric、第19届男子冠军V.Ales、第20届女子冠军L.Evelyne和第22届男子冠军K.Anton，在争金决赛中都是使用当时世界最高难度动作夺金的。此时选手由于拥有明显的动作难度优势，只要能成功着陆，就有可能夺金。上述4名选手7跳动作当时均成功着陆。其中仅以第8名身份进入争金决赛的捷克老将V.Ales，考虑到自己动作质量欠佳，此时再用和预赛同样的参赛动作难度与对手拼质量肯定会陷于无胜算的不利局面，于是果断启用远远超出所有选手难度的超高难动作bdFdFF（当时难度系数为4.85，超出对手难度达0.40，这是一个相当大的难度优势），尽管决赛动作的完成质量仍稍逊于诸对手，但其杀手锏bdFdFF的明显难度优势已决定了他在动作成功着陆的前提下必然夺金的结果[1]；L.Evelyne第一跳bLFF着陆分为6.6分，第二跳bFFF着陆分为7.65分，其质量指数QI均值为0.79，仅达到一般水平，但凭借超出亚军李妮娜0.80的颇大难度优势，两跳总分竟以5.16分的绝对优势夺得金牌；尤其是新赛制下第22届冬奥会争金决赛先出场的K.Anton，在前两轮决赛bFdFF、bdFFF被我国名将齐广璞、贾宗洋压制的严峻形势下，果断祭出最高难度5.00的bdFFdF这一杀手锏大获成功，结果以高压致使随后出场的齐广璞、贾宗洋同档高难动作双双失误（齐着陆后倒，贾着陆前扑），最终K.Anton以134.50分的绝对优势夺得金牌，可谓以难制胜的典范。

2. 相对性以难制胜的典型案例

（1）相对争金决赛的最高难度

第17届冬奥会女子冠军T.Lina、第18届冬奥会女子冠军S.Nikki的夺金动作难度，不是当时的世界最高难度，而是12名争金决赛选手中的最高难度。

T.Lina预赛两跳动作着陆均失败，但仍以0.57分的优势力压第13名的S.Nicole而拿到第12名的最后一张争金决赛入场券，是因为动作难度大；争金

---

[1] 周冉.应对空中技巧新赛制的冬奥会比赛策略探讨[J].沈阳体育学院学报，2013（6）：111-113.

决赛在第二跳动作着陆再次失败的情况下，仍然以0.96分的优势战胜对手而夺冠，还是因为动作难度大。

S.Nikki决赛动作质量指数输给徐囡囡0.02，但却以0.35的动作难度优势反超徐囡囡6.03分而夺冠。在1998年第18届冬奥会女子空中技巧动作难度发展水平的背景下，S.Nikki 7.05的bFdF+bLTF搭配可谓独出心裁恰到好处。当时世界最高难度是只有我国选手季晓鸥和澳大利亚选手C.Jacqui能完成的7.30bLTF+bLFF，次高难度是8名选手能完成的6.70 bFF+bFdF，她则在6.70与7.30之间出乎意料地采用了两周动作bFdF与三周动作bLTF混搭的7.05组合，结果由于2个7.30组合失败出局，遂使其7.05组合战胜多名6.70难度对手而夺金。这虽然是老赛制下两跳组合的一个成功案例，但在新赛制下的单个动作比赛中同样有从现有难度水平跃升至更高难度水平的"过渡难度动作"，如4.425、4.525难度水平的男选手，在尚无力驾驭4.900~5.000难度水平动作之前，4.650的bLtFF、bLdFdF也是既有竞争力又很策略的选择。

（2）相对个人储备的最高难度

第19届冬奥会女子冠军澳大利亚选手C.Alisa 7.10的bdFF+bFdF，第21届女子冠军澳大利亚选手L.Lydia 7.975的bLdFF+bLFF，第22届女子冠军白俄罗斯选手T.Alla 4.05的bFFF，以及第23届女子冠军白俄罗斯选手H.Hanna 3.80的bLFF，既不是当时的世界最高难度，也不是该届争金决赛的最高难度，但却是近期刻意为自己冬奥争金武库充实的最难动作。

在上述相对个人储备最高难度的典型案例中，白俄罗斯选手T.Alla及其队友H.Hanna最为典型。她俩原本都是惯用3.15的bFF和3.525的bFdF的两周选手，为备战冬奥争金，都毅然走上三周台，临近冬奥会前不久攻克相对自己而言的最难动作4.05的bFFF（T.Alla）和3.80的bLFF（H.Hanna），并在争金决赛中付诸使用大获成功，继第21届、第22届冬奥会白俄罗斯男队蝉联冬奥冠军之后，第22届、第23届冬奥会其女队又蝉联冬奥会冠军。H.Hanna在第一轮、第二轮决赛中已经使用了同为3.50的bLTF和bLFT，倘若没有储备3.80的bLFF，此时她只好用3.20的bLTT或3.525的bFdF，而前者难度太低，后者质量又太差，根本无力与已获95.52高分的张鑫相抗衡。由此可见，H.Hanna的冬奥夺金之路也是以难制胜的范例。

以上10个冬奥夺金案例虽然类型有别，但其实质都是以难制胜的典型案例，它们在所有的14个（组）夺金动作中占71.4%，可见在历届冬奥会争金决赛中以难制胜的比赛策略占主导地位。

以前老赛制下的冬奥会空中技巧比赛，选手至少要有2个难度相当的动作。而在2013新赛制下的冬奥会空中技巧比赛，选手主要参赛动作要有更充足的储备。在动作数量上，最好储备3个以上，以便届时有选择余地；如今在2019赛制下的冬奥会空中技巧比赛，还可考虑少而精，通过"集约经营"发挥最大使用效率。但无论如何，在动作难度上，要多储备一、二档次难度动作；在动作质量上，要确保足够的规范性和稳定性。尤其是志在夺金的优秀选手，要事先备有"杀手锏"。决胜之时有锏与无锏大不一样，有锏则有夺金的主动权，无锏就只能依赖侥幸和运气。此时使用不使用杀手锏要取决于竞争态势，当已稳操胜券时可备而不用，而该出手时就出手，放手一搏毫不犹豫。

本节前面曾提及《冬奥会自由式滑雪空中技巧夺金动作难度与质量的关系》一文的一个结论："动作难度和质量存在着此消彼涨的联系，动作难度大其质量将会有所降低"。但由表4-12可见，本节研究结果并不支持上述论断：历届冬奥会空中技巧决赛10位以难制胜夺金者的动作质量指数均值为0.88的接近优秀水平，其中有6位达到0.90以上的优秀水平。在比赛中，若动作完成质量相差无几，那么动作越难得分越高，我们应当在这种理念的基础上来理解与贯彻以难制胜的比赛策略。

表4-12 历届冬奥会空中技巧决赛10位以难制胜的夺金者动作完成质量

届别	选手	性别	夺金动作	ΣDD（DD）	QI
18	B.Eric	男	bFdFF+bdFFF	8.90	0.96
19	V.Ales	男	bdFFF+bdFdFF	9.30	0.92
22	K.Anton	男	bdFFdF	5.00	0.90
17	T.Lina	女	bLFT+bLTT	6.70	0.83
18	S.Nikki	女	bFdF+bLTF	7.05	0.91
19	C.Alisa	女	bdFF+bFdF	7.10	0.91
20	L.Evelyne	女	bLFF+bFFF	7.85	0.86
21	L.Lydia	女	bLdFF+bLFF	7.975	0.90
22	T.Alla	女	bFFF	4.05	0.81
23	H.Hanna	女	bLFF	3.80	0.84
					$\bar{X}$0.88

注：QI小数点后第3位四舍五入取至其第2位。

（二）以质取胜

在历届冬奥会夺金动作中有4个以质取胜的典型案例。它们共同的特点是动作难度不是很大，多为第二档次难度动作，甚至还有第三档次难度动作，没有力求难度突破的迹象，但却刻意追求高质量的动作表现以取得理想成绩。

2006年在意大利都灵举行的第20届冬奥会男子冠军韩晓鹏以第三档次难度8.60的bFdFF+bLdFF夺金，是个十分罕见的以质取胜的案例。由表4-13可见，韩晓鹏之所以能以8.60难度动作夺金，主要取决于两个因素：一是韩晓鹏本人的2跳动作完成得几近完美，其动作质量指数均值高达0.97，这是十分罕见的高质量水平；二是比韩晓鹏参赛动作难度大的5位选手都有不同程度的动作失误，其中4人着陆明显失误，1人空中动作明显失误（见表4-13斜体分数字符，其中第2名D.Dmitri第二跳bdFFF第一周dF的结束时机太晚，所以该跳A&F只有18.4分）。

表4-13　第20届冬奥会韩晓鹏与5位更高动作难度选手比赛成绩比较

名次	选手	动作	DD	A&F	LDG	每跳得分	总分	QI
1	韩晓鹏	bFdFF	4.425	20.5	9.00	130.53	250.77	0.97
		bLdFF	4.175	20.4	8.40	120.24		
2	D.Dmitri	bFdFF	4.425	20.7	9.00	131.42	248.68	0.94
		bdFFF	4.425	*18.4*	8.10	117.26		
5	N.Kyle	bFFdF	4.425	19.1	*6.75*	114.38	244.91	0.92
		bFdFF	4.425	20.5	9.00	130.53		
6	S.Warren	bFdFF	4.425	19.8	8.10	123.45	239.70	0.88
		bLtFF	4.65	19.3	*5.70*	116.25		
7	P.Jeret	bFdFF	4.425	20.1	8.10	124.78	237.48	0.85
		bFtFF	4.90	18.2	*4.80*	112.70	227.66	0.86
8	K.Anton	bFdFF	4.425	20.2	7.95	124.56		
		bdFFF	4.425	17.3	*6.00*	103.10		

注：A&F为起跳与空中动作有效分，满分21分；LDG为着陆有效分，满分9分；QI为动作质量指数，最佳值为1。

第17届男子冠军S.Andreas夺金动作是8.50的bFFF+bFdFF，此外还有7名决赛选手也是此动作组合，最高难度是B.Eric 8.90的bdFFF+bFdFF，但S.Andreas以决赛最佳的动作质量（QI=0.92）超出对手6.04分而夺冠。第21届男子冠军G.Alexei夺金动作是8.95的bFdFF+bFFdF，争金决赛中9.075、9.325、9.40的动作组合难度明显大于前者，但前者也是以高质量的动作完成情况（质量指数为0.93）赢得了冠军。第23届男子冠军A.Oleksandr夺金动作是4.525的bFFdF，争金决赛中更难的参赛动作是4.65的bLtFF和4.90的bdFdFF，最终他以质量指数达0.95的高质量动作笑到了最后。

由上述可见，在历届冬奥会空中技巧争金大战中，以质取胜也是可取的比赛策略，但需两个先决条件——一是自己动作质量非常高；二是对手更高难度动作有明显失误。由于这种比赛策略比较被动，至今未形成主流趋势。

三、北京冬奥会夺金动作难度预测

（一）女子空中技巧

美国选手C.Ashley此前曾在世界大赛中成功完成过4.05（4.293，括号前数字为原来难度，括号中为现行难度，下同）的bFFF、4.175（4.425）的bLdFF乃至4.425（4.690）的bFdFF，此人能力超群，作风顽强，相信北京冬奥会届时29岁的她仍能拿出上述动作力拼金牌。平昌冬奥会冠军白俄罗斯选手H.Hanna与队友2019世锦赛冠军R.Aliaksandra及2020世界杯总冠军澳大利亚选手P.Laura，在3.80（4.028）的bLFF基础上，会发展4.05（4.293）的bFFF甚至更难的三周动作。至于掌握3.525的bFdF与bdFF的两周选手，欲在两周台上再发展更难动作其攻坚难度甚大，改弦易辙走上三周台倒是一个出路，但起步较晚有些被动。目前我国徐梦桃最高难度为4.175（4.425）的bLdFF，孔凡钰最高难度为4.05（4.293）的bFFF，相对C.Ashley处于劣势，面对H.Hanna、R.Aliaksandra、P.Laura等3.80（4.028）的bLFF尚有一定优势。

基于上述分析，本节认为北京冬奥会夺金动作会是三周动作，其难度在3.750（3.975）~4.175（4.425），即现行难度3.975的bFTF、4.028的bLFF、4.293的bFFF、4.425的bLdFF都有较大的夺金可能性，而4.690的超高难三周动作bFdFF夺金的概率甚小。至于两周动作3.525的bFdF或bdFF，只有三周动作发生一连串的着陆失败事件，才能撞上幸运，显然使用这种难度动作不但颇为被动，而且夺金的概率甚小。总之无论如何，我队一定要充分预判对手今后的发展趋势，并采取相应对策以届时打好有把握之仗。

（二）男子空中技巧

目前，世界男子空中技巧项目最高难度动作是5.000的bdFFdF，白俄罗斯的K.Anton以此动作在索契冬奥会惊艳夺金，我国的齐广璞以同样动作在2013、2015世锦赛两连冠，其队友王心迪也基本掌握此动作，俄罗斯的B.Maxim与K.Pavel首次使用该动作即在2020世界杯夺金；次高难度动作是4.90的bFdFdF和bdFdFF，我国的贾宗洋、白俄罗斯的H.Stanislau及俄罗斯的B.Maxim曾先后在冬奥会和世界杯使用但均未成功，而瑞士的R.Noe在2020世界杯3次以此动作夺得1金2银。除上述8人掌握第一档次5.000和（或）4.900的难度动作外，尚有二十余人掌握第二档次4.425、4.525的难度动作，以及1人掌握同一档次4.650的bLtFF动作[1]。

由上述可见，北京冬奥会次高难度4.900和最高难度5.000的第一档次难度动作夺金概率会比第二档次难度动作大些。但由于近期对手掌握最高难度与次高难度动作的人数明显增多，遂使我国男队原有的团队优势将面临严峻挑战。

四、动作难度发展趋势前瞻

从系统论的观点看，所有的空中技巧向后空翻动作是彼此间有着内在联系和逻辑关系的一个动作体系。通过从其纵向发展和横向联系上分析动作的关联性和衔接性，可以有助于揭示空中技巧向后空翻动作难度发展的路径和趋势。由于空中技巧动作创新受动作方向、身体姿势、翻转周数局限性的制约，今后向后空翻难新动作的主要发展途径只能是在现有动作的基础上增加纵轴转体的圈数；还由于受到规则和赛制的制约，也会直接影响到教练员、运动员相应的动作创新价值取向。

基于上述情况，本节便可在某种程度上判断今后若干年内女子空中技巧与男子空中技巧可能会发展些什么更高难度的向后空翻动作，以力求先知先觉把握其发展趋势。

世界女子空中技巧难度系数高达4.425（4.690）的bFdFF，2014年由澳大利

[1.] Organizing Committee for the OWG in PYEONGCHANG 2018. Men's Aerials F3 Results [EB/OL]. http：// medias4.fis-ski.com/pdf/2018/FS/8056/2018 FS8056RLF3.pdf2018.02.18.

亚选手L.Lydia首先在索契冬奥会使用，随后美国选手C.Ashley在2017年世锦赛使用该动作成功着陆而夺冠[1]，2018年平昌冬奥会两人因预赛出局而使该动作未派上用场。该难度动作自面世至今已有6年光景，相信至北京冬奥会甚至其后若干年内，这个超高难动作也难以突破，女子空中技巧将在这一难度水平上经历比以往更长的停滞期。

男子空中技巧当今最难动作是5.000的bdFFdF。从2002年盐湖城冬奥会冠军捷克选手V.Ales首次使用4.90（当时是4.85）的bdFdFF至2009年5.00的bdFFdF面世，经历了7年光景动作难度增值了0.1，而bdFFdF面世至今又经历了11年之久。我们相信，随着掌握该动作的人数日益增多，动作技术不断完善，不久的将来5.000难度会被突破。bdFFdF是绕横轴翻转3周同时绕纵轴转体5圈，旋转总量为360°×8＝2880°，那么突破的典型目标应当是在纵轴转体上再增加1圈，如难度为5.375的bdFdFdF，也就是说旋转总量增为360°×9＝3240°。然而，从5.000到5.375的突破并非易事，很难一步到位，极有可能首先在4.650的bLtFF的基础上预突破过渡目标难度为5.125的bLtFdF，然后再突破2880°～3240°的典型目标bdFdFdF。

那么女子空中技巧4.425（4.690）的bFdFF和男子空中技巧5.375的bdFdFdF是否已经达到向后空翻动作的难度极限呢？竞技体育发展史告诉我们，试图预言空中技巧动作难度极限是不明智的。但我们起码可以说，在难美项群的竞技体操、技巧运动、竞技蹦床、艺术体操、花样滑冰乃至空中技巧等项目中，运动员能否攻克突破性难度动作主要取决于两个因素：一是为加难动作提供能量的限度。二是运动员能否最大限度地有效掌握更难动作的困难程度[2]。这虽然涉及今后是否会出现能量供应更充足的场地器材设备，例如空中技巧项目助滑道与跳台技术参数的进一步优化，以便为攻克突破性难度动作提供更加充足的时空条件，然而不断提高运动员身体训练水平和完善动作技术才是一条更有希望的出路。

本节小结

在历届冬奥会空中技巧争金决赛中，夺金动作大多为第一档次的最高难

---

[1] Fis.fis freestyle ski world championships 2017 Ladies' Aerials F3 RESULT [EB/OL]. http//www.fis-ski.com/Results/2017.03.09/.

[2] 尤·科·加维尔多夫斯基.体操动作的发展有极限吗？[C].体操译文集：第1卷.沈阳：沈阳体育学院戈炳珠研究室，1993：4-7.

度动作和次高难度动作，第二档次的主流难度动作夺金概率较小。冬奥会空中技巧争金决赛以难制胜的比赛策略有绝对性与相对性两种类型：前者系指夺金动作为世界最高难度动作，后者系指夺金动作为该场决赛最高难度动作或选手近期储备的本人最高难度动作。历届冬奥会空中技巧争金决赛以难制胜者占主导地位，以质取胜虽然也是可取的比赛策略，但需两个先决条件——一是自己动作质量非常高。二是对手更高难度动作有明显失误，由于这种比赛策略比较被动，至今未形成主流趋势。与老赛制相比较，在新赛制下要有更加充足的动作难度储备，尤其是争金决赛要有一招制胜的杀手锏。2022年北京冬奥会空中技巧女子夺金动作将是三周动作，3.975的bFTF、4.028的bLFF、4.293的bFFF、4.425的bLdFF都有夺金的可能性，而4.690的超高难三周动作bFdFF及两周动作夺金的概率甚小；男子第一档次难度5.000的bdFFdF、4.900的bFdFdF（bdFdFF）夺金的概率要明显大于第二档次难度的动作。今后难新动作的主要发展途径是在现有动作的基础上增加纵轴转体的圈数。女子的bFdFF不会很快被突破，男子的bdFFdF将会突破至5.375的bdFdFdF。

第三节 冬奥会空中技巧金牌榜首成功奥秘

一、问题的提出

众所周知，奥运会奖牌榜的排序是首先看金牌，也就是说，包括空中技巧项目在内的冬奥会主要是金牌之争，正所谓"夺金才是硬道理"。那么冬奥会空中技巧金牌榜呈何格局？我国该项目在此金牌榜上处何位置？这就是本节会关注我国备战北京冬奥会重点雪上项目空中技巧的冬奥会金牌榜问题之缘由。

如表4-14所示，自第17届至21届冬奥会美国以2枚金牌居金牌榜榜首。但继2010年白俄罗斯男选手G.Alexei在第21届冬奥会夺得首金之后，在2014年第22届冬奥会该项女子与男子第三轮决赛中，该队女选手T.Alla和男选手K.Anton相继夺得金牌，使其超越美国荣登冬奥会空中技巧金牌榜榜首[1]。4年后在2018年第23届冬奥会空中技巧第三轮决赛中，该队女选手H.Hanna再夺1金，遂使白俄罗斯拥有4枚金牌而在冬奥会空中技巧金牌榜上遥遥领先。

---

[1] 戈炳珠.空中技巧新论［M］.沈阳：辽宁人民出版社，2016.

表4-14 冬奥会空中技巧金牌榜（1994—2018年）

名次	国家	金牌	银牌	铜牌	合计
1	白俄罗斯	4	1	2	7
2	美国	2	2		4
3	澳大利亚	2	1	2	5
4	瑞士	2		1	3
5	中国	1	6	4	11
6	乌兹别克斯坦	1			1
6	捷克	1			1
6	乌克兰	1			1
9	加拿大		2	2	4
10	瑞典		1		1
10	法国		1		1
12	俄罗斯			2	2
13	挪威			1	1

由上述冬奥会空中技巧金牌榜便引出一个问题——白俄罗斯国土仅有二十余万平方公里，人口不足千万，但空中技巧项目却如此成功，其奥妙何在？从1994年第17届冬奥会至2018年第23届冬奥会，其成功之路是如何走过来的？本节试图探究一番。

二、成功之路的发展历程

由表4-15可见，白俄罗斯男队一贯是世界强队之一，尽管第17届冬奥会R.Alexei决赛只获得第12名，但预赛以最高难度的bdFFF获第1名，说明他是实力不俗的选手[1]；多年来，D.Dmitri、G.Alexei、K.Anton是白俄罗斯男队的中坚力量；其梯队建设颇为成功，从D.Dmitri、G.Alexei→K.Anton→H.Stanislau，连续5届冬奥会夺得奖牌，其中G.Alexei在第21届冬奥会为白俄罗斯夺得首

---

[1] Organizing Committee for the OWG in LILLEHAMMER 1994. Wen's Aerials Qualification [S]. LILLEHAMMER（NOR）：1994.2.21.

金，接着K.Anton在第22届冬奥会为白俄罗斯男队赢得了冬奥会"两连冠"的殊荣[1]。

表4-15 历届冬奥会空中技巧比赛白俄罗斯前12名选手统计表

性别	第17届	第18届	第19届	第20届	第21届	第22届	第23届
女子	10 R.J		9 T.A	5 S.O	4 S.A	1 T.A	1 H.H
			10 T.A	8 T.A			
男子	12 R.A	3 D.D	3 G.A	2 D.D	1 G.A	1 K.A	6 H.S
		8 G.A	7 D.D	4 G.A	9 H.S		
			10 R.D	8 K.A	11 D.D		

注：选手姓名前面数字为名次，R.J=R.Julia，R.A=R.Alexei，D.D=D.Dmitri，G.A=G.Alexei，T.A=T.Alla，R.D=R.Dmitr，S.O=S.Oly，K.A=K.Anton，S.A=S.Assoli，H.S=H.STanislau，H.H=H.Hanna。

1999年T.Alla加盟白俄罗斯女队，从此该队开始成为强队，她就是其领军人物。与男队一样，白俄罗斯女队也注重梯队建设——T.Alla→S.Oly（S.Assoli）→H.Hanna、R.Aliaksandra，其中S.Oly与S.Assoli是同一人，尽管她2014年加盟了俄罗斯队[2]，但年轻的H.Hanna（1992年生）与R.Aliaksandra（1996年生）及时充实了上来。继2014年索契冬奥会T.Alla为白俄罗斯女队夺得首金之后，2018年平昌冬奥会其同胞H.Hanna又神勇再夺金牌，为其女队赢得了冬奥会"两连冠"的殊荣。

男队冬奥会两连冠，白俄罗斯是世界男队唯一；女队冬奥会两连冠，白俄罗斯是世界女队唯一；男队女队冬奥会皆两连冠，白俄罗斯更是世界空中技巧唯一。

自1994年第17届冬奥会至2018年第23届冬奥会，白俄罗斯队每届所取得的最佳名次依次是：第17届第10名（女）——第18届第3名（男）——第19届第3名（男）——第20届第2名（男）——第21届第1名（男）——第22届第1名（女）、第1名（男）——第23届第1名（女）。从其参赛7届冬奥会的发展历程来看，他们总在锐意进取，这样的队伍，确实值得我们学习。

---

[1] FIS.Freestyle Skiing Wen's Aerials Final［EB/OL］. http: //medias4.fis-ski.com/pdf/2014/FS/8013/2014FS8013QRL.pdf.

[2] 刘伶燕. 世界三大赛空中技巧成绩单解读及其功用之研究［C］. 空中技巧文丛：第13卷. 沈阳：沈阳体育学院戈炳珠研究室，3-44.

三、雄踞榜首的独到之处

（一）老谋深算的掌舵人物

国家级的运动队，尤其像空中技巧这样的难美项目国家级运动队，既要有精通业务又有权威的掌舵人物。该队的总教练N.Kozak德高望重，宝刀不老，就是这样的掌舵人物。据说在他的筹划下还创建了目前世界独有的室内空中技巧专项训练场地[1]。自长野冬奥会至今的二十多年来，该队所获的4枚金牌、1枚银牌、2枚铜牌，都是在这位老谋深算的长者苦心经营和直接指挥下取得的。此人堪称白俄罗斯的功勋教练和民族英雄。

（二）颇为成功的梯队建设

白俄罗斯女队的T.Alla 1979年出生，从1999年20岁开始就是该队的领军人物；尽管后起之秀S.Assoli 2014年转而加盟了俄罗斯队，但1992年出生的H.Hanna及时充实了上来，继2014年索契冬奥会T.Alla为其女队夺得首金之后，2018年平昌冬奥会H.Hanna又再夺金牌，为其女队赢得了冬奥会"两连冠"的殊荣；2019整个赛季H.Hanna因故缺阵，但更加年轻的1996年出生的R.Aliaksandra又横空出世，不仅在当年世锦赛首轮决赛竟敢放弃1跳，仅用1跳bLFF便以103.11分一骑绝尘[2]，更在终极决赛仍用bLFF以113.18的高分豪取金牌[3]。

（三）独树一帜的技术风格

自2018年长野冬奥会美国男选手B.Eric采用上举式起跳技术（双臂上举和

---

[1] 门传胜. 中国自由式滑雪女子空中技巧队平昌冬奥会预赛点评［EB/OL］. http：//kuaibao.qq.com/s/20180216A02G6J00.

[2] Fis.fis freestyle ski world championships 2019 RESUTS-FINAL1-RUN2 Ladies' Aerials［EB/OL］. http：// medias1.fis-ski.com/pdf/2019/FS/8803/2019FS8803RLF1.pdf.

[3] Fis.fis freestyle ski world championships 2019 EVENT RESULTS Ladies' Aerials［EB/OL］. http：//medias1.fis-ski.com/pdf/2019/FS/8803/2019FS8803RLF.pdf.

单臂上举）顺利完成bFdFF与bdFFF夺金后，各国选手纷纷效仿这种新式的上举式起跳技术。在此波及全局的变革进程中唯有白俄罗斯队不随波逐流，老运动员始终坚持采用传统的带臂式起跳技术来完成各种难度动作，因为其起跳技术早已娴熟；而年轻运动员则采用上举式起跳技术，因为其"在一张白纸上好画新图"。在2010年温哥华冬奥会和2014年索契冬奥会上，G.Alexei、T.Alla和K.Anton采用带臂式起跳技术顺利完成bFFdF、bFFF与bdFFdF而夺金；而在平昌冬奥会上，H.Hanna则采用上举式起跳技术完成bLFF亦获金牌。如此殊途同归，正是白俄罗斯队独树一帜的技术风格之胜利。

（四）锲而不舍的进取精神

早在26年前的第17届冬奥会，白俄罗斯男选手P.Alexei就已掌握了当时的最高难度动作bdFFF并获预赛第1名，可惜决赛失误而未再获佳绩，但这并没有影响该队的士气。紧接着在4年后的第18届冬奥会上，其队友D.Dmitri便夺得了该队首枚奖牌——铜牌。

在第20届冬奥会决赛中，白俄罗斯男队主力选手D.Dmitri两跳动作难度超出韩晓鹏0.25，当倒数第二位出发跳bdFFF成功着陆时教练和队员都以为金牌到手，却遭遇最后出发的韩晓鹏以2.09分的总分优势反超而屈居亚军[1]，这还没有影响该队志在夺金的士气。继而在4年后的第21届冬奥会上，D.Dmitri的队友G.Alexei便争气地为该队夺得了首金。

1979年出生的T.Alla原本是惯用两周动作的老手。谁知已过而立之年的她竟然吐故纳新，果敢地走上三周台向更高难度动作挑战，在首次使用三周动作的温哥华冬奥会上，其bLFF着陆分仍然是2.90分（满分为3.00分）。"老骥伏枥，志在千里；烈士暮年，壮志不已。"为备战索契冬奥会，已年近35岁的T.Alla在bLTF、bLFF的基础上又接连攻克了bFTF和bFFF，最终用4.05的bFFF放手一搏，以其干脆利落的着陆动作独占鳌头。对于T.Alla索契夺金，笔者虽不否认幸运之神的眷顾，但却更认为她应得其所，并对她充满敬意。

K.Anton早在10年前的温哥华冬奥会上就已是夺金热门选手，但可惜的是，由于预赛第二跳bdFFF着陆时右板固定器脱开导致跌倒，结果仅排在第15名而痛失决赛权。在随后的2011赛季，无论是世锦赛还是世界杯系列赛他都屡创佳

---

[1] 戈炳珠.历届冬奥会空中技巧决赛夺金动作研究[C].空中技巧文丛：第12卷.沈阳：沈阳体育学院戈炳珠研究室，15–25.

绩，但随后受伤中断系统训练和参赛磨练。正当人们猜测K.Anton是否还能复出之时，已为人父的这位硬汉又出现在索契冬奥会赛场上。结果在终极对决中用5.00的超高难动作bdFFdF为其男队夺得第2金。

（五）老当益壮的运动寿命

众所周知，若与体操类项目相比，空中技巧选手运动寿命较长，但究竟能长到什么程度，白俄罗斯空中技巧队给我们做出了很好的回答。该队男女选手大多老当益壮，像T.Alla、G.Alexei、D.Dmitri、K.Aton等人三十多岁之后还能在冬奥会上摘金夺银。看以往架势，届时38周岁的男选手K.Anton继续参赛2022年北京冬奥会，当是大概率事件；而1979年出生的T.Alla 39周岁时在平昌冬奥会获得第4名之后，2019赛季无论是世界杯还是世锦赛都未露面，当人们以为"年事已高"的老将已退役之时，谁知41周岁时又披挂上阵开始参加2020赛季世界杯比赛，这使我们不得不相信，届时43周岁的这位"不老松"再参赛北京冬奥会，也会是大概率事件。

须知，表4-16中的冬奥会空中技巧"五朝元老"男选手G.Alexei和D.Dmitri，目前在世界男子空中技巧史上仅此2人；而"六朝元老"女选手T.Alla，则已堪称世界奇迹，倘若43周岁再参赛2022年北京冬奥会，那她就会创造比举世闻名的"41岁七朝元老"体操选手丘索维金娜更加神奇"43岁七朝元老"的绝无仅有的神话。

表4-16　白俄罗斯"老当益壮"选手实例

性别	选手	最难动作/难度	最佳成绩/时年	现（退）役年龄	参加冬奥会届次
女子	T.Alla	bFFF/4.05	索契冬奥会冠军/35	41（现）	6（第18届~第23届）
男子	G.Alexei	bFFdF/4.525	温哥华冬奥会冠军/31	35（退）	5（第18届~第22届）
	D.Dmitri	bdFFF/4.525	都灵冬奥会亚军/29	37（退）	5（第18届~第22届）
	K.Anton	bdFFdF/5.00	索契冬奥会冠军/30	36（现）	4（第20届~第23届）

（六）精明老到的难度战术

在功勋教练N.Kozak麾下，白俄罗斯选手不但在技术风格上颇为独特，而且在难度战术运用上也精明老到。这集中体现在几位冬奥夺金选手身上。

第四章　冬奥争金前史之鉴

1. T.Alla——未雨绸缪老将如愿

T.Alla原本是两周选手，而立之年毅然走上三周台向更高难度动作发起挑战。先是为备战温哥华冬奥会，掌握了bLTF、bLFF；已近35岁时又接连攻克了bFTF、bFFF，为备战索契冬奥会做了比较充分的参赛动作难度储备。在这届比赛中，T.Alla自始至终参加了所有的5轮比赛，参赛动作及名次是：首轮预赛bLTF（第14名）→次轮预赛bLFF（第6名）→第一轮决赛bLFF（第1名）→第二轮决赛bFTF（第4名）→第三轮决赛bFFF（第1名）。其参赛方案是完美的，其中次轮预赛和第二轮决赛难度颇高的bLFF与bFTF使她幸运脱险晋级，最终用自己最难的参赛动作bFFF放手一搏，以其干脆利落的着陆动作夺冠。由上述可见，如果T.Alla近期不突破bFTF，不太可能挤进终极决赛；如果近期不突破bFFF，也不太可能最终夺冠。当然，她屡屡成功着陆也并非偶然，因为这里有她多年雄厚的积淀。

2. H.Hanna——埋伏利器出奇制胜

第23届冬奥会女子冠军H.Hanna原本是惯用3.15的bFF和3.525的bFdF的两周选手。为备战平昌冬奥争金，也毅然走上三周台，临近冬奥会前不久攻克相对自己而言的最难动作3.80的bLFF，但在终极决赛之前一直秘而不宣。H.Hanna在平昌冬奥会预赛、第一轮决赛、第二轮决赛中已经依次使用了同为3.50的bLTF和bLFT，直至第三轮决赛才突然亮出秘密武器bLFF并一举夺金，令人深感震惊。倘若她没有储备3.80的bLFF，此时只好用3.20的bLTT或3.525的bFdF，而前者难度太低，后者又质量太差，根本无力与已获95.52高分的张鑫相抗衡。须知，这个3.80的bLFF，既不是当时的世界最高难度，也不是该届争金决赛的最高难度，但却是H.Hanna近期刻意为自己冬奥争金武库充实的最难动作。由此可见，其冬奥夺金之路也是以难制胜的另类范例。

3. K.Anton——储备精良决胜掷锏

无独有偶，K.Anton与T.Alla一样，也参加了索契冬奥会所有的5轮比赛，最终也夺得了冬奥会金牌。K.Anton这5轮参赛动作及名次依次是：首轮预赛bFdFF（第7名）→次轮预赛bdFFF（第2名）→第一轮决赛bFdFF（第2名）→第二轮决赛bdFFF（第3名）→第三轮决赛bFFdF（第1名）。他前两轮决赛动作与两轮预赛动作相同，其先后顺序也相同，然后在最关键的终极决赛中果断掷出一招制胜的杀手锏（难度高达5.00的bdFFdF）而夺金。为了冬奥夺金的这一跳,他已在世界大赛中磨练了6年之久,尤其是在2011年世界杯第4站曾获得135分,其动作质量指数已达到0.90的优秀水平。在上述5轮比赛中,他只使用了3个有分量的参赛动作bFdFF、bdFFF、bdFFdF,其"集约经营"参赛动作难度储备之策,可谓少而精的典范[1]。

本节小结

自1994年空中技巧成为冬奥会比赛项目以来,白俄罗斯队一直是世界强队。可以说,该队已获7枚奖牌(4金1银2铜),若单论金牌榜则雄踞世界之首,并非运气使然;能涌现如此优秀的空中技巧选手,也绝非偶然。之所以会如此,主要是源于其对该项目特点与规律的认识与把握具有独到之处。经本节初步概括,主要表现在六个方面,即该队拥有:①老谋深算的掌舵人物;②颇为成功的梯队建设;③独树一帜的技术风格;④锲而不舍的进取精神;⑤老当益壮的运动寿命;⑥精明老到的难度战术。其独到之处,尚需进一步探究。

白俄罗斯空中技巧的成功之路确有值得我们学习与借鉴之处。

(作者:戈炳珠、刘伶燕,2020年定稿)

---

[1] 周冉,戈炳珠.应对空中技巧新赛制的冬奥会比赛策略探讨[J].沈阳体育学院学报,2013(6):111–113.

第五章　再识空中技巧项目特点与规律

任何一个竞技体育项目，都有其自身的特点与规律。只有首先认识与把握所从事运动项目的特点与规律，才能确立本项目训练的指导思想，有针对性、创造性地安排训练过程，采取有效的训练方法和手段，从而不断地提高运动成绩，直至在比赛中稳操胜券。

自由式滑雪是北京冬奥会15个比赛分项中的1个分项，它包括6个项目（雪上技巧、空中技巧、障碍追逐、U型场地技巧、坡面障碍技巧、大跳台）共13个小项（男子雪上技巧、女子雪上技巧、男子空中技巧、女子空中技巧、空中技巧混合团体、男子障碍追逐、女子障碍追逐、男子U型场地技巧、女子U型场地技巧、男子坡面障碍技巧、女子坡面障碍技巧、男子大跳台、女子大跳台）。其中空中技巧是我国最早（20世纪80年代末至90年代初）开展的自由式滑雪项目。自备战1998年第18届冬奥会起，国家体育总局冬季运动管理中心就一直强调，要从认识与把握本项目的特点与规律入手，来切实做好备战第18届及第19届冬奥会的工作。在此期间，就这个根本性的、全局性的问题，笔者曾多次在备战研讨会上发言，2002年、2003年还发表过"空中技巧项目特点与规律""对自由式滑雪空中技巧项目规律与特点的再认识"等论文。尽管彼时认识水平有限，但也认识到"对本项目特点与规律的认识与把握是一种动态过程，只是在某一时期和阶段处于相对稳定的状态。这是因为，任何运动项目都在不断地变化与发展，这就促使人们要与时俱进，对其特点与规律进一步重新去认识与把握，以适应其发展趋势，树立新的训练指导思想，找出相应有效的训练方法和手段；随着人们训练实践和科学研究的深化，对本项目特点与规律的认识与把握也会越来越准确，越来越深刻"[1]。

近十几年来，自由式滑雪分项兴起一些新项目，原有的空中技巧项目又有很大发展，其竞赛规则与裁判手册经过多次修订，赛制亦几经变化，加之选手运动技术水平不断提高，随之人们对本项目特点与规律的认识与把握也在不断

---

[1] 戈炳珠.自由式滑雪空中技巧探究[M].北京：人民体育出版社，2003.

深化。下面，本章将在已有认识与理解的基础上，对空中技巧项目的特点与规律展开进一步的探讨。

第一节 项目类属分析

根据项群训练理论，空中技巧属于技能类难美项群的一个典型项目。

从第一层次的所有竞技体育项目来看，本项目是技能类而非体能类，要首先搞清楚这一根本概念，也就是说，我们不能用体能类的一套办法来办本属技能类的空中技巧项目的事情。

从第二层次的技能类项目内部来看，本项目属于其中的难美项群。所谓"难"，即动作技术复杂，对运动行为的技巧性要求很高，也可以说"难"即为动作难度的大小；所谓"美"，即本项目讲究动作美观，追求艺术性，它不像有些项目只计结果不看过程，而本项目既看结果也看全过程，也可以说"美"即为动作完成情况的好坏，动作质量的高低。

如此看来，本项目的基本制胜要素有二：一是动作难度的大小。二是动作质量的高低。应当说，这只是对本项目的一个基本认识。那么，本项目究竟都有哪些制胜因素，有别于其他项目的主要特点又是什么，下面将逐步展开讨论。

在训练实践中，通常从运动项目的比赛规则、主要供能系统、动作结构与技术特点及对运动素质的特殊要求这四方面来认识和把握项目的特点与规律[1]。由于空中技巧隶属技能类难美项群，它的比赛规则所规定的制胜因素、动作结构所决定的技术特点及训练过程所特有的"三部曲"最能体现本项目的特点与规律，所以，本章着重从这几方面来阐述。

第二节 比赛规则分析

一、运动成绩构成因素

本项目每名选手的运动成绩是这样构成的：2013赛季之前，预赛与决赛选

---

[1] 田麦久. 项群训练理论 [M]. 北京：人民体育出版社，1998.

手均须跳2个不同的动作，2跳动作得分之和即为其该次比赛最后成绩；自2013赛季起，每轮预赛与决赛选手均只跳1个参赛动作，这1跳动作得分即为其该轮最后得分。每跳动作得分等于裁判员评出的动作质量合计有效分乘以相应的动作难度系数之积；在每跳动作比赛过程中，裁判员视其起跳腾空、空中翻转及着陆滑出的完成情况评出动作质量分（满分30分），而每跳动作的难度系数则列在国际规则裁判手册的动作难度表中，它是依其完成每周动作所采用的身体姿势、身体绕横轴翻转的周数、绕纵轴转体的圈数及多圈转体所在三周空翻的周序（第一周、第二周或第三周的次序），按一定法则计算出来的。

二、难度与质量的关系

对于本项目而言，难度与质量缺一不可，没有质量的难度与没有难度的质量，同样都没有意义与价值，诸如此类的认识固然都是正确的，也是容易达成共识的，但这只是较浅层面上的、较宏观的认识。

为了更有效地备战与参战世界大赛，我们应当进而解决更深层面的问题。诸如，根据备战期间敌我实力的对比，我们的难度储备该达到多大，同时，我们的质量分又该达到多少分，才有可能取胜？根据参赛期间敌我临场态势变化，我们又应依据什么来准确决策我队选手是加难度还是减难度？若加，该加多少？若减，该减多少？

若想进一步解决上述深层面的问题，首先要具备前提条件，即知彼知己，精通规则，掌握裁判员评分行情，具备较丰富的临场经验。有了上述前提，即可细算一笔账，其基本过程如下：

设：我方拟以难制胜，其动作质量合计有效分为$Score^1$、动作难度系数为DD^1，对手动作质量合计有效分为$Score^2$、动作难度系数为DD^2，则有：

我方动作难度优势的总分效益=$Score^1 \times (DD^1 - DD^2)$ （1）

对手动作质量优势的总分效益=$(Score^2 - Score^1) \times DD^2$ （2）

由式（1）与式（2）可给出如下以难制胜预算公式：

$Score^1 \times (DD^1 - DD^2) [-(Score^2 - Score1) \times DD^2]$ （3）

若式（3）差值>0，则说明我方可能取胜；若式（3）差值<0，则说明原拟申报的难度不够用，须向上调整。若我方拟以质取胜，也可同样测算。

再往更深层面求索，还可算得更细些、更准些。这就要进一步解决如何测算动作质量分的问题。先前我们常用某跳动作得分来描述动作质量的高低，但由于本项目动作不同其满分亦不同，这就使这种描述缺乏可比性。为解决上述问题，第19届冬奥会前后笔者提出并引入一个具有可比性的新概念——质量系数，即每跳动作得分与该动作满分的比数，其最佳值为1[1]。后来我们又提出一个计算质量系数的新算法，即选手所得合计有效分除以该动作质量分满分30分，所得比数与先前计算方法相同，并把这一比数称为"质量指数"[2]。由于动作质量分满分30分是业内人士熟知的常量，所以运用此法计算起来更加简便。

在一定时期内，通过足够例数成功动作质量指数的计算所得其均值可以表征该动作的质量水平，由此即可测算其质量分。有了可靠的整个动作质量分，则可把它再细分开计算。在整个动作成功的前提下，每位裁判员手里掌握的起跳与腾空高度、远度的Air分（2分）拉不开差距，空中动作的Form分（5分）见仁见智，着陆的LDG分（3分）有章可循，此处规律性较强。若竞争双方技术水平相差无几，那么，在其质量基本相同的情况下，便可算出±0.1的难度系数意味着什么，即在世界大赛的优秀选手角逐中，每跳参赛动作±0.1的难度系数意味着每跳至少赢2.5分或至少输2.5分。同理，在双方动作难度相当的情况下，也可算出质量分达到多少才能制胜。

三、着陆稳定性是关键

（一）着陆成功与着陆稳度

自不待言，着陆在"一锤定音"的空中技巧比赛中至关重要。一谈着陆，以往人们大多首先关注着陆成功与否（即"着陆站没站"的问题），也常常关注着陆成功率（即"着陆站的把握性有多大"的问题）。为了有根有据地判别选手参赛动作着陆是成功还是失败，1997年笔者提出了一个基本的判别标准——应以着陆时选手身体是否触及雪面为准，如果身体此时没有触雪即为成

---

[1] 戈炳珠，杨明. 从本赛季夺冠历程看明年冬奥会夺金态势——2001年度自由式滑雪空中技巧8次世界大赛女子夺冠情况统计分析[J]. 沈阳体育学院学报，2001（2）：14-17.

[2] 刘伶燕，戈炳珠. 我国女子空中技巧冬奥"5银之憾"反思与前瞻[C]. 空中技巧文丛：第12卷. 沈阳：沈阳体育学院戈炳珠研究室，2018：3-14.

功，否则为失败，二者之间的临界值为着陆单分均值2.0（每位裁判员所打出的着陆LDG分之平均分），也就是说，临界值≥2.0为成功，临界值<2.0为失败[1]；随着时间的推移，国际雪联几经修订着陆评分标准，近来已把上述着陆成功判别标准≥2.0修订为>2.0，而≤2.0则为失败。着陆成败临界值2.0既有助于裁判员统一着陆评分标准与打分尺度，也有利于科研统计有章可循避免随意性，还有助于一般读者能够看懂成绩单。

着陆稳度是指着陆滑出的稳定程度，更确切地说是着陆滑出的动作质量，其着陆单分均值在0~3分。应当说，注重着陆成功与否是起码的要求，也是低层次的目标；而刻意追求高质量的着陆滑出才是高层次的目标，才更有可能登上世界大赛的冠军宝座。

（二）着陆的评分特点

1. 有章可循对号入座

着陆单分本身满分2分，随后滑出单分满分1分，二者常常统称为着陆（满分3分），其评分标准制定得很详细、很明确，裁判员的评分有章可循，基本上是"对号入座"，不易产生明显分差。

2. 瞬息万变大起大落

人们常说这个项目的偶然性很大，主要是指其着陆瞬时情况多变，较好的着陆往往其单分均值在2.5分以上，倘若失败此分则会成倍下跌。

3. 评定局部影响整体

从表面上看，着陆动作环节的质量分只占整个动作质量分的30%，但它的好坏不仅决定这30%的分数，还直接影响到裁判员手里所掌握的其余70%的起跳腾空与空中动作质量分。这是因为，裁判员在打这两部分分数时不仅根据其本身的动作质量，还紧密结合着陆情况来给其质量分"定格"。一般来说，在世界大赛中，如果着陆失败，空中动作单分很难上4分，甚至有时定在3分以下。

---

[1] 戈炳珠，等. 质量有多高——备战1998年冬奥会女子自由式滑雪大赛情报研究之二[J]. 沈阳体育学院学报，1997（2）：12-16.

四、比赛特点

按世界大赛该项竞赛规程，先进行所有报名选手参加的预赛，其中，成绩进入前12名者才有资格参加决赛，即前者决定资格，后者决定名次。2013新赛季之前只有1次决赛，此后改为多轮决赛的决赛阶段。如此看来，尽管预赛并不决定有效名次，但若未能进入前12名，则最后决赛的摘金夺银就无从谈起，正是"皮之不存，毛将焉附"？回顾以往世界大赛，几乎每次都有若干名将在预赛中"翻车"而无缘决赛。在此，我们应当通盘研究预赛的特点与规律及决赛的特点与规律。

（一）赛制变化

1. 从两跳组合到"一锤定音"

在2013新赛制之前的老赛制下，无论是预赛还是决赛，每次比赛每名选手须比2跳不同动作，以2跳动作得分之和计成绩，倘若其中1跳不甚理想，另1跳或可挽回；在2013新赛制下，每轮决赛都是"一锤定音"——每名选手只比1跳动作，以1跳得分计成绩，此时毫无回旋余地；在2019新赛制下，首轮决赛可在2跳动作中取其一，实质上还是以1跳得分计成绩。赛制由"两跳组合"到"一锤定音"的演变，使空中技巧比赛更具有悬念更加精彩。在世界大赛的强手角逐中，动作难度及起跳与空中动作质量大多相差无几，其胜负关键看最后着陆的一瞬间，这在一定程度上也可以说胜负由着陆来"一锤定音"。如此看来，本项目的这一特点与竞技体操中的跳马项目极为相似。

2. 从一次淘汰到多次淘汰

在2013新赛季之前的老赛制下只有预赛的1次淘汰，排在前12名的选手入围决赛后都有机会摘金夺银，比赛全程选手至少要完成2个不同动作共4跳次；在2013新赛制下，预赛、首轮决赛、次轮决赛合计有3次淘汰，只有挺进末轮决赛的4名选手（后增为6名选手）有权争金夺银，比赛全程选手至少要完成3个不同动作共4跳次；2019赛制又改为预赛、首轮决赛2次淘汰，挺进末轮的终极决赛者甚至仅用1个动作比3跳次即可完成全程比赛。这种赛制更有悬念、更加精彩，更有利于有实力的选手脱颖而出[1]。

3. 从二元制评分到一元制评分

2013赛季之前的老赛制采用7人5-2分离的二元制评分法，此后新赛制开始采用5人一体完整的一元制评分法。一元制评分法能更客观、更准确地评判空中技巧动作；由一元制的3人有效分取代二元制的5人有效分，既增强了对偏高、偏低分的可控性，也增大了有效分的偶然性，更凸显重大比赛裁判员人选的重要性。在推行新裁判制的新形势下，我国要大力培养冰雪运动国际级裁判员[2]。

4. 从隔日接续赛到当日连续赛

过去老赛制下冬奥会的预赛和决赛都是隔日接续，如今新赛制下则是当日连续进行，二者间隔仅两个多小时，赛程安排得非常紧凑。在新赛制下，有幸进入终极决赛争夺奖牌的优秀选手要经历持续时间长达四个多小时的连续预、决赛，要闯多轮不容闪失的"一锤定音"比赛，其体能消耗及心理压力与老赛制不可同日而语。显然，新赛制不但对运动员的技战术训练提出了新课题，同时也对其体能训练和心理训练提出了新挑战。

（二）客观条件变数大

在比赛的所有客观条件中，当属天气与场地条件变数最大，对选手发挥技术水平的影响也最甚。多年来，出国参赛的我国选手在这方面不免吃了些苦头，但经过历练也积累了一些宝贵经验。

在场地条件方面，跳台高度与角度是影响空中技巧动作技术效果最敏感的技术参数，其中数三周台参数变化最大。这主要由两方面因素决定：一是三周台可为发展难新动作提供更加有利的时空条件。二是三周台是世界空中技巧比赛的主战场。空中技巧比赛场地技术参数变化与训练、比赛息息相关。运动员动作技术应随其变化及时做出相应调整，教练员对此要消息灵通并练就娴熟、精湛的修台技能。唯有积极主动地去研究它的特点与规律以不断增强相应的适应能力，才能立于不败之地。

---

[1] 戈炳珠，吴志海，杨尔绮. 空中技巧论百篇 [M]. 沈阳：辽宁人民出版社，2013.
[2] 中办国办：以北京冬奥会为契机大力发展冰雪运动 [EB/OL]. http://www.tibet.cn/cn/Instant/local/201904/t20190403_6544484.html.

在天气条件方面，将在本章"助滑速度的决定性"与"着陆稳定性辨析"两个专题中阐述。

（三）团队优势新理念

尽管冬奥会女子空中技巧小项和男子空中技巧小项都是个人比赛，但也讲究团队优势。因为每项只有1枚金牌，所以此时应把所有外国强手视为一个团队与我队角逐；基于比赛具有高度偶然性的项目特点，因此我队应有多名顶尖高手。这是我们应有的团队优势观。其团队优势的具体表现如下：①4名选手全额入围决赛阶段；②至少占据半数终极决赛席位；③混合团体参赛阵容2男1女强强混搭，其团队优势主要体现在全队零失误和女选手强劲实力上。

（四）运动寿命有特点

世界大赛参赛年龄始于16周岁，但无年龄上限。由于该项目属技能类，对体能的要求不像体能类项目那么高，每次比赛全程只须完成几跳次的单个动作，显然其训练过程与比赛负荷不可与其同日而语。正因如此，该项目大多运动员运动寿命都较长，例如1961年出生的阿根廷男选手G.Clyde45岁时参赛都灵冬奥会，53岁还能参赛世界杯，尤其是冬奥会"五朝元老"屡见不鲜，而立之年夺金者不乏其人，像1979年出生的索契冬奥会女子冠军白俄罗斯老将T.Alla步入"不惑之年"还在备战2022年北京冬奥会，已成为冬奥会史册佳话。

第三节　动作结构分析

一、动作结构释义

本项目国际规则裁判手册动作难度表中的任何动作都具有严格规定的组成成分，这些成分之间相互联系、相互作用，这就是其动作结构的基本概念。

相对于每一具体动作的个性结构来说，首先明确所有动作的共性结构则具有更大的指导意义。从本项动作结构的时间特征角度分析，若不考虑不具代表性的非空翻类动作，所有动作都循序由4个基本动作环节组成：助滑上台、起跳出台、空中翻腾、着陆滑出，而上述每一基本环节又都包含若干动作时相，如助滑上台，还可再细分成出发、下滑、平滑、上台4个时相。这些环节与时相相互联系、相互作用，从共性上说，它们相辅相成、缺一不可，而从个性上来说，它们又有主有次，不可眉毛胡子一把抓。

二、滑雪+体操思辨

空中技巧从表面上看是滑雪技术加翻腾技术，也正因如此，以往有人称该项目是"滑雪+体操"；有相当数量的本项选手或由其他滑雪项目转项而来，或来自竞技体操、蹦床、技巧等体操类项目，也有人问"是前者更优越，还是后者更适宜"？其实，这并不能简单地视其为滑雪＋体操，也不能孤立地视其"出身"而定论。空中技巧作为一个独立存在的竞技体育项目，它已不是简单地等于二者叠加，而是你中有我，我中有你，二者有机结合而成为一个既似体操又非体操，既在地上滑雪又在空中翻腾的派生项目，它有其自身的特点与规律，无论"出身"如何，唯有适应其特点与规律者才有可能获得成功。

比如说，本项目空中翻腾之前的起跳，已不同于体操的起跳，不但此时的身体姿位不同，在起跳阶段还包含着相当的滑雪成分；就连与体操最接近的空中翻腾，若照搬体操的动作要领在此也是行不通的，因为此时运动员双脚上多了一双沉重的雪鞋外加绕纵轴转动惯量颇大的一副雪板，更何况本项目还有周际界线与动作时机的独特要求。

总之，不能偏颇地断言"雪底儿"好的运动员就优于体操基础好的运动员（或相反），同样，也不能偏颇地断言原滑雪教练员就优于原体操教练员（或相反）。只有在发挥原有优势的基础上，能掌握本项目固有特点与规律者，才有可能成为本项目的佼佼者。

三、动作技术特点

（一）滑雪翻腾的融合性

本项动作的起跳要以非常规体位在高速滑行中完成，其技术含量甚高；在空中翻腾过程中，除了运动员自身原有的生物运动链外，还平添了一个体外环节——雪具；当完成预定的空中动作后，还要沿着向下倾斜37°的着陆坡（有时达38°~39°）以着陆滑出技术完成动态平衡性质的结束动作。

（二）空中翻腾的复合性

由于跳台的特殊构造，使得运动员在起跳出台时已经具有一定的向后翻转角速度，从这种意义上可以说，本项目只有后翻动作；由于运动员几十米的助滑已使其在台端起跳时还具有一定的向前移动的线速度，因此，腾起后的身体运动实际上是身体总质心沿抛物线轨迹的向前移动与身体环节绕其总质心向后转动的复合运动。此乃空中翻腾复合性的第一种表现形式。高水平空中技巧比赛动作绝大多数是两周或三周动作，它们绕身体横轴向后翻转，同时还要绕其纵轴转体，这在体操中称为"旋"空翻，这种"旋"空翻讲究横轴翻转与纵轴转体的合理匹配技术。此乃空中翻腾复合性的第二种表现形式。

（三）身体姿势的趋同性

在高水平的空中技巧训练和比赛中，用得最多的就是直体姿势。运动员空中动作所采用身体姿势的这种趋同性在历届冬奥会体现得很明显：从第17届冬奥会至第23届冬奥会，女子决赛169跳次动作共翻转386周，其中362周为直体姿势，占总体的93.7%；男子决赛171跳次动作共翻转513周，全部为直体姿势。

（四）转体技术的特殊性

在同属技能类难美项群的诸多运动项目中，转体可以用团身、半团身、屈体或直体姿势来完成，采用姿势不同其技术要领与难度价值也不同。但在空中技巧项目中，几乎所有的后空翻转体都必须以直体姿势完成。

由于该项空翻类动作皆属转动动作，所以空中技巧运动员身体转动惯量是最重要的质量几何学特征之一。他们的脚上穿着一双沉重的雪鞋和长达1.50~1.60m的雪板，这就使其下肢绕身体横轴与纵轴的转动惯量陡增，遂使其上体与下肢的转动惯量呈现明显的不均衡性，因此本项目转体技术的横轴翻转有"走脚"之说，纵轴转体强调下肢同步"摆板"，以强大的腰腹"核心力量"确保转体过程中上体与下肢不脱节。

（五）助滑速度的决定性

对于高级空中技巧运动员来说，其助滑技术都有固定的程式，起跳出台技术已趋自动化，空中的几周直体空翻靠身体的屈伸来调节角速度已无多少余地。此时，按动量矩守恒原理来理解，可以说运动员从台端腾起那一瞬间所具有的力学参数已经基本决定了动作的结果——着陆稳定性。而腾起瞬间的力学参数与助滑速度密切相关。由于受气温、雪温、风向、风力、下雨、下雪、助滑坡角度与长度、雪的硬度与湿度等诸多外界条件的影响，运动员出台前的助滑速度却极易变化且难以掌控，它对起跳出台、空中翻转等动作环节的准确性及最终集中体现在着陆的稳定性产生决定性影响。因此，运动员要有精确的助滑速度知觉，要通过赛前测速选好助滑出发点，教练员在比赛临场指挥中要审时度势帮助运动员及时调整助滑出发点。

（六）技术外化的时空性

时空性是物质运动的基本形式[1]。空中技巧运动也是一种物质运动，我们从时空性的哲学之维来审视其基本技术，发现它由技术原理外化为动作标准具有鲜明专项特点的时空性。

1. 空中动作的身体姿势

在国际规则中，所有空中技巧动作定义都是基于身体姿势。直体要求髋角、膝角均为180°，团身要求髋角、膝角起码为90°，屈体要求髋角起码为90°。与标准动作相比，动作变形小于45°为轻度扣分，大约45°为中度扣分，明显大于45°则为严重扣分。

2. 周际界线与动作时机

周际界线的原文是separation，其本意为分离、分开，但也有些文献译为"动作界限"或"周际界限"。界限是指某些事物的尽头处或限度，适用对象是抽象事物；界线则表示某些事物的边缘或相邻部分分界的线，适用对象是客

---

[1] 李昌麒，黄茂钦.论经济法的时空性[J].现代法学，2002（5）：3.

观存在的具体事物。因此，宜把separation理解为周际界线。总之，所谓周际界线，系指运动员要交待清楚每周动作的开始与结束，要交待清楚所申报的每周空翻的转体圈数，尤其要交待清楚每周转体动作的开始与结束，而正确的手臂动作在此起着重要作用。所谓时机，在此处的义项应是具有时间限制性。而本项目动作时机主要是指前一周动作结束的时机及下一周动作开始的时机。国际规则自2007年始几经修订动作时机评分标准图解，使其更加符合此项目动作技术的实际情况，遂使新的动作时机评分标准更加合理了。

3. 着陆瞬时的身体姿位

国际规则6004.3.1.1款阐述了着陆单分（满分为3分，这里包括着陆后的滑出）8个给分段的具体评分标准。当身体伸展后两板触雪瞬时身体与着陆坡的夹角这一指标非常重要。此角为90°是最理想的角度，若着陆时的实际夹角与90°基准角有所偏离就会产生身体横轴翻转过度或不足。该款就是按照此偏离角度从无到有、从小到大的顺序逐段表述的。裁判员掌握了这一规律，有助于其着陆评分的准确性。

四、动作创新的局限性

在技能类难美项群中，该项动作创新的"自由度"相对较少，受诸多发展途径的局限性制约。

（一）动作方向的局限性

由于运动员要从七十余米下斜约25°的助滑道上滑下冲上具有55°~71°（甚至更多）上扬弧度的跳台起跳翻腾，当其脱离台面的约束腾起瞬时已具有颇大的向前上方的初始线速度和向后翻转的角速度。由惯性定律和动量矩守恒原理已知，除重力外，在空中无其他外力与外力矩作用时，此时运动员只能做前移后翻动作[1]。正因如此，国际规则2018年新版动作难度表排除了以往的所有前空翻动作和侧空翻动作，只列入了29个后空翻动作[2]。

---

[1] 戈炳珠，杨尔绮.对自由式滑雪空中技巧项目规律与特点的再认识[J].中国体育科技，2001（1）：51-52.

[2] FIS.Aerial Jump Code and Degree of Difficulty Chart [EB/OL]. https://res.cloudinary.com/fis-production/image/upload/v1540908679/fis-prod/Aerial_Jump_Code_and_Degree_of_Difficulty_Chart.pdf.

（二）身体姿势的局限性

在技能类难美项群的诸多项目中，由于身体姿势的变化，如团身、屈体、直体、挺身、结环、并腿、前后分腿、左右分腿等，可衍生形式各异、难度不同的动作。但在空中技巧项目中的情况却大不相同？国际规则裁判手册动作难度系数计算法则规定：团身、半团身、屈体视为同一种姿势，均无动作难度增值；在团身与屈体姿势中不可转体，只要是转体1圈或1圈以上必须采用直体姿势，这就导致了空中技巧动作身体姿势的趋同性——该项绝大部分动作均以直体姿势来完成。

（三）翻转周数的局限性

自空中技巧项目开展以来，国际规则一直严格限定空翻横轴翻转的周数不可突破3周，至今不允许完成4周动作。从该项目的健康发展考量，估计何时解禁当是遥遥无期。既然不允许完成4周动作，那么可不可以在此限度之内像体操翻腾动作那样创新非完整周的末周为1/4周、2/4周或3/4周的动作呢？显然答案也是否定的。因为运动员从十几米的高空落至37°~39°的着陆坡时只能身体竖直踏板着陆后滑出，而无法做出仰卧、俯冲或俯卧的着陆动作。因此，空中技巧的空翻只能完成完整的1周、2周和3周动作。

（四）转体圈数的局限性

与自由式滑雪和单板滑雪的U型场地技巧、坡面障碍技巧及大跳台等项运动员不同的是，由于器材和规则的限制，空中技巧运动员着陆时只能面对着陆坡下方的终点区正向径直滑出，而无法背对着终点区倒滑和肩对着终点区横滑。因此，尽管该项允许完成空翻某周或某几周的非完整转体，但其空翻各周总的转体圈数却只能是整数的1圈、2圈、3圈……而不会创新出空翻总转体圈数为分数的非完整转体动作。

（五）规则制约的局限性

从动作结构来说，由于身体姿势、翻转周数、转体圈数及其所在周序的变化，可以衍生诸多不同的动作。但本项目规则对不同动作有特殊定义，其赛制又是每轮比赛只比1个动作而非成套动作，这就决定了该项教练员、运动员相应的动作创新价值取向，遂使某些动作别扭且价值不大的动作失去存在价值而无人问津。

由于空中技巧动作创新受到上述各种局限性的制约，近年来，空中技巧比赛动作显现单调、雷同之势，尤其在诸多类似新项目的强力冲击下，若长此以往，恐将妨碍空中技巧项目的可持续发展。欲扭转这种被动局面，其根本出路则是修订竞赛规则和裁判手册。

五、着陆稳定性辨析

完成翻腾动作后着陆滑出是空中技巧动作的最后一个动作环节，因为它能"一锤定音"，所以，教练员、运动员都很重视着陆技术的训练，这无可非议。但应指出，着陆技术只能在一定限度内起作用。比如，当着陆前身体空中横轴翻转明显过度（或不足）已超出着陆技术所及的调控范围时，纵使运动员有再好的着陆技术也无力回天。

如前所述，着陆稳定性是整个动作的最终结果，是各动作环节技术准确性的见证。若着陆失败，往往须逆向循序找原因，但到底是哪个或哪些环节出了问题，这要具体情况具体分析，然后才能对症下药从而有针对性地解决。

除了确定起点、助滑上台、起跳出台、空中翻转、准备着陆及着陆滑出等技术因素外，"雪底儿"是否深厚、腿部力量大小、心理状态好坏等非技术因素也影响着陆稳定性。但是应当承认，前者是第一位的，后者是第二位的，也就是说，决定着陆稳定性的最根本因素还是整个动作技术的准确性。

任何运动项目的动作都是在一定的外界环境条件下进行的。因此，动作系统除内部相互作用外，还具有与外部相互作用的特征，尤其空中技巧是冬季户外项目，各种外界条件的变化都影响动作的完成。外界条件，诸如天气方面的，如气温、雪温、风向、风力、下雪（甚至下雨）等；场地方面的，如助滑坡的角度与长度、雪的硬度与湿度等；器材方面的，如雪板与雪蜡的好坏等。

尽管上述外界条件的变化从不同方面对运动员完成动作产生各种各样的影响，然而在本项目中最具有代表性意义的却是它们都会对助滑速度产生影响，从一定意义上也可以说，助滑速度乃是各种外界条件影响的集中体现。然而，由于受上述外界条件影响，运动员出台前的助滑速度却是极易变化且难以控制的参数，往往对起跳出台、空中翻转等动作环节的准确性，最终集中体现在对着陆稳定性产生决定性影响。由此可见，为确保着陆稳定，运动员准确的测速与精确的助滑速度知觉有多么重要。

第四节　训练过程分析

空中技巧项目的训练过程可用"三部曲"来概括。这三部曲即陆上训练、水池训练、雪上训练，它们在每年度所占训练时间的比例相差无几。三者之间既有渐进性，也有往复性，要统筹兼顾、合理安排，但终极目标则是追求雪上专项训练之最佳实效。

一、陆上训练

对于刚招收的队员进行启蒙训练时，须从陆地训练起步；对于已有一定训练年限的老队员的下一个新年度训练周期，也是往复性地从陆地训练开始。就我国的实际情况，陆地训练通常分割为两段，一是从下山后的4月到跳水前的6月。二是从跳水后的10月到上山前的11月，合计约4个月时间。

陆上训练内容较多，就目前而言，其中弹网训练最具代表性与典型性，只有通过弹网训练在陆上预先具备了相应的空中翻腾能力之后，才能谈得上过渡至水池跳台的专项技术训练。经过多年的探索与发展，目前我国空中技巧在陆上训练方法手段与本项目特点结合上已有长足进步。

二、水池训练

水池训练除了"着陆"（实为落水）条件与雪上训练有所区别外，其余的助滑、起跳、空中翻转等大部分动作环节都极为相似，所以，水池训练是顺利过渡至雪上训练不可或缺的重要环节。

水池训练应"水陆结合，水为雪用"。所谓"水陆结合"，即在水池训练过程中适时穿插陆上训练手段以提高训练实效。例如，应创造条件在水池场地附近设置弹网等陆上训练器材，运动员一旦空中动作"跑范儿"，便可随时在网上找回来。所谓"水为雪用"，即水池训练要从实战出发，紧紧围绕雪上训练的要求来进行，这是水池训练的基本指导思想。而贯彻"水为雪用"的关键乃是落水这一动作环节，此时，若运动员脑子里不带着雪情来做动作，就会事与愿违、事倍功半。那么，就某个具体的难度动作来说，水池训练究竟练到什么程度才会顺利过渡至雪上跳台？我国本项目资深教练员普遍认为：经过两个夏季水池训练再到雪上使用才具较好的安全性。

此外，水池训练的运动损伤也有自己的特点与规律。囿于篇幅，在此着重谈两点。其一是，人体落水貌似"软着陆"，但由于水面具有一定的表面张力及雪板拥有颇大的底面积（约2240平方厘米），所以，运动员经常从十几米的高空落水时雪板与水面的强烈撞击容易导致腰伤，对此，我们已采取防范措施并收到良好效果。其二是，若运动员高速助滑上台过程中突然失衡跌倒，人体某环节与台面相互撞击易发生意外严重伤害，尤其是头部伤害，对此应采取有效防范措施，尤其要经常检查助滑道末端表面是否有异物或破损。

三、雪上训练

若从字面上理解，雪上训练包括跳跃雪台的专项技术训练与雪上基本滑行训练；若从实质上理解，雪上训练主要指跳跃雪台的专项技术训练。新队员初次跳跃雪台之前，首先要掌握必要的雪上滑行技术；老队员每年雪上训练，也要不断提高雪上滑行技术水平。

与体操类项目所不同的是，本项目教练员无法进行直接帮助与保护；与本项目水池动作相比，雪上动作的着陆界面已不再是水面而是37°的着陆坡。由此可见，雪上动作比水池动作具有更大的危险性，充分认识这一特点并有效地采取相应的防范措施，在雪上训练中十分重要。

鉴于冬季昼短夜长的特点，若全天训练，一般安排上午为主课，下午为副课；若半天训练，在可能的情况下大多安排在上午；为了与国际接轨适应世界大赛，有时也应安排晚间灯光场地训练课和跨中午的训练课。

就一堂专项技术训练课来说，最具有典型意义的是"三段式结构"的训练课。这种典型课的专项技术训练内容安排呈"三段式结构"，即课的首段练习基础动作，同时也是热身动作；中段练习基本难度动作，是本课主训动作的准难度动作及诱导练习；末段安排本课的主训动作，大多为比赛动作，也是相对本人来说的高难动作。

据悉，白俄罗斯具有全天候的室内雪上空中技巧专项训练场地，倘若如此即可突破本项常规训练过程的"三部曲"，其训练效果自然不可同日而语。我国空中技巧项目在冬奥争光计划中占有重要战略地位，应争取早日建成这样的全天候专项训练场地。

第五节　制胜因素的基本概括

对于竞技体育来说，认识与把握任何运动项目的特点与规律，其根本目的都是要通过科学训练在比赛中稳操胜券。因此，认识与把握空中技巧项目的特点与规律，最终要归结到准确地概括、提炼出该项目比赛的制胜因素。

通过以上对本项目类属范畴、比赛规则、技术特点及训练过程的多方面阐述与分析，可以用4个字概括、提炼出空中技巧比赛的制胜因素："稳、难、准、美"。可以说，"稳、难、准、美"既是本项目比赛的主要制胜因素，也是本项目的显著特征，"稳、难、准、美"既有各自的内涵，但又紧密相关，四者总合集中体现了空中技巧项目的特点和规律。

一、稳

稳，系指每跳动作要有很高的完全成功率尤其是着陆成功率。之所以"稳"字当头，意在稳中求难、稳中求准、稳中求美，若无稳则一切皆无，它集中体现在着陆的"一锤定音"，此乃空中技巧项目的突出特点。

二、难

难，系指动作的难度系数，即完成动作的难易程度，它是动作技术含量及其相应价值的量化体现。在本项目比赛中，若稳、准、美旗鼓相当，动作越难得分越高，我们应当在这种理念的基础上来理解与贯彻"以难制胜"的比赛策略。事实表明，历届冬奥会空中技巧争金决赛以难制胜者占主导地位，其"难"有绝对性与相对性两种类型，前者系指夺金动作为世界最高难度，后者系指夺金动作为该场决赛最高难度或选手近期储备的本人最高难度。

三、准

准，系指在稳的基础上不但对完成动作提出正确性的要求，还进一步提出了更高的准确性要求，其中包括各个动作环节的高度准确性，甚至包括确定助滑起点的高度准确性。随着动作难度的加大，所允许的技术变化范围在缩小，因此，越是高难动作，对其动作技术的准确性要求越高。也只有动作精益求精越发准确，才有可能使动作做得更美。

四、美

美，系指动作的艺术表现力。动作完成高度、远度、时间、速度、幅度、角度等体现出动作的规格，此乃其技术价值；动作完成的姿态、节奏、韵律、风格、表现力等给人美感，此乃其艺术价值。从空中技巧动作中的技术价值中可以衍生出艺术价值，没有高超的技术未必能达到理想的艺术性，而无任何错误地完成技术动作也可能并非达到艺术性的境界。同样的动作，同样地完成了，但美与不美，在得分上就会有明显差异。稳、难、准、美可以综合体现动作的高质量。历届冬奥会空中技巧争金决赛也表明，以质取胜也是可取的比赛策略，但需两个先决条件：一是自己动作质量非常高。二是对手高难度动作有所失误，由于这种比赛策略比较被动，至今未形成主流趋势。

空中技巧项目既需要动作创新也需要技术进步，应朝着稳、难、准、美并举的方向不断向前发展。

本章小结

任何运动项目都在不断地变化与发展，因此，对空中技巧项目特点与规律的认识与把握是一种动态过程。本章在我们以往同类研究的基础上，对该项目特点与规律的探讨做了如下修订与补充：

给出以难制胜预算公式〔$Score^1 \times (DD^1-DD^2)$〕-（$Score^2-Score^1$）$\times DD^2$〕：若我方难度优势效益〔$Score^1 \times (DD^1-DD^2)$〕与对手质量优势效益（$Score^2-Score^1$）$\times DD^2$〕的差值>0，则说明我方可能取胜；若其差值<0，则说明原拟申报的难度不够用，须向上调整。若我方拟以质取胜，也可同样测算。

提出质量指数新概念：质量指数QI=合计有效分（Total Judges Score）/ 30分。由于动作质量分满分30分是常量，所以运用此法计算更加简便。

修订着陆成败临界值：由着陆成功临界值≥2.0修订为着陆成功临界值>2.0。这有助于裁判员统一着陆评分标准与打分尺度，也有利于科研统计工作有章可循避免随意性，还有助于读者解读成绩单。

概括赛制的4个变化：①从两跳组合到"一锤定音"；②从一次淘汰到多次淘汰；③评分从二元制到一元制；④从比赛隔日接续到当日连续进行。

第五章　再识空中技巧项目特点与规律

提炼动作技术的6个特点：①滑雪翻腾的融合性；②空中翻腾的复合性；③身体姿势的趋同性；④转体技术的特殊性；⑤助滑速度的决定性；⑥技术外化的时空性。

指出动作创新的5个局限性：①动作方向的局限性；②身体姿势的局限性；③翻转周数的局限性；④转体圈数的局限性；⑤受规则与赛制制约的局限性。

提出一个重要建议：鉴于我国空中技巧项目在冬奥争光计划中占有重要战略地位，应争取早日建成全天候专项训练场地。

（作者：戈炳珠、刘伶燕，2019年定稿）

第六章 空中技巧项目新态势

第一节 北京冬奥会新增混合团体赛

2018年7月19日，国际奥委会宣布北京冬奥会将新增7个比赛小项，其中就有自由式滑雪这个中国优势项目中的1个小项——空中技巧混合团体。

北京冬奥组委体育部部长佟立新认为，国际奥委会的这一决定遵循了《奥林匹克宪章》，体现了《奥林匹克2020议程》和《新规范》的理念，顾及了项目对年轻人的吸引力，参赛运动员男、女平衡，在无需新场馆的前提下增加比赛小项可更加充分利用场馆等因素。新增加的空中技巧混合团体则属于冬奥会"老成员项目家族"，也不需要新建场地。国际奥委会确定北京冬奥会竞赛项目是筹备工作中的一个重要里程碑。下一步，北京冬奥组委将在国际奥委会"新规范"的指导下积极做好赛事组织工作[1]。那么我国空中技巧项目也要及时跟进，积极配合北京冬奥组委整体布局来备战北京冬奥会。笔者正是出于这一动机，才从回顾历年世界杯、世锦赛混合团体赛况入手，着眼于北京冬奥会混合团体赛，在本节由此及彼地进行初步的思考，权作一块引玉之砖，与大家一同研讨，集思广益拿出良策，以期届时稳稳拿下这个小项，为国人再添冬奥金牌助以绵薄之力。

一、历史回顾

2009年12月22日在我国长春举行的2010赛季空中技巧世界杯首站举行了第1次男、女混合团体比赛，2011赛季空中技巧世界杯首站又在我国吉林北大壶进

---

[1] 新浪体育. 2022冬奥新增四项男女混合项目 短道空中技巧在列 [EB/OL]. http://sports.sina.com.cn/others/winter/2018-07-19-doc-ihfnsvza487387.

第六章 空中技巧项目新态势

行了第2次混合团体赛,而且这2次比赛我队都获得了第1名。但此后2012赛季、2013赛季及2014赛季该项比赛中断,从2015赛季世界杯开始又恢复这项赛事,加上2019年第17届自由式滑雪空中技巧世锦赛也开始举行混合团体比赛,至今总共举行了10次空中技巧混合团体赛(2015赛季世界杯有2次比赛)。本节以2015赛季以来近6个年度共7站世界杯混合团体赛和1届世锦赛混合团体赛为例做一番历史回顾并以此为借鉴,无疑对理解与掌握该小项的比赛特点与制胜规律是有益的。

(一)历年团体赛前3名动作得分统计分析

这里采取2015—2020赛季世界杯与2019年世锦赛所有8次空中技巧混合团体赛前3名选手参赛动作得分情况进行统计分析。所有选手均以代号相称,其序号也代表出场顺序。加下划线数字为女选手数据(下同)。2015-1、2015-2表示该赛季世界杯2次比赛,2019-1系世锦赛,其第2名、第3名为中国二队、三队,故此处仅取第1名中国主力队一队分数,2019-2为该赛季世界杯混合团体赛,2020世界杯第2、3名为中国二队、一队,故此处只取其主力队一队数据(下同),总分均值经四舍五入取至整数位。

由表6-1可见,在上述6赛季8次混合团体比赛中,仅从团体总分均值来看,前6名依次是:①中国(310分);②白俄罗斯(310分);③瑞士(303分);④俄罗斯(297分);⑤澳大利亚(259分);⑥加拿大(244分)。澳大利亚与加拿大实力明显较弱,中国、白俄罗斯、瑞士、俄罗斯堪称强队,其中,中国队与白俄罗斯队最强,其总分均值同为310分,男、女队员实力均衡,6赛季平均总分分别超出瑞士和俄罗斯7分和13分,可以看出,我队实力稍强于白俄罗斯队,但对于瑞士、俄罗斯具有明显优势。从表6-2的1名女选手对团体总分的贡献率来看,如果排除澳大利亚队1男+2女的独特情况(女选手动作得分贡献率相对要大些),那么1名女选手对团体总分的贡献率平均为27.72%。其中最为突出的是我国女选手徐梦桃,5次参赛得分贡献率均值为29.42%,2020赛季世界杯首站混合团体赛贡献率高达33.69%;其余较有实力的女选手是俄罗斯的O.Alexandra(2次参赛贡献率均值为28.98%)、N.Liubov(3次参赛有1次贡献率28.87%)和白俄罗斯的R.Aliaksandra(1次参赛贡献率28.02%)。虽然2名男选手对团体总分的贡献率一般在70%以上,而1名女选手的贡献率不足30%,但我们不能由此而得出男选手在混合团体比赛中起着决定性作用。

表6-1 历年空中技巧混合团体赛前3名动作得分统计表

赛季	名次	团队	动作得分 选手1	选手2	选手3	总分
2015-1	1	中国	110.97	92.00	121.72	324.69
	2	俄罗斯	86.31	114.60	121.68	322.59
	3	白俄罗斯	83.47	116.82	109.74	310.03
2015-2	1	中国	72.76	130.32	127.15	330.23
	2	白俄罗斯	81.27	114.39	124.34	320.00
	3	俄罗斯	64.57	106.33	124.43	295.33
2016	1	中国	83.60	117.19	128.76	329.55
	2	俄罗斯	84.42	114.60	102.21	301.23
	3	俄罗斯	86.62	124.34	88.69	299.65
2017	1	俄罗斯	74.34	89.880	91.59	255.81
	2	加拿大	69.60	82.300	92.04	243.94
	3	澳大利亚	37.31	90.94	100.20	228.85
2018	1	中国	87.57	127.60	85.84	301.01
	2	澳大利亚	91.65	80.72	116.82	289.19
	3	俄罗斯	77.80	123.90	87.17	288.87
2019-1	1	瑞士	73.71	121.68	107.69	303.08
	2	中国	77.19	108.41	112.22	297.82
	3	俄罗斯	85.68	93.36	117.70	296.74
2019-2	1	中国[1]	90.09	99.22	109.75	299.06
2020	1	俄罗斯	65.56	121.24	129.86	316.66
	3	中国[1]	96.67	96.38	93.81	286.86

表6-2 历年团体赛前3名1位女选手得分贡献率统计结果

年度	名次	团队	女选手	得分	贡献率	说明
2015-1	1	中国	徐梦桃	92.00	28.30%	除了澳大利亚队上场
	2	俄罗斯	K.Veronika	86.31	26.75%	1男+2女外，其他各
	3	白俄罗斯	H.Hanna	83.47	26.92%	队均为2男+1女。此
2015-2	1	中国	沈晓雪	72.76	22.03%	表澳大利亚队取其2
	2	白俄罗斯	H.Hanna	81.27	25.39%	名女选手中得分多者
	3	俄罗斯	K.Veronika	64.57	21.86%	数据进行统计

（续表）

年度	名次	团队	女选手	得分	贡献率	说明
2016	1	中国	孔凡钰	83.60	25.36%	除了澳大利亚
	2	白俄罗斯	R.Aliaksandra	84.42	28.02%	队上场1男+2女
	3	俄罗斯	O.Alexandra	86.62	28.90%	外，其他各队均
2017	1	俄罗斯	O.Alexandra	74.34	29.06%	为2男+1女。此
	2	加拿大	L.Catrine	69.60	28.53%	表澳大利亚队取
	3	澳大利亚	S.Danielle	90.94	39.73%	其2名女选手中
2018	1	中国	徐梦桃	87.57	29.09%	得分多者数据进
	2	澳大利亚	W.Sanmantha	91.65	31.69%	行统计
	3	俄罗斯	N.Liubov	77.80	26.93%	
2019-1	1	瑞士	B.Carol	73.71	24.32%	
	2	中国	徐梦桃	77.19	25.91%	
	3	俄罗斯	N.Liubov	85.68	28.87%	
2019-2	1	中国[1]	徐梦桃	90.09	30.12%	
2020	1	俄罗斯	N.Liubov	65.56	20.70%	
	3	中国	徐梦桃	96.67	33.69%	
均值					27.72%	

（二）历年团体赛前3名动作难度统计分析

空中技巧选手每跳动作最后得分等于裁判员评出的合计有效分与相应参赛动作难度系数之积，因此，除了完成动作质量外，讨论混合团体比赛制胜规律还离不开动作难度。

经计算已知，6个赛季共8次混合团体赛各队选手参赛动作难度均值前6名依次是：①中国（4.07）；②瑞士（4.03）；③白俄罗斯（3.97）；④俄罗斯（3.96）；⑤加拿大（3.91）；⑥澳大利亚（3.78）。由表6-3可见，女选手动作难度明显低于男选手，最高难度是中国队孔凡钰和徐梦桃的bLFF（2019赛季之前难度为3.80，现增值为4.028[1]），仅此2次；使用较多的是3.15的bFF（13

---

[1] FIS.Aerial Jump Code and Degree of Difficulty Chart [EB/OL]. https://res.cloudinary.com/fis-production/image/upload/v1540908679/fis-prod/Aerial_Jump_Code_and_Degree_of_Difficulty_Chart.pdf.

次）和3.525的bFdF或bdFF（7次），还出现1次2.90的bLF。而男选手参赛动作使用次数最多的是4.425的bFdFF和4.525的bdFFF或bFFdF，这两种难度动作共出现33次，占所有男子动作的82%。若想在此基础上再加大参赛动作难度，就要拿出4.65的bLtFF、4.90的bdFFF（bFFdF），甚至5.00的bdFFdF等更高难度动作的动作，显然这不是轻而易举的。在加难参赛动作难度的可行性上，反观女选手的情况则不然：只要团队里有三周女选手，使用4.028的bLFF、4.293的bFFF甚至4.425的bLdFF都是可能的，倘若如此，则可大幅度提升团体总分，从这一角度讲，1名三周女选手也可能成为混合团体制胜的决定性角色。

表6-3　历年团体赛前3名动作难度统计表

年度	名次	团队	选手1	选手2	选手3	均值
2015–1	1	中国	4.050	3.525	4.525	4.03
	2	俄罗斯	3.150	4.425	4.425	4.00
	3	白俄罗斯	3.150	4.425	4.425	4.00
2015–2	1	中国	3.150	4.525	4.525	4.06
	2	白俄罗斯	3.150	4.175	4.425	3.91
	3	俄罗斯	3.150	4.525	4.525	4.06
2016	1	中国	3.800	4.525	4.425	4.21
	2	白俄罗斯	3.150	4.425	4.425	4.00
	3	俄罗斯	3.150	4.425	4.050	3.87
2017	1	俄罗斯	3.150	3.525	4.425	3.70
	2	加拿大	2.90	4.425	4.425	3.91
	3	澳大利亚	3.525	3.525	4.175	3.74
2018	1	中国	3.150	4.525	4.425	4.03
	2	澳大利亚	3.525	3.525	4.425	3.82
	3	俄罗斯	3.150	4.425	4.425	4.00
2019–1	1	瑞士	3.150	4.425	4.525	4.03
	2	中国	3.525	4.425	4.525	4.15
	3	俄罗斯	3.150	4.425	4.425	4.00
2019–2	1	中国[1]	3.150	4.050	4.050	3.75
2020	1	俄罗斯	3.525	4.425	4.525	4.15
	3	中国[1]	4.028	4.525	4.425	4.32

（三）历年团体赛组队情况与出场顺序简析

2010赛季空中技巧世界杯首次举行的混合团体赛是每队4人，男、女混搭，即2男+2女，4人得分之和为团体总分，队内男、女选手的出发顺序尚无规律可言，不但每个国家允许参赛多队，还可以在不同国家间联合组队。从2011赛季开始其赛制不断完善：规定每队3人，男、女混搭，即1男+1女+1男（女），3人得分之和为团体总分；赛程经3轮递进赛出结果，即产生8强的预赛→8进4的半决赛→4强争夺奖牌的决赛；出发顺序在自定队内1号、2号、3号排序的基础上，按各队所有1号→所有2号→所有3号的一对一阵势出场角逐，此种安排可吊人胃口，引人入胜，高潮迭起，悬念不断，既有利于项目宣传，也有利于商业运作[1]。

历年混合团体赛各国基本上都是采取"2男+1女"搭配参赛，因为男选手动作难度有优势；唯有澳大利亚是"1男+2女"，实属无奈之举。在参赛选手出场顺序上也很有特点：自2015赛季以来，除了2015赛季空中技巧世界杯第一站混合团体冠军中国一队女选手徐梦桃为2号选手外，其余比赛女选手都是率先出场，而3号选手皆为男选手。

二、北京冬奥会混合团体赛前瞻

回顾历年混合团体比赛的历史，是为了在此基础上有根有据地前瞻2022年北京冬奥会空中技巧混合团体比赛赛制和中外团队实力格局。

（一）团体赛赛制

1. 每队人数

最大可能还是保持每队3人，因为2人不像团体，4人有的国家难以达成，3人则是最佳选择。冬奥会不同于世界杯，看来每个国家只能限报1个队，因为世界杯旨在推动项目发展，冬奥会务必确保机会均等。每队除3名上场比赛的正

---

[1] 解龙，戈炳珠. 冬奥会新增空中技巧混合团体赛引发的思考[J]. 中国科协学报，2018（11）：87-88.

式队员外，还允许报名1位替补队员（男、女不限）[1]。2019年世锦赛空中技巧混合团体赛看，在8支参赛队伍中，除了加拿大、哈萨克斯坦、澳大利亚3国未报替补队员外，其他5国均有报名；除了美国替补队员是女选手外，其他4国均为男选手；从混合团体赛的特点来看，准备替补队员是必要的，有时还真能派上大用场，例如本次比赛白俄罗斯队男选手K.Anton原本是替补队员，但替补M.Dzmitri上场比赛后，竟在2轮决赛中都拿下了本队的最高分[2]。

2. 性别搭配

国际奥委会宣布2022年北京冬奥会将新增空中技巧混合团体比赛不久，即有人预测将是"2男+1女"，但这样会严重影响具有优良传统的澳大利亚组队参赛，所以还是"1男+1女+1男（女）"性别搭配模式更周全些。

3. 团体总分

与世界杯、世锦赛相同。

4. 比赛程序

冬奥会第一轮预赛亦为混合团体比赛的资格赛，按团体赛报名单取团体前8名，然后参加8进4的半决赛→4强争夺奖牌的决赛。

5. 出发顺序

与世界杯、世锦赛相同。但冬奥会混合团体赛本队3人出发顺序的战术安排究竟如何确定，是否延续以往世界杯、世锦赛模式，尚需深入研究。

6. 动作重复

世界杯混合团体参赛动作可重复的新规具有两重性。也就是说，一方面它可以为选手"自由"参赛大开绿灯，但另一方面也易滋生动作单调的弊端。因此本节认为，此新规在团体赛推行之初尚可试行，但作为世界顶级赛事的冬奥会似应回归"不同动作"传统。

---

[1] Fis.the international freestyle skiing competition rules（ICR）2018［EB/OL］. https: //res.cloudinary.com/fis-production/image/upload/v1542730293/fis-prod/FS_FI.

[2] Fis freestyle ski world championships 2019 final results aet Team Aerials［EB/OL］. http: //medias1.fis-ski.com/pdf/2019/FS/8809/2019FS8809RLF.Pdf.

（二）中外团队实力格局

如前所述，在以往的10次混合团体比赛中，我队已获7次第1名，也曾3次有所闪失而金牌旁落，概括来说似乎也可以说是"三七开"。这"七"是源于空中技巧项目中国男队和中国女队都是世界一流水平，也是"混合团体比赛对我们非常有利"的具体量化表述；这"三"则揭示了客观存在的我队赢得混合团体赛的不确定性，警示我们绝不可盲目乐观。

一般来说，在空中技巧个人赛中，如果没有足够的动作难度实力则难夺金牌；而在其混合团体赛中，不同特点的队员在动作难度方面可以实现互补。只要我们能继续加强，团体夺金的可能性比个人夺金的可能性更大[1]。虽说如此，我们也不能掉以轻心，弄不好，团体赛也是可以"出现意外"的——2017赛季北京站世界杯混合团体赛，尽管我国派出徐梦桃、齐广璞、王心迪3名主力却全军覆没，结果只获得第6名的意外成绩[2]；在2019年自由式滑雪世锦赛空中技巧混合团体赛中，由于孙佳旭bFdFF着陆失败而输给瑞士屈居亚军；更令人意外的是，2020赛季世界杯第2次混合团体赛我国一队派出最强阵容——女选手徐梦桃、男选手齐广璞与贾宗洋，在争金决赛中徐梦桃以三周动作bLFF获得96.67分的大好形势下，谁知齐广璞、贾宗洋的拿手三周动作bdFFF、bFdFF着陆竟然接连翻车，致使3人团体仅获第3名。

前文已经提及，目前中国、白俄罗斯、瑞士、俄罗斯是空中技巧混合团体"世界四强"，除了前面团体总分和动作难度两个指标的比较外，若论比赛名次，数我队7次夺冠最为突出，随后是俄罗斯队2次夺冠和瑞士队1次夺冠。此外我们还要清醒地认识到，除了中国、白俄罗斯、瑞士、俄罗斯四强外，美国队也是不可小觑的潜在强队。这个队以往不太重视混合团体比赛，尤其是拥有4.028的bLFF、4.293的bFFF、4.425的bLdFF乃至4.69的bFdFF这些"重武器"的女选手C.Ashley，她很少参加世界杯混合团体比赛，但冬奥会则不然，有金牌可拿谁会放弃呢？更何况美国队向来不缺拥有4.425、4.525可观难度的男选手，再加上女"重炮手"C.Ashley，那将是一支令人生畏的混合团体队伍。从这种

---

[1] 新浪体育. 前冬运中心副主任：冬奥新增小项对中国非常有利［EB/OL］. http://sports.sina.com.cn/others/winter/2018-07-19/doc-ihfnsvza9299361.shtml.

[2] Fis.fis freestyle ski world cup 2017 final results Team Aerials［EB/OL］. http://medias1.fis-ski.com/pdf/2017/FS/8248/2017FS8248RLF.pdf.

角度来看，如今我们备战北京冬奥会空中技巧混合团体赛，与其说"世界四强"，毋宁说"世界五强"。

具体到中外混合团体强队的实力格局，各队男选手主要参赛动作将是4.425的bFdFF与4.525的bdFFF，比的是看谁稳定性更强，谁的动作质量更高；当然有人还有4.65～5.00难度的储备，但无论我国男选手还是外国男选手，都不会在团体赛中轻易冒险。各队女选手主要参赛动作多半是3.15的bFF与3.525的bdFF或bFdF，我国女选手徐梦桃具有优势；但如果美国的C.Ashley、白俄罗斯的T.Alla、H.Hanna、R.Aliaksandra以及俄罗斯的O.Alexandra等拼4.028以上难度的三周动作并且成功，则会对我队构成极大威胁。虽说我队"团体夺金的可能性比个人夺金的可能性更大"，但要清醒地看到，我们1个团队要对阵外国4个强队争夺1枚团体金牌，后者只要有1队零失误（大概率事件），就不容我队有任何闪失，其心理压力比个人赛还大，可见届时夺金形势亦不容乐观。

本节小结

目前中国、白俄罗斯、俄罗斯、美国、瑞士是空中技巧混合团体"世界五强"，但我队实力相对于外国四强具有一定优势。一般情况下，1名女选手成绩对团体总分的贡献率平均不足30%，而2名男选手成绩对团体总分的贡献率达70%以上，但男、女选手在混合团体比赛中谁起着决定性作用，应辩证地看待这个问题。在团体赛中，男选手在4.425与4.525难度的基础上再加大参赛动作难度不是轻而易举的事，而三周女选手使用高难动作的可行性较大，倘若成功可大幅度提升团体总分而获更好成绩，从这一角度讲，1名三周女选手也可能成为混合团体制胜的决定性角色，目前我队徐梦桃正是这样的角色。以往世界杯、世锦赛空中技巧团体赛基本都是女选手率先出场男选手殿后，但北京冬奥会团体赛本队3人出发顺序的战术安排究竟如何确定，尚需深入研究。北京冬奥会空中技巧团体赛强队男选手主要参赛动作将是4.425的bFdFF与4.525的bdFFF或bFFdF，比的是看谁稳定性更强，谁的动作质量更高；当然有人还有4.65～5.00更高难度的储备，但无论我国选手还是外国选手都不会在团体赛中轻易冒险。北京冬奥会空中技巧团体赛强队女选手主要参赛动作将多半是3.15的bFF与3.525的bdFF或bFdF，我国选手徐梦桃具有明显优势；但如果美国、白俄罗斯、俄罗斯等队女选手拼高难度三周动作并且成功，则会对我队构成极大威胁。在北京冬奥会空中技巧团体赛中，我们1个团队要对阵外国4个强队争夺1枚团体金牌，后者只要有1个队零失误（大概率事件），就不容我队有任何闪失，其心理压力比个人赛还大，可见届时我队夺金形势不容乐观。

第二节　推行双轨制新版动作难度表

2018年8月20日，国际雪联官方网站颁布了新版自由式滑雪国际规则4005条的Aerial Jump Code and Degree of Difficulty Chart，即新版空中技巧动作难度表（图6-1）[1]，自2019赛制开始生效。与以往的旧难度表比较，这个新版难度表令我们耳目一新。由于开始实行男子动作难度与女子动作难度分别计算的双轨制，尤其是所有女子三周动作难度明显增值，这一变革将给世界女子空中技巧运动的发展带来深刻变化。这是空中技巧发展史的一个重要事件。

Jump Description	Jump Code	DD Men	DD Women
Back Lay	bL	2.050	2.050
Back Full	bF	2.300	2.300
Back Lay–Tuck	bLT	2.600	2.600
Back Lay-Lay	bLL	2.650	2.650
Back Full-Tuck	bFT	2.850	2.850
Back Lay-Full	bLF	2.900	2.900
Back Full-Full	bFF	3.150	3.150
Back Lay-Tuck-Tuck	bLTT	3.200	3.392
Back Double Full-Tuck	bdFT	3.225	3.225
Back Lay-Double Full	bLdF	3.275	3.275
Back Lay-Full-Tuck	bLFT	3.500	3.710
Back Lay-Pike-Full	bLPF	3.500	3.710
Back Lay-Tuck-Full	bLTF	3.500	3.710
Back Double Full-Full	bdFF	3.525	3.525
Back Full-Double Full	bFdF	3.525	3.525
Back Full-Tuck-Full	bFTF	3.750	3.975
Back Lay-Full-Full	bLFF	3.800	4.028
Back Double Full-Double Full	bdFdF	3.900	3.900
Back Full-Full-Full	bFFF	4.050	4.293
Back Lay-Double Full-Full	bLdFF	4.175	4.425
Back Lay-Full-Double Full	bLFdF	4.275	4.531
Back Full-Double Full-Full	bFdFF	4.425	4.690
Back Double Full-Full-Full	bdFFF	4.525	4.796
Back Full-Full-Double Full	bFFdF	4.525	4.796
Back Lay-Triple Full-Full	bLtFF	4.650	4.929
Back Full-Triple Full-Full	bFtFF	4.900	5.194
Back Full-double Full-Double Full	bFdFdF	4.900	5.194
Back Double Full-Full-Double Full	bdFFdF	5.000	5.300
Back Double Full-Double Full-Full	bdFdFF	4.900	5.194

图6-1　国际规则2018新版空中技巧动作难度表截图

---

[1] FIS.Aerial Jump Code and Degree of Difficulty Chart [EB/OL]. https://res.cloudinary.com/fis-production/image/upload/v1540908679/fis-prod/Aerial_Jump_Code_and_Degree_of_Difficulty_Chart.pdf.

一、难度表修订的历史回顾

自由式滑雪国际规则裁判手册空中技巧动作难度表,既是运动员训练与参赛的指南,也是裁判员临场评判与计算最后得分的重要依据。自1994年空中技巧成为冬奥会正式比赛项目以来,随着该项运动的不断发展其动作难度表已有4个版本,至2018年8月先后经历了3次修订。

(一)一版:难度计算法则基础

该项动作难度系数依据动作结构的诸元素分别赋值,然后合成完整动作难度系数。表6-4是后空翻动作难度系数初始计算法则,执行至2005赛季[1]。

表6-4 后空翻难度系数初始计算法则(至2005赛季)

计算项目	难度值
①一周的基础难度	2.0
②第二周	0.55
③第三周	0.60
④每周直体	0.05
⑤一圈转体	0.25
⑥半圈转体	0.125
⑦在同一周空翻中超过一圈以上的每半圈转体	0.125+0.075
⑧若第一周是超一圈的非完整转体空翻,如Ru或Ra,则最后的半圈转体无难度增值(0.075)	Ru=0.25+0.125=0.375 Ra=0.25+0.125+0.075+ 0.125+0.075+0.125=0.775
⑨首周半圈转体身体姿势不限,可用半团身转体半圈(H),而末周半圈转体只能是直体转体半圈(HI)。如果首周的转体申报为HI,则按直体转体半圈计算难度值	H=0.125 HI=0.125+0.05=0.175

---

[1] 戈炳珠.空中技巧动作难度系数计数法则的研究[C].空中技巧文丛:第10卷.沈阳:沈阳体育学院戈炳珠研究室,2012-2013:14.

（二）二版：难度表第一次修订

国际雪联于2005年10月颁布（自2006赛季生效）的自由式滑雪国际规则对空中技巧后空翻动作难度系数计算法则做出了第一次修订。其主要内容是：以转体1圈以后的第2个1/2圈原来的0.075额外增值为基准，对稍容易的第1个1/2圈减去0.025的额外增值（0.075-0.025=0.05），对其后逐渐加难的各1/2圈递增0.025（从第3个1/2圈开始）。从这次修改可以看出，规则制订者对转体圈数的难易程度加深了认识，认识到转体1圈以后每增加1/2圈其转体难度也随之增加。这次修订的导向意图是：在空中技巧动作的每周空翻中转体圈数越多难度增值越多，鼓励运动员在纵轴转体上不断加难[1]。

（三）三版：难度表第二次修订

空中技巧后空翻动作难度系数计算法则于2007年11月再次进行了修订（自2008赛季生效）。这次修订还是围绕纵轴转体，对三周空翻的首、末周超过1圈以上的多圈转体再予以增值，体现了规则制定者对三周空翻动作首周和末周多圈转体难度价值的再认识，可以说如此修订也是"物有所值"[2]。后空翻动作难度系数计算法则经2007年第二次修订之后一直沿用至2018赛季结束。

（四）四版：难度表第三次修订

以往难度表均载于国际规则裁判手册之中，而且还要占用3～4个版面，这次新版难度表只有单独存在的1张表，其修订思路与以往截然不同，现结合截图于图6-1的英文版2018新版空中技巧动作难度表来阐述其特点。通过对其来龙去脉做一简要历史回顾，有助于我们正确认知2018年的新版动作难度表。

---

[1] 戈炳珠.空中技巧新论［M］.沈阳：辽宁人民出版社，2016.
[2] 戈炳珠.空中技巧动作难度系数计数法则的研究［C］.空中技巧文丛：第10卷.沈阳：沈阳体育学院戈炳珠研究室，2012-2013：17.

二、新版难度表的特点

（一）男、女动作难度双轨制

以往前3版空中技巧动作难度皆为单轨制，即每个动作只有1个难度系数，男、女共用。例如bFdFF的难度系数，男、女都是4.425，这对于男选手来说只是第二档次难度，但对于女选手却已是高难甚至超高难的第一档次难度了。如今新版难度表的动作难度由统一对待的单轨制改为分别计算的双轨制，即在难度表上分别表示出了男子难度"DD Men"和女子难度"DD Women"，所有三周动作难度男、女有所不同。这一特点使动作难度表的表现形式与以往有明显变化。

（二）只有29个后空翻动作

以2008版中译本《自由式滑雪竞赛总则与裁判手册》为例，其6006.2款的难度表有向前、向侧、向后3个方向的空翻总共94个动作，即便是后空翻也多达72个动作。其中有相当一部分动作仅具有名义而无人完成。之所以会如此，其原因主要有两个：一是动作难度过大，尚无人胜任，如btFFF这类动作；二是动作别扭且价值不大而无人问津，如bTdF、bHTH等。

笔者在2013年论述过"尽管国际规则空中技巧动作难度表中有22个向前和向侧的空翻，但实际上是难以有效完成的"和"非完整转体动作难成气候"[1]，而5年后新版空中技巧动作难度表则把向前、向侧空翻彻底排除，并且在向后空翻动作中又删掉诸多"名义动作"和所有非完整转体动作，最终只保留了29个向后空翻动作。可以说，这是迄今为止最精简、最实用的一版空中技巧动作难度表。但2019赛季世界杯、世锦赛成绩单乃至2020赛季世界杯成绩单下方的动作代号注释（Explanation of Jump Codes）中，仍然有向前、向侧空翻和非完整转体空翻有关代号的注释，如：*f*=Front，*s*=Side，*H*=Half（1/2 twist），*Hl*=Half twist in layout position，*Ru*=Rudy（1 1/2 twist），*Ra*=Randy（2 1/2 twists），显得与新版难度表不甚协调。

---

[1] 周冉，戈炳珠.关于空中技巧动作基本理论若干问题的研究[J].中国体育教育学报，2013（3）：155-158.

笔者经多年追踪调查得出，该项高水平男运动员在其运动生涯中要掌握大约20个后空翻动作，女运动员要掌握约18个后空翻动作；7届冬奥会女子比赛共使用了23个不同的后空翻动作，男子比赛则出现了22个不同的后空翻动作。由此看来，新版难度表的29个后空翻动作基本够用。但笔者认为，其最难的一个三周动作5.00（男）/5.30（女）的bdFFdF并非空中技巧动作体系的难度极限，相信将来该项运动员会在此基础上再突破至5.125（男）/5.432（女）的超高难动作bdFtFF（bFtFdF）或5.375（男）/5.697（女）的bdFdFdF[1]。还要指出，图6-1的英文版新版动作难度表最后两个动作5.00（男）/5.30（女）的bdFFdF与4.90（男）/5.194（女）的bdFdFF其排列顺序应颠倒过来，因为前者动作难度大于后者，正是基于如此原因本节在下面表6-5对此做了相应调整。

（三）女子三周动作难度增值

新版难度表男子所有动作难度均无变化，女子一周和两周动作难度也无变化，而其17个三周动作均增加了动作难度，其详情见表6-5。

表6-5 女子三周动作难度增值情况

序号	动作	DD1	DD2	难度增值	增值比例	模拟加分	备注
1	bLTT	3.200	3.392	0.192	6%	4.800	①DD1为原难度；
2	bLTF	3.500	3.710	0.210	6%	5.250	②DD2为现难度；
3	bLPF	3.500	3.710	0.210	6%	5.250	③模拟加分设定
4	bLFT	3.500	3.710	0.210	6%	5.250	条件：着陆成
5	bFTF	3.750	3.975	0.225	6%	5.625	功，动作质量合
6	bLFF	3.800	4.028	0.228	6%	5.700	计有效分为25分
7	bFFF	4.050	4.293	0.243	6%	6.075	
8	bLdFF	4.175	4.425	0.250	6%	6.250	
9	bLFdF	4.275	4.531	0.256	6%	6.400	
10	bFdFF	4.425	4.690	0.265	6%	6.625	
11	bdFFF	4.525	4.796	0.271	6%	6.775	

---

[1] 戈炳珠.自由式滑雪空中技巧动作体系研究［C］.空中技巧文丛：第10卷.沈阳：沈阳体育学院戈炳珠研究室，2012-2013：22-34.

(续表)

序号	动作	DD1	DD2	难度增值	增值比例	模拟加分	备注
12	bFFdF	4.525	4.796	0.271	6%	6.775	①DD1为原难度;
13	bLtFF	4.650	4.929	0.279	6%	6.975	②DD2为现难度;
14	bFtFF	4.900	5.194	0.294	6%	7.350	③模拟加分设定
15	bdFdFF	4.900	5.194	0.294	6%	7.350	条件：着陆成
16	bFdFdF	4.900	5.194	0.294	6%	7.350	功，动作质量合
17	bdFFdF	5.000	5.300	0.300	6%	7.500	计有效分为25分

表6-5的女子三周动作依其难度由低至高排列，除难度增值比例之外，其余DD1、DD2、难度增值及模拟加分数据均取小数点后3位。表中DD1为此前动作难度表的原难度，DD2为新版难度表的现难度，难度增值是DD2与DD1之差，增值比例是难度增值除以DD1所得的百分比。乍一看DD2的数据有些令人费解：为何许多动作难度系数会计算到千分位呢？这里有何规律可循呢？凭借多年经验并经一番计算发现，这里还真有一定的规律：尽管各个动作难度增值不尽相同，但其增值比例却均为6%（有些动作增值比例恰好是6%，如1号动作bLTT、2号动作bLTF等，还有些动作增值比例经四舍五入到千分位也是6%，如8号动作bLdFF、9号动作bLFdF等的增值比例均由0.05988……经四舍五入到千分位而达成6%，与精确增值比例6%的差值仅在千分之一以内）。至于表中的模拟加分，是表示假设选手着陆成功并且其动作质量合计有效分为25分的情况下（满分30分），这6%的难度增值会使参赛动作最后得分比原来最后得分所能增加的分数。由表6-5可见，虽然新版难度表女子三周动作难度增值比例一律是6%，但其参赛动作难度越大，难度增值越大，其模拟加分也越多，若暂不考虑女子空中技巧尚未出现的后7个超高难动作，仅其前10个现有三周动作平均模拟加分已达6.18分，这对女子两周选手来说是个相当严峻的局面。由此看来，在上述新版难度表的3个特点中，第3点"只有女子三周动作难度增值"才是其导向的核心。

三、新版难度表的导向意图

（一）女子动作难度的特点

1. 两周动作的局限性

由上述表6-4可知，空中技巧动作结构（横轴翻转周数与周次、纵轴转体圈数、身体姿势等）越复杂，其难度系数就越大，二者具有非连续性函数关系。从3.525的bdFF（bFdF）至3.90的bdFdF，在二者之间有0.375的颇大难度空间没有有价值的两周难度动作可选，而3.90的bdFdF技术过于复杂，欲在2周翻转的有限时空条件中顺利转体4圈可谓稍纵即逝，至今在中外两周女选手中只有我国选手李妮娜能完成。显然，在世界大赛中，可供女选手选择的两周动作具有一定的局限性。

2. 三周动作的优越性

在历届冬奥会女子空中技巧大赛两周选手与三周选手的较量中，三周选手具有明显优势，除了第19届冬奥会女子冠军C.Alisa以两周动作bdFF+bFdF夺金之外，其余6届冬奥会冠军都是三周选手。何以至此？这主要源于三周动作比两周动作有两大优势：其难度系数优势主要在于其第三周增值0.6，其动作选择优势主要在于更充裕的时空条件可完成更多更难的动作。例如，同样具有6周（圈）旋转量的三周动作bLdFF（3周+3圈）与两周动作bdFdF（2周+4圈），在旧版难度表时期前者比后者难度系数多0.275，在新版难度表时期前者比后者多0.525；再如，在新版难度表中，现实已有10个颇有价值的三周动作可供选择，其难度为3.392～4.69，其中bFTF、bLFF、bFFF、bLdFF、bFdFF这5个冬奥会常见动作难度（3.975～4.69）之于两周动作难度具有压倒之势。由此可见，相对于两周动作来说，三周动作更具有使用价值和广阔前景。

（二）女子两周选手的困境

如今女子三周动作难度普遍增值6%，致使女子两周选手陷入了困境。对于参加冬奥会决赛的女子两周选手来说，若用3.15的bFF，无疑"已经输在起跑线上"；再用同为3.525的bFdF或bdFF，又与3.975以上的诸多三周动作有很大难度差距，若后者不失败根本无胜算；若想练就3.90的bdFdF与4.00的bFtF，不但其难度仍略逊一筹，而且其技术极其复杂又难以掌握。此外两周选手的参赛动作再无可选余地。

近几年来，在女子空中技巧世界大赛中，已经显现了参赛动作单调雷同的不良现象。在2014年索契冬奥会，有近七成女选手（15名）总共跳出17跳次低难度的bFF与10跳次更低难度的bLF，不但显得单调、雷同，而且与冬奥会大赛的顶级层次也不甚相称。更有甚者，在2015赛季世界杯第1站19人参加的预赛中，有15人同跳bFF，占总人数的79%；而在随后12人参加的第1轮决赛中，竟有10人同跳bFF，占总人数的83%。到了2019赛季世界杯第1站第二轮决赛依然如此，除了徐梦桃的bdFF之外，其余5名选手都跳难度仅有2.90的bLF，同样占总人数的83%[1]。此情此景一方面反映出女子两周选手选择参赛动作的困境，而另一方面也应看到，若长此以往观众就会产生视觉疲劳而导致索然无味，这就是整个空中技巧项目的危机了。

（三）同类新兴项目的挑战

自由式滑雪U型场地技巧、坡面障碍技巧、大跳台等新项目和单板滑雪U型场地技巧、坡面障碍技巧、大跳台等新项目，与自由式滑雪空中技巧同属于技能主导类难美项群的滑雪项目。在这些同类新项目尚未面世之前，人们还感觉不到空中技巧比赛动作有什么单调、雷同的现象，然而这些表演跌宕起伏、动作千变万化的新项目面世之后就不尽然了。有引人入胜的上述同类新兴项目做对照，当观众再看到单调、雷同的空中技巧比赛动作时，就会产生视觉疲劳而导致索然无味，倘若长此以往，这将不利于空中技巧项目的可持续发展。

那么空中技巧动作为何会如此单调？本节以为，其根源在于规则。面对如此局面，2018年上半年笔者曾撰写《刍议空中技巧比赛动作单调之虞》一文，并在其第5条结论中明确提出："欲改变比赛动作单调的被动局面，其根本出路则是修订竞赛规则和裁判手册[2]。"果然，几个月后国际雪联推出了令人耳目一新的新版空中技巧动作难度表。

（四）导向意图与效应前瞻

如前文所述，2018年新版双轨制动作难度表有3个特点，其中"只有女子三周动作难度增值"乃是导向的核心。其导向意图是，要让教练员和运动员明白，如今在女子空中技巧世界大赛中三周台是主战场，在三周动作难度普遍增值6%的情况下，两周动作已难以与三周动作抗衡，两周选手只有义无反顾地走上三周台才更有出路。

---

[1] Fis.fis freestyle ski world cup 2019 results-final 2 Ladies' Aerials [EB/OL]. http://medias4.fis-ski.com/pdf/2019/FS/8317/2019FS8317RLF2.pdf.

[2] 戈炳珠.刍议空中技巧比赛动作单调之虞[C].空中技巧文丛：第12卷.沈阳：沈阳体育学院戈炳珠研究室，2018：35-39.

第六章 空中技巧项目新态势

在新版难度表的刺激与引导之下,世界女子空中技巧尤其是其冬奥争金格局会产生深刻变化:有能力的两周选手会果断地走上三周台,固守陈规的两周选手将被边缘化;三周选手队伍壮大且成为赛场主角,两周选手与三周选手的较量将成为历史,继而变成三周高手的角逐;女子参赛动作难度将普遍增加,比赛场面逐渐由单调雷同转呈多样化。

开始推行新版难度表的2019赛季世界杯第一站并未马上显现女子三周动作的优势,但在半个月后的世锦赛中则开始显现其强劲优势。其中白俄罗斯队年轻选手R.Aliaksandra的bLFF便是其典型范例。由表6-6可见,本赛季R.Aliaksandra在所参加的3次世界大赛中,共完成5跳次bLFF,着陆成功率为60%,最后得分均值为93.84分,在世锦赛与世界杯第2、3站终极决赛中均以三周动作bLFF夺冠,与亚军两周动作分差均值为+14.47分,其中世锦赛终极决赛以+23.30分的绝对优势把使用两周动作的亚军远远甩在后面。笔者以为,在新版难度表的刺激与引导之下,女子三周动作的强势会愈演愈烈。

表6-6 2019赛季R.Aliaksandra参赛动作bLFF战绩

赛别	决赛动作	难度	着陆	得分	名次	与亚军分差	说明
世锦赛个人F1	bLFF	4.028	成功	103.11	1	+11.82	名次②的得分
世锦赛个人F2	bLFF	4.028	成功	113.18	1	+23.30	为世锦赛团体决赛女选手中的次高分
世锦赛团体F2	bLFF	4.028	失败	81.36	②		
世界杯第2站F2	bLFF	4.028	成功	105.93	1	+8.29	
世界杯第3站Q	bLFF	4.028	失败	65.65	19		
平均				93.84		+14.47	

注:本赛季世界杯最后两站(第4、5站)比赛R.Aliaksandra未参加。

继2019赛季白俄罗斯女选手R.Aliaksandra一鸣惊人之后,2020赛季空中技巧世界杯又有了新动向——原来惯用两周动作的澳大利亚女选手P.Laura在其第1站、第2站开始采用三周动作bLTF和bFTF参赛,而40岁的白俄罗斯老将T.Alla复出后在其第2站就拿出了三周动作bLTF,详情见表6-7。由该表可见,今年31岁的P.Lura目前至少掌握并使用了2个三周动作bLTF和bFTF,而且在本赛季前两站已取得了可观的成绩;时年39岁的T.Alla自2018年平昌冬奥会获得第4名之后,在2019赛季根本没有露面,正当人们以为这位老将会退役之时,谁知已41岁的她又披挂上阵本赛季世界杯并开始重温其三周动作。继2018赛季风光无限的R.Aliaksandra之后,表6-7 P.Aaura与T.Alla的动向再一次表明,在备战北京冬奥会周期的后半程乃至北京冬奥会大赛中,女子三周动作会更加强势。

表6-7　2020世界杯前两站P.Laura与T.Alla三周动作参赛情况

选手	国家	站别	赛别	动作	难度	最后得分	名次
P.Laura	澳大利亚	1	F1	bLTF	3.71	87.92	3
			F2	bFTF	3.975	86.65	3
		2	F	bLTF	3.71	92.00	4
T.Alla	白俄罗斯	2	F	bLTF	3.71	71.97	4

四、应对策略概要

（一）观念更新

我们首先要认真学习深刻理解新版难度表的导向意图，女队教练员与运动员要解放思想，勇于捅破两周与三周动作之间的这层"窗户纸"，摒弃保守，锐意突破，确保在这次变革中抢占先机。

（二）选材对路

本项目女队员的选材标准须做相应调整，要明确其终极培训目标将是三周选手，而不是两周选手。

（三）训练创新

针对三周动作的特点，女子训练要在规划、内容、方法、手段等方面推陈出新，三周动作加难要有科学规划。其规划可循序分为3个层次：①基础难度动作bLTT、bLTF、bLFT；②基本难度动作bFTF、bLFF、bFFF；③高级难度动作——bLdFF、bLFdF、bFdFF。

（四）安全保障

女选手勇上三周台一定要循序渐进，切记"勇上"并不等于"蛮干"。在此进程中一定要把安全保障放在第一位，这需要教练员、运动员、管理人员、科研人员、医务人员、后勤人员等全方位的协同配合。尤其是水池专项训练、陆地专项辅助训练和诱导练习具有重要作用。

本节小结

与旧版难度表比较，新版难度表有3个特点：一是区别对待——男、女动作难度实行双轨制，二是精简实用——全表只有29个向后空翻动作，三是导向明确——只有女子三周动作难度增值。女子三周动作增值的规律是：动作难度越大，难度增值越大，尽管各个动作难度增值不尽相同，但其增值比例却均为6%。新版难度表只有女子三周动作难度增值是其导向的核心。其导向意图是，在其三周动作难度普遍增值6%的情况下，两周选手只有走上三周台才更有出路。推行双轨制难度表是空中技巧发展史的一个重要事件。在其刺激与引导之下，世界女子空中技巧项目尤其是其冬奥争金格局会产生深刻变化：女子三周动作的强势会愈演愈烈，三周选手队伍不断壮大并成为赛场主角，两周选手与三周选手的较量将成为历史，继而变成三周高手的角逐。我们应从观念更新、选材对路、训练创新、保障安全等方面考虑拿出应对新版难度表的有效对策。

第三节　2019新赛制又有突破性变化

空中技巧项目自1994年正式进入冬奥会以来，其"两跳预赛两跳决赛"的传统赛制在世界杯、世锦赛及冬奥会空中技巧比赛中一直稳定地沿用至2012赛季。从2013赛季开始，首先在2013年1月5日举行的空中技巧世界杯首站比赛中开始推陈出新——以"一跳淘汰逐轮递进"的新赛制取代了上述的传统赛制；随后于2013年3月6至7日举行的2013年世锦赛，跟进执行这个新赛制；一年之后，2014年2月在俄罗斯索契举行的第22届冬奥会空中技巧比赛，也执行了这个新赛制，至此，"一跳淘汰逐轮递进"的2013新赛制已在空中技巧世界杯、世锦赛及冬奥会的世界三大赛中全面推行。此后2013新赛制在世界杯、世锦赛中虽在比赛日期、预赛排名及决赛程式等方面有所微调，但并无质的变化。但时隔6年之后，此新赛制到了2019年又有突破性变化。为了便于区分2013年启动的新赛制和2019年又有突破性变化的新赛制，我们权且把前者称为"2013新赛制"，而把后者称为"2019新赛制"。

2019年2月5日至7日在美国盐湖城DEER VALLEY举行的自由式滑雪世锦赛空中技巧比赛落幕后,笔者下载其成绩单时发现,"三次淘汰一锤定音"的2013新赛制的变化并非微调,而是具有质的变化,甚至可以说如今的2019新赛制已经突破了6年前的2013新赛制。业内人士周知,世锦赛赛制变化与随后的冬奥会赛制调整密切相关。因此,及时研究并应对2019新赛制的新情况,对备战北京冬奥会空中技巧大赛具有重要意义。

一、预赛阶段新变化

本届世锦赛第二轮预赛以选手第一轮成绩Q1与第二轮成绩Q2中的最好成绩(Best Score)排出本轮预赛前6名,与首轮预赛前6名一起入围决赛阶段。于是,在第二轮预赛成绩单的表现形式上,比以往增添了Q1的分数和"Best Score"的有效成绩——最后得分。其实,这一变化从2015年世锦赛即已开始,只不过那时的Best Score称为"Phase Score"(阶段分数),而"Best Score"则表明取Q1与Q2两个分数中的最好成绩为预赛阶段的有效成绩,看来如今改为Best Score是恰当的。预赛阶段的这一变化可纾解选手在此阶段的精神压力,尤其是可为优秀选手开创更多的出线机会,这无疑是一个有积极意义的措施[1]。

二、决赛阶段新变化

这届世锦赛女子第一轮决赛成绩单的新名称是"Fis freestyle ski world championships 2019 resuts-final1-run2 Ladies' Aerials",这里的主要变化在于"FINAL1-RUN2",即第一轮决赛12名选手每人跳2跳不同动作,以其中最好成绩排序,前6名选手入围第二轮决赛。此轮成绩单还有一件新鲜事:白俄罗斯女选手R.Aliaksandra第一跳bLFF获103.11的最高分后,居然决定第二跳弃权(在成绩单相应处已注明"DNS"),结果一骑绝尘,仍以103.11分稳获本轮比赛第1名[2],堪称2019新赛制下的一个典型案例,详见图6-2。

---

[1] 戈炳珠.空中技巧新论[M].沈阳:辽宁人民出版社,2016.
[2] Fis.fis freestyle ski world championships 2019 resuts-final1-run2 Ladies' Aerials[EB/OL]. http://medias1.fis-ski.com/pdf/2019/FS/8803/2019FS8803RLF1.pdf.

第六章　空中技巧项目新态势

Rank	Bib	FIS Code	Name	NSA	YB	J1	J2	J3	J4	J5	Score	Jump DD	Run Score	Best Score	Tie
1	12	2528872	RAMANOUSKAYA Aliaksandra	BLR	1996 F2									103.11	
													DNS		Q
					F1: Air:	1.9	1.8	1.8	1.8	2.0	5.5				
					Form:	4.5	4.4	4.1	4.1	4.7	13.0	bLFF			
					LDG:	2.3	2.4	2.4	2.3	2.5	7.1	4.028	103.11		
											25.6				
2	6	2529999	NIKITINA Liubov	RUS	1999 F2	Air:	1.7	1.7	1.7	1.7	1.6	5.1		91.29	
					Form:	4.0	4.4	4.4	4.4	4.3	13.1	bFdF			
					LDG:	2.5	2.6	2.6	2.6	2.5	7.7	3.525	91.29		Q
											25.9				
					F1: Air:	1.8	1.6	1.7	1.7	1.9	5.2				
					Form:	4.6	4.5	4.5	4.5	4.3	13.3	bFF			
					LDG:	2.7	2.6	2.9	2.6	2.7	7.9	3.150	83.16		
											26.4				

图6-2　2019空中技巧世锦赛女子F1成绩单截图

还有一个变化是，决赛阶段由3轮决赛变为2轮决赛，即第二轮决赛成为末轮的争金决赛，其名称也随之变化。这届世锦赛女子争金决赛成绩单的名称是"FIS FREESTYLE SKI WORLD CHAMPIONSHIPS 2019 RESUTS-SUPER FINAL Ladies' Aerials"，其中关键词为"SUPER FINAL"，如果直译是"超级决赛"，笔者觉得译为"终极决赛""第二轮决赛""末轮决赛"均可，但最好译为终极决赛。除了名称之外，本轮赛制与2013赛制的末轮决赛相同。尽管决赛阶段由3轮变为2轮，但除了个别选手弃权首轮决赛1跳次动作外，其余绝大多数选手还是要和以前一样完成3跳次参赛动作。

三、参赛动作新规定

2019世锦赛对参赛动作的规定：①2轮预赛动作不可重复；②首轮决赛的2跳动作也不可重复；③决赛阶段可以重复使用预赛阶段动作；④允许首轮决赛1跳动作弃权；⑤末轮决赛可重复首轮决赛动作。其中前3条与2013新赛制精神一致，后2条则是新规。如此一来，选手参赛动作会产生变化：在2013新赛制下选手比赛全程至少要用3个不同动作比赛4跳次[1]，而在2019新赛制下选手仅用1个动作比赛3跳次也可。如本届世锦赛的R.Aliaksandra，其参赛动作第一轮预赛是bFF（第6名，首轮出线），首轮决赛第一跳是bLFF（第1名，第二跳弃权），终极决赛仍是bLFF并拔得头筹，比赛全程用2个不同动作（bFF、bLFF）

---

[1] 周冉，戈炳珠.冬奥会空中技巧新赛制引发的思考［J］.冰雪运动，2012：（6）28-36.

一共跳了3跳次[1]，倘若首轮预赛使用bLFF出线，则可仅用1个动作bLFF比3跳次即夺冠。

可以说，"允许首轮决赛1跳动作弃权"与"末轮决赛可重复首轮决赛动作"这2条新规是2019世锦赛赛制变化的核心内容。过去在执行2跳预赛2跳决赛的老赛制时，选手有2跳不同的主要参赛动作，即可满足动作难度储备的起码要求；后来执行一跳淘汰逐轮递进的2013新赛制，对于进入终极决赛的选手来说起码要有3个主要参赛动作的难度储备；如今有突破性变化的2019新赛制，选手甚至仅用1个颇有分量的难度动作比赛3跳次即可夺冠。如此变化有利于选手"集约经营"有分量的参赛动作以便取得更好成绩，这会直接影响到今后选手的参赛动作难度规划，同时也为其比赛难度战术的运用提供了更大空间。但如此一来会不会导致参赛动作单调雷同而不利于比赛场面精彩纷呈呢？这要看今后的比赛实践然后再做论断。

四、混合团体新规定

空中技巧世界杯自2010赛季开始增设男、女混合团体赛，2018年国际奥委会又决定2022年北京冬奥会新增该项比赛，于是，2019世锦赛也首次进行了空中技巧混合团体赛。从其成绩单上来看，其赛制基本与以往世界杯相同，但出发顺序表却增添了性别和替补选手的内容。赛制规定每队可有1名排在第4号的替补选手，在该表中用符号"（＊）"注明，在训练中和比赛开始前可替换上场，但比赛开始后选手则不可替换[2]。

本届世锦赛团体决赛前4名的瑞士、中国、俄罗斯、白俄罗斯以及第6名的美国这5个队上场阵容均为1女＋2男，其中除中国、俄罗斯、白俄罗斯、美国为传统强队外，异军突起的瑞士队令人刮目相看，其他几队实力较弱。在上场的女选手中只有白俄罗斯队的R.Aliaksandra使用了三周动作，尽管两轮决赛均着陆失败，但仍获首轮最高分82.36分和末轮次高分81.36分，若不是男队友G.Maxim严重失误，不至于跌出三甲。

---

[1] Fis.fis freestyle ski world championships 2019 event results Ladies' Aerials［EB/OL］. http: //medias1.fis-ski.com/pdf/2019/FS/8803/2019FS8803RLF.pdf.

[2] Fis.the international freestyle skiing competition rules（ICR）2018［EB/OL］. https：//res.cloudinary.com/fis-production/image/upload/v1542730293/fis-prod/FS_FI.

本届世锦赛的团体赛共有8个队报名,悉数参加预赛和首轮决赛以后,前4名团队进入末轮的争金决赛[1]。鉴于本次团体赛报名队伍有限,所以,目前尚不能完全确定届时北京冬奥会空中技巧团体赛的赛程如何安排。

本节小结

2019新赛制的主要变化如下:①末轮预赛以首轮预赛与末轮预赛的最好成绩排出本轮前6名;②决赛阶段由3轮变为2轮,首轮决赛比2跳不同动作以其中最好成绩排序,但允许1跳动作弃权;③末轮决赛可重复首轮决赛动作;④在2013新赛制下比赛全程选手至少要用3个不同动作比4跳次,而在2019新赛制下选手甚至仅用1个动作比3跳次即可。由此可见,本届世锦赛的新赛制在上述几方面的变化已经突破了2013新赛制,这里面有诸多新问题亟需我们去思考和应对。按惯例,世锦赛与冬奥会赛制相同,虽然2021世锦赛的赛制可能会有微调并最终敲定,但及时研究并应对2019年世锦赛的赛制新情况,对备战北京冬奥会空中技巧大赛仍然具有重要意义。

第四节 北京冬奥会竞争对手新格局

在比赛中两军对垒,交手争夺,如同打仗一样,只有知己知彼,才有可能取得胜利。因此,赛前收集和研究主要对手的情况,对制定作战方案、克敌制胜具有举足轻重的意义。这种情报研究的时间性极强,来不得半点拖延,而且,参加比赛的运动队其特点、水平、准备程度和技、战术,每年、每月、每日,甚至每时都在变化。这就需要情报人员追踪观察,及时作出补充和修正。围绕重大比赛而进行的动态性情报分析,在体育情报研究中占有相当大的比重[2]。现在2019赛季与2020赛季都已结束,此时盘点本周期前半程中外男、女参赛选手令人印象深刻的亮点,无疑对我们及时把握时局以利后续备战具有重要意义。

---

[1] Fis.fis freestyle ski world championships 2019 final results aet Team Aerials [EB/OL]. http://medias1.fis-ski.com/pdf/2019/FS/8809/2019FS8809RLF.Pdf.

[2] 张人民. 体育情报研究的特点及其成果评定 [J]. 体操情报, 1987(3): 35.

一、2019赛季重点选手

（一）男选手

1. 重点选手初选结果

本节从每跳得分超过120分选手中初选重点选手。由表6-8可见，有6国共11名选手入选（我国主力选手齐广璞、贾宗洋本赛季未参赛），共有29跳次超过120分，其中28跳次为4.425或4.525的bFdFF或bdFFF动作，表中加粗的分数为125分以上者，加下划线名次为夺金名次。

表6-8　2019赛季空中技巧世界大赛每跳得分超120分选手统计表

选手	国家	动作	难度	得分	赛别	名次
B.Maxim	俄罗斯	bdFFF	4.525	**129.86**	杯赛一站F2	<u>1</u>
		bFdFF	4.425	123.01	杯赛一站Q	1
		bFdFF	4.425	124.78	杯赛二站Q	3
		bFdFF	4.425	**130.09**	世锦赛F2	<u>1</u>
		bFdFF	4.425	**126.99**	杯赛三站F1	1
		bdFFF	4.525	120.36	杯赛三站F2	<u>1</u>
N.Stanislav	俄罗斯	bdFFF	4.525	**128.96**	杯赛二站F2	<u>1</u>
		bdFFF	4.525	**125.34**	杯赛二站Q	1
		bdFFF	4.525	123.08	杯赛三站F1	2
K.Pavel	俄罗斯	bFdFF	4.425	124.78	杯赛二站Q	2
W.Pirmin	瑞士	bLdFF	4.175	120.65	杯赛一站Q	3
G.Nicolas	瑞士	bFdFF	4.425	121.68	团体赛F2	1
R.Noe	瑞士	bFdFF	4.425	**125.22**	世锦赛F2	3
		bFdFF	4.425	123.01	杯赛五站F	2
王心迪	中国	bdFFF	4.525	121.27	杯赛一站F2	2
		bdFFF	4.525	123.08	杯赛二站F2	2
		bFdFF	4.425	123.90	杯赛二站Q	4
		bFdFF	4.425	123.90	杯赛三站Q	2
		bFdFF	4.425	**125.22**	杯赛四站F2	2
		bFdFF	4.425	121.68	杯赛四站Q	1

（续表）

选手	国家	动作	难度	得分	赛别	名次
孙佳旭	中国	bFdFF	4.425	121.68	杯赛一站Q	2
		bFdFF	4.425	121.68	杯赛三站F1	3
		bFdFF	4.425	126.11	杯赛四站F2	1
		bFdFF	4.425	123.90	杯赛五站F	1
A.Oleksandr	乌克兰	bdFFF	4.525	126.24	世锦赛F2	2
K.Anton	白俄罗斯	bFdFF	4.425	125.67	杯赛三站Q	1
		bFdFF	4.425	120.36	杯赛四站Q	2
		bdFFF	4.525	121.72	杯赛五站F	3
L.Eric	美国	bFdFF	4.425	123.45	杯赛四站F2	3

本节之所以从每跳得分超过120分选手中筛选亮点，主要是考虑到选手曾较好地完成了有一定分量的参赛动作（即在北京冬奥会争金决赛可能会有作为的参赛动作），尽管有时着陆失败名次不佳，但其毕竟已经具备了相当的实力。显然，如此筛选亮点符合我们备战之需要。

2. 多跳次得分均值排序

在2019赛季世界杯与世锦赛空中技巧比赛中，有6名选手多跳次超过120分，其中，俄罗斯选手B.Maxim和我国选手王心迪居多，均达6跳次，跳次越多说明动作稳定性越好；B.Maxim与队友N.Stanislav多跳次超过120分的均值都在125分以上，均值分数越高说明动作质量更佳。B.Maxim 6跳次得分平均超过125分，在表6-9中显得十分突出。我国时年仅20周岁的孙佳旭4跳次得分均值为123.34分，可圈可点。时年已35周岁的索契冬奥会冠军白俄罗斯选手K.Anton还能有3跳次得分均值达122.58分，可谓宝刀不老。

表6-9 多跳次得分均值排序情况

序号	选手	国家	跳次	均值
1	B.Maxim	俄罗斯	6	125.84
2	N.Stanislav	俄罗斯	3	125.79
3	R.Noe	瑞士	2	124.11
4	孙佳旭	中国	4	123.34
5	王心迪	中国	6	123.17
6	K.Anton	白俄罗斯	3	122.58

3. 单跳高分排序

表6-8共有10个加粗的分数在125分以上，表6-10为其由高至低的排序表，瑞士选手R.Noe与我国选手王心迪同为125.22分并列第9位。由该表可见，前4个高分都由俄罗斯选手所得，其中B.Maxim的130.91分、129.86分以及126.99分，分别居于第1位、第2位、第4位，其中130.91分和129.86分，分别是世锦赛和世界杯首站的夺金分数。在2018年平昌冬奥会空中技巧争金决赛中，时年30岁的乌克兰选手A.Oleksandr用4.525的bFFdF以128.51分夺得金牌[1]，可见上述B.Maxim 130.91分和129.86分水平的分数在下届冬奥会还是有夺金的可能。乌克兰选手A.Oleksandr不但bFFdF具有128.51分水平，而且同为4.525难度的bFdFF在2019世锦赛决赛中还获得了126.11分的好成绩，可见其实力确实不俗。另一名俄罗斯选手N.Stanislav以128.96分和125.34分，分列表6-10的第3位与第8位，与同伴B.Maxim有所呼应。初出茅庐的我国新秀王心迪和孙佳旭各有1跳得分超过125分，这是个好兆头，相信他们会越来越好。

表6-10 单跳高分排序情况

序号	选手	国家	分数
1	B.Maxim	俄罗斯	130.09
2	B.Maxim	俄罗斯	129.86
3	N.Stanislav	俄罗斯	128.96
4	B.Maxim	俄罗斯	126.99
5	A.Oleksandr	乌克兰	126.24
6	孙佳旭	中国	126.11
7	K.Anton	白俄罗斯	125.67
8	N.Stanislav	俄罗斯	125.34
9	R.Noe	瑞士	125.22
9	王心迪	中国	125.22

---

[1] Organizing Committee for the Winter Olympies in PYEONGCHANG 2018. Wen's Aerials F3 Results List [EB/OL]. http://www.fis-ski.com /Results/2018.02.18/.

4. 奖牌积分排序

世界杯奖牌积分设定为金牌3分，银牌2分，铜牌1分；世锦赛奖牌积分在世界杯奖牌积分的基础上增加50%，即金牌4.5分，银牌3分，铜牌1.5分[1]；世锦赛与世界杯的混合团体赛奖牌不在统计之内。由表6-11可见，在获得奖牌的8名中外选手中，前3位被1名外国选手与2名中国选手占据，俄罗斯选手B.Maxim以世锦赛1金、世界杯2金及1铜积11.5分独占鳌头，我国年轻选手孙佳旭以世界杯2金积6分以及王心迪以世界杯3银积6分依次居第2位、第3位，也令人欣喜。

表6-11 奖牌积分排序情况

序号	选手	国家	金牌	银牌	铜牌	积分
1	B.Maxim	俄罗斯	1+2	0	1	11.5
2	孙佳旭	中国	2	0	0	6
3	王心迪	中国	0	3	0	6
4	R.Noe	瑞士	0	1	1+0	3.5
5	A.Oleksandr	乌克兰	0	1+0	0	3
6	N.Stanislav	俄罗斯	1	0	0	3
7	K.Anto	白俄罗斯	0	0	1	1
7	L.Eric	美国	0	0	1	1

注：加号前数字为世锦赛奖牌枚数，加号后数字为世界杯奖牌枚数。

（二）女选手

1. 突出的三周选手

2018年8月国际雪联颁布了男、女动作难度双轨制的新版动作难度表，男子动作难度系数不变，而女子三周动作难度系数均比以往增值6%[2]。在空中技巧世界大赛中，新版难度表自2019赛季开始执行。

---

[1] 戈炳珠. 空中技巧论百篇[M]. 沈阳：辽宁人民出版社，2013.
[2] FIS.Aerial Jump Code and Degree of Difficulty Chart[EB/OL]. https://res.cloudinary.com/fis-production/image/upload/v1540908679/fis-prod/Aerial_Jump_Code_and_Degree_of_Difficulty_Chart.pdf.

在本赛季世界杯和世锦赛空中技巧比赛的女子比赛中（包括团体赛在内），有5个已增加难度值的三周动作bLTT、bLFT、bLTF、bLFF、bFFF共使用了7跳次。其中表现最为突出的是白俄罗斯新秀R.Aliaksandra主要参赛动作bLFF的战绩，5跳次成功率为60%，得分均值为93.84分。尤其值得一提的是，世锦赛首轮决赛该选手紧跟2019新赛制新规，竟敢放弃1跳次，仅用1跳次bLFF便以103.11分一骑绝尘[1]；终极决赛仍用bLFF，更以113.18的高分夺取金牌[2]。须知，紧随其后使用两周动作bFdF（bdFF）的俄罗斯选手N.Liubov和我国选手徐梦桃同得89.88分，即便其动作完美无缺得满分也才只有105.75分，若按这种势头发展下去，其三周动作之于两周动作的威力会更加强大。

2. 突出的两周选手

突出的两周选手当属我国的徐梦桃和澳大利亚的P.Laura。由表6-12可见，徐梦桃3.525难度的bdFF动作质量及稳定性都好，本赛季6次比赛终极决赛着陆成功率为100%，得分均值为89.92分，在世界杯第5站曾获101.16的高分，以此动作获得3枚金牌。她还有雄厚的三周动作难度储备[3]，相信日后自会按既定计划亮出"重武器"。P.Laura也拥有3.525的bFdF和bdFF，在世界杯第4站bFdF以96.58分获第1名，第2站bdFF以97.64分获第2名。此外，在本届世锦赛中，时年只有20岁的俄罗斯选手N.Liubov使用bFdF以91.29分和89.88分先后在其首轮决赛与末轮决赛中均获第2名。

表6-12　2019赛季徐梦桃两周动作bdFF终极决赛战绩

	世锦赛	杯赛一站	杯赛二站	杯赛三站	杯赛四站	杯赛五站
着陆	成功	成功	成功	成功	成功	成功
得分	89.88	89.88	89.88	87.77	81.07	101.06
名次	3	1	3	1	4	1

---

[1] Fis.fis freestyle ski world championships 2019 resuts-final1-run2 Ladies' Aerials [EB/OL]. http://medias1.fis-ski.com/pdf/2019/FS/8803/2019FS8803RLF1.pdf.

[2] Fis.fis freestyle ski world championships 2019 event results Ladies' Aerials [EB/OL]. http://medias1.fis-ski.com/pdf/2019/FS/8803/2019FS8803RLF.pdf.

[3] 刘伶燕，戈炳珠. 我国女子空中技巧冬奥"5银之憾"反思与前瞻[C]. 空中技巧文丛：第12卷. 沈阳：沈阳体育学院戈炳珠研究室，2018：3-14.

本赛季令人费解的是美国名将C.Ashley。在2014年索契冬奥会中，她曾用三周动作bFFF以101.25分高居预赛榜首[1]（若按其如今4.293的难度系数计算得分可达107.32分），之后又攻克了更难的bLdFF和bFdFF。然而在其本赛季前半程所使用的三周动作中发现，其动作质量和稳定性不进反退；后半程改用两周动作也无甚起色。笔者以为，像C.Ashley这种类型的选手，若改用两周动作纯属下策，但坚持三周动作尚需回炉补练基本功，至于前景如何我们拭目以待。

二、2020赛季重点选手

（一）男选手

备战北京冬奥会周期的2020赛季与2019赛季相比其竞争对手格局骤然发生了明显变化——强手们不再一味地使用常规的主流难度动作bFdFF（4.425）与bdFFF（4.525）或bFFdF（4.525）参赛，而是多人拿出了4.900~5.000水平的高难动作开始在赛场上磨炼，遂使竞争对手格局也显现了相应变化。

1. 外国男选手

本赛季之前在现役外国男选手当中，只有白俄罗斯选手H.Stanislau使用过4.900的bdFdFF，其队友K.Anton自2009年开始拥有5.000的bdFFdF，继2014年索契冬奥会以该高难动作夺冠后，上赛季世界杯依然竞技状态良好表现不俗，但本赛季并未参赛。而表6-13的前3位选手都是本赛季开始启用高难动作的，其中22岁的俄罗斯选手B.Maxim接连攻克了bdFFdF与bdFdFF，其队友28岁的K.Pavel也攻克了bdFFdF，年仅20岁的瑞士小将R.Noe则掌握了bdFdFF。

表6-13　2020赛季拥有高难动作的外国男选手比赛情况统计表

选手/国家 年龄	动作/ 难度	着陆 成功率	≥130分 次数	≥130分 均值	≥125分 次数	≥125分 均值	奖牌 金	奖牌 银	奖牌 铜	难度 均值
B.M/俄 （22岁）	bFdFF/4.425	2/4=50%								
	bdFFF/4.525	7/8=87.5%			3	128.05		1		
	bdFFdF/5.000	1/2=50%	1	139.00			1			
	bdFdFF/4.900	0/1=0								
		$\overline{X}$=66.6%								$\overline{X}$=4.59

---

[1] FIS.Freestyle Skiing Ladies' Aerials Qualification[EB/OL]. http://medias4.fis-ski.com/pdf/2014/FS/8013/2014FS8013QRL.pdf.

（续表）

选手/国家 年龄	动作/ 难度	着陆 成功率	≥130分 次数	≥130分 均值	≥125分 次数	≥125分 均值	奖牌 金	奖牌 银	奖牌 铜	难度 均值
K.P/俄 （28岁）	bFdFF/4.425	9/9=100%								
	bdFFF/4.525	3/4=75%								
	bFFdF/4.525	1/1=100%					1			
	bdFFdF/5.000	1/2=50%	1	137.50			1			
		$\bar{X}$=87.5%								$\bar{X}$=4.527
R.N/士 （20岁）	bFdFF/4.425	6/7=85.7%								
	bdFFF/4.525	4/6=66.6%			4	127.59		1		
	bdFdFF/4.900	3/3=100%					1	2		
		$\bar{X}$=81.2%								$\bar{X}$=4.551

注：士——瑞士，白——白俄罗斯；B.M——B.Maxim，K.P——K.Pavel；R.N——R.Noe。使用动作难度均值由每个参赛动作难度乘以其跳次之积相加的总和再除以总跳次得出。

上述3名选手攻克高难动作有如下特点：①具有年龄优势：3人平均年龄为23.3岁，尤其是B.Maxim与R.Noe分别只有22岁与20岁，这是目前世界男子空中技巧史上掌握如此高难动作最年轻的选手。②前进步伐加快：从4.425的bFdFF或4.525的bdFFF（bFFdF）到攻克4.900的bdFdFF或5.000的bdFFdF，盐湖城冬奥会冠军捷克选手V.Ales历时4年，索契冬奥会冠军K.Anton历时3年，世锦赛两连冠齐广璞历时3年，平昌冬奥会亚军贾宗洋历时4年；除了K.Pavel历时6年之外，B.Maxim则历时2年，R.Noe仅用了1年。③早磨炼跳次多：攻克高难动作后在备战周期的第二个赛季即拿出来到世界大赛中磨炼，这起码有两个好处——一是至北京冬奥会使用之前至少可以磨炼两个半赛季，时间很充裕；二是此时"试水"高难动作如有闪失，在后面2个赛季还有回旋余地。如表6-13所示，R.Noe、B.Maxim、K.Pavel在仅有7站的本赛季世界杯比赛中分别使用了3跳次、3跳次、2跳次，这在以往是罕见的。④有质量效果好：3人所跳8跳次高难动作的成功率为62.5%，甚至R.Noe的3跳次bdFdFF成功率竟达100%；动作质量指数均值为良好水平的0.85（最佳值为1），而5跳次成功动作的质量指数为0.89，已逼近优秀水平的0.90；第3站B.Maxim与第4站K.Pavel均以bdFFdF分别获得的139.00分与137.50分，不但是本赛季的最高分与次高分，还各夺1枚金牌，而R.Noe则以bdFdFF获得1枚金牌和2枚银牌。

根据前面2019赛季赛况的分析我们已经指出，待到2022年北京冬奥会时俄罗斯的B.Maxim、K.Pavel与瑞士的R.Noe将是我们的竞争对手,如今他们的竞争实力已经大幅度提升,届时无疑会成为与我们争夺金牌的强劲对手。当然,俄罗斯、瑞士、白俄罗斯、美国也还各有几位具有一定实力的选手,尤其是白俄罗斯的老将K.Anton若再携5.000的高难动作bdFFdF征战北京冬奥会,仍然具有一定的杀伤力。

2. 我国男选手

由表6-14可见,齐广璞曾用4.525的bdFFF获得130.77的高分,他与贾宗洋的≥125分指标也不错,可见其动作质量上乘,尤其是齐广璞以4.525的bdFFF两获金牌,说明这种难度水平的高质量动作在北京冬奥会上也可有所作为。

表6-14 2020赛季拥有高难动作的我国男选手比赛情况统计表

选手 年龄	动作/ 难度	着陆 成功率	≥130分 次数	≥130分 均值	≥125分 次数	≥125分 均值	奖牌 金	奖牌 银	奖牌 铜	难度 均值
齐广璞 (30岁)	bFdFF/4.425	1/2=50%			1	126.99	2			
	bdFFF/4.525	5/6=83.3%	1	130.77	2	127.37				
	bdFFdF/5.000	未使用								
		$\bar{X}$=75%								$\bar{X}$=4.500
贾宗洋 (29岁)	bFdFF/4.425	5/9=55.5%			3	126.11		1		
	bdFFF/4.525	2/3=66.6%			1	128.96	1			
	bdFdFF/4.900	未使用								
		$\bar{X}$=58.3%								$\bar{X}$=4.449
王心迪 (25岁)	bFdFF/4.425	1/2=50%								
	bdFFF/4.525	5/5=100%								
	bdFFdF/5.000	0/2=0								
		$\bar{X}$=66.6%								$\bar{X}$=4.607

近年来,我国空中技巧男队的动作难度实力在世界列强中具有一定的优势,但随着新近攻克高难动作的B.maxim、K.Pavel、R.Noe的脱颖而出,这一格局有了明显变化。我们现在要正视这两个严峻现实:其一是高难动作缺少大赛磨炼,原本已掌握4.900~5.000高难动作的齐广璞与贾宗洋上赛季未参赛,本赛季均未使用高难动作,其使用难度动作均值仅为4.500与4.449,比B.maxim、K.Pavel、R.Noe有一定差距,现在距北京冬奥会大赛仅有一个半赛季可练,显得有些被

动,王心迪上赛季与本赛季共用3跳次5.000的bdFFdF,虽均未成功,但经此番摔打日后可期;其二是动作难度优势已不复存在,虽说我们拥有的4.425、4.525、4.900与5.000的三周动作难度与主要竞争对手一样,但从本赛季世界杯所使用动作难度均值指标来看,我们驾驭高难动作的能力或稍逊于竞争对手。

在本书第四章《空中技巧前史之鉴》第二节我们已经阐明:第18届冬奥会男子冠军B.Eric、第19届男子冠军V.Ales以及第22届男子冠军K.Anton,在争金决赛中都是使用当时世界最高难度动作夺金的。此时选手由于拥有明显的动作难度优势,只要能成功着陆,就有可能夺金。在此我们还要进一步指出:第18届、第19届、第22届冬奥会B.Eric、V.Ales、K.Anton夺金时参赛选手依次只有3人、1人、3人拥有当时世界最高难度动作,而今现役选手已骤增至7人掌握世界最高难度水平(4.900~5.000)的参赛动作,可想而知,待到北京冬奥会男子空中技巧争金决赛时竞争会何等激烈。

(二)女选手

由于本奥运周期开始推行双轨制动作难度表,女子三周动作难度普遍增值6%,注定会使北京冬奥会女子空中技巧争金大赛的主战场在三周台,所以,此处也是侧重分析中外三周选手的实力格局。

1.外国女选手

由表6-15可见,本赛季共有5名外国女选手使用三周动作,其中白俄罗斯队共有3人,澳大利亚队与俄罗斯队各有1人。

表6-15 2020赛季外国女选手三周动作比赛情况统计表

选手/国家	动作/	着陆	≥100分		≥95分		奖牌			难度
年龄	难度	成功率	次数	均值	次数	均值	金	银	铜	均值
R.A/白	bLTF/3.710	2/2=100%			2	96.66				
(24岁)	bLFF/4.028	2/3=66.6%	1	106.74			1	2		
		$\overline{X}$=80%								$\overline{X}$=3.90
H.H/白	bLTF/3.710	2/2=100%			1	97.57				
(28岁)	bLFF/4.028	0/1=0			1	95.46	1			
		$\overline{X}$=66.6%								$\overline{X}$=3.816

（续表）

选手/国家 年龄	动作/ 难度	着陆 成功率	≥100分 次数 均值	≥95分 次数 均值	奖牌 金 银 铜	难度 均值
T.A/白 （41岁）	bLTF/3.710	0/1=0 $\bar{X}$=0				$\bar{X}$=3.71
P.L/澳 （31岁）	bLTF/3.710 bFTF/3.975	6/7=85.7% 3/5=60% $\bar{X}$=75%	1 106.53	3 98.11	2 1 1	$\bar{X}$=3.82
N.L/俄 （21岁）	bLFT/3.710 bLFF/4.028	0/1=0 0/1=0 $\bar{X}$=0				$\bar{X}$=3.869
C.A/美 （27岁）	未做三周动作					

注：R.A——Aliaksandra，H.H——H.Hanna，T.A——T.Alla，P.L——P.Laura，N.L——N.Liubov，C.A——C.Ashley。

现年31岁的澳大利亚队P.Laura原本是惯用bFF、bFdF、bdFF的两周选手，为了备战北京冬奥会，近期接连攻克了三周动作bLTF和bFTF并及时在本赛季各站使用，结果取得令人刮目相看的良好效果——12跳次三周动作的着陆成功率为75%（本赛季三周动作次高成功率），以3.975难度的bFTF获得2枚金牌1枚银牌1枚铜牌，系列赛全程7赛站以绝对的优势累计积分469分跃居总排名榜首，这一战绩在本赛季中外选手中是最突出的。

白俄罗斯队现年24岁的R.Aliaksandra参加了前3站比赛，5跳次三周动作的成功率达80%，该指标在本赛季中外三周选手中是最好的，第3站终极决赛bLFF的106.74分是本赛季的次高分，所获1金2银的成绩在外国选手中也是较突出的；28岁的H.Hanna上赛季因伤缺席，本赛季复出参加了前4站比赛，以bLFF的95.46分在第4站夺金；41岁老将T.Alla仅参加前两站比赛，只使用1跳次bLTF，着陆失败。21岁的俄罗斯队N.Liubov是三周新手，虽然动作技术尚欠火候，但对其日后发展亦不可掉以轻心。

在此还应提及另外3名外国三周选手：一是27岁的美国选手C.Ashley，2017年世锦赛曾使用超高难三周动作bFdFF（原难度4.425，现难度4.690）以109.29分（相当于现在的115.84分）惊艳夺冠，不料自2019赛季陷入低谷至今不能自拔，甚至本赛季全程使用低难度的两周动作参赛，但我们坚信她为了备战北京冬奥会绝不会弃用三周动作；二是38岁的三周高手澳大利亚名将L.Lydia，经2014年索契冬奥会夺冠至2018年平昌冬奥会受挫之后，在备战北京冬奥会周期前半程一直未参赛，倘若后半程重返赛场并加入冬奥会角逐，这无疑又平添了一个强劲对手；三是23岁的俄罗斯选手O.Alexandra，在平昌冬奥会用bLFF、bLTT、bLFT 3个三周动作打到第二轮决赛，其中预赛bLFF的102.22分（现为108.35分）是整个比赛的最高分，但她2019、2020两赛季均未参赛，今后动态如何我们拭目以待。

2. 我国女选手

首先应当指出，表6-16中我国3位三周选手都曾遭遇伤后复出的不利境况，但按照备战计划并通过本人的不懈努力，其竞技状态都在稳步提升。从表6-16与表6-15的动作难度对比来看，目前，多数中外三周选手动作难度处于3.710（bLTF）～4.028（bLFF）水平，而徐梦桃在动作难度上有优势，其4.293的bFFF是本赛季唯一的高难度动作，使用动作难度均值3.958也是最高的；从所获高分来看，唯有她3跳次获得100分以上（均值为107.14分，最高的110.77分是本赛季最高分）；从所获奖牌来看，其2金1银也是较突出的。孔凡钰伤后复出按计划重拾三周动作bLTF与bLFF，3跳次成功2跳次，甚至还获得一个102.71的好分数，可喜可贺；在我女队三周选手紧缺的情况下，徐思存伤后复出又义无反顾地走上了三周台，甚至其目前最高难度动作bLFF在本赛季收官之战以95.86分勇获银牌，这种担当精神可嘉。

表6-16　2020赛季我国女选手三周动作比赛情况统计表

选手 年龄	动作/ 难度	着陆 成功率	≥100分 次数	≥100分 均值	≥95分 次数	≥95分 均值	奖牌 金	奖牌 银	奖牌 铜	难度 均值
徐梦桃 （30岁）	bLTF/3.710 bLFF/4.028 bFFF/4.293	2/3=66.6% 5/7=71.4% 0/1=0 $\bar{X}$=63.6%	3	107.14	2	96.26	2	1		$\bar{X}$=3.958
孔凡钰 （27岁）	bLTF/3.710 bLFF/4.028	1/1=100% 1/2=50% $\bar{X}$=66.6%	1	102.71						$\bar{X}$=3.922

（续表）

选手 年龄	动作/ 难度	着陆 成功率	≥100分 次数 均值	≥95分 次数 均值	奖牌 金 银 铜	难度 均值
徐思存 （28岁）	bLTT/3.392 bLTF/3.710 bLFF/4.028	2/3=66.6% 0/2=0 1/1=100% $\bar{X}$=50%				$\bar{X}$=3.645

通过上述可见，自本赛季以来我国女队的备战形势在向着好的方向发展，但也存在些许问题须在备战后半程有针对性地加以解决：一是动作难度问题，徐梦桃、孔凡钰的最高难度动作至今尚未拿出来在世界大赛中去磨炼，想必此问题自有备战计划适时安排；二是着陆成功率问题，目前徐梦桃、孔凡钰、徐思存的着陆成功率均值分别为63.6%、66.6%、50%，较之对手R.Aliaksandra的80%与P.Laura的75%尚有一定差距，尤其是重点动作的着陆成功率较低；三是跳次问题，较之P.Laura等国外选手，在世界大赛中我国选手三周动作使用跳次较少，备战后半程参赛应适度增加重点三周动作的磨炼跳次，因为只有通过一定量的积累才会产生质的突变，正所谓"功到自然成"；四是年龄问题，与我国女子空中技巧以往备战冬奥会相比，本冬奥周期我国女队主力队员年龄偏大，如何制订与实施"因龄制宜"的最佳备战方案，也是须妥善解决的实际问题。

本节小结

经过本周期前半程的世界比赛，空中技巧竞争对手新格局已开始显现。男子项目特点是，将有多名三周高手使用4.900～5.000的高难动作争金。我国有3名掌握高难动作的选手。30岁的齐广璞、29岁的贾宗洋是三周老手，动作质量较高，尚需提高动作稳定性；25岁的王心迪前半程三获世界杯银牌已彰显不俗实力，可望后半程高难动作日渐成熟。外国有4名掌握高难动作的选手。俄罗斯22岁的B.Maxim与瑞士20岁的R.Noe最为强劲，前者目前是唯一掌握bdFdFF与bdFFdF这两个高难动作的高手，前半程已获4枚金牌；后者前半程获得7枚奖牌，其中2020赛季3次成功使用bdFdFF获得1枚金牌2枚银牌。在2020赛季，俄罗斯28岁的K.Pavel以bdFFdF137.50的高分夺得金牌；白俄罗斯36岁的K.Anton宝刀不老，若再携bdFFdF征战北京冬奥会仍然具有一定杀伤力。

女子项目特点是，三周台是争金主战场，3.975~4.425的三周动作均有夺金机会。我国有3名选手超过此难度下限。30岁的徐梦桃动作难度储备充盈，但备战后半程要提高重点参赛动作的稳定性；27岁的孔凡钰和28岁的徐思存伤后复出势头良好，后半程要在巩固提高现有参赛动作基础上，适度提高动作难度以利与对手抗衡。外国有8名三周选手超过此难度下限。澳大利亚31岁的P.Laura新近攻克三周动作bLTF、bFTF并用于2020赛季世界杯获得2金1银1铜，7站总排名跃居榜首，成为我们的强劲对手；白俄罗斯24岁的R.Aliaksandra是2019世锦赛冠军，其队友28岁的H.Hana是平昌冬奥会冠军，2人目前动作难度储备有限，但动作稳定性较好且发展空间较大；俄罗斯21岁的N.Liubov与23岁的O.Alexandra今后动态尚待观察；此外还有3位三周老手——美国27岁的2017年世锦赛冠军C.Ashley、澳大利亚38岁的温哥华冬奥会冠军L.Lydia、白俄罗斯41岁的索契冬奥会冠军T.Alla，至今仍是我们的潜在对手。

第五节　项目的可持续发展面临挑战

一、问题的提出

国际雪联自2012年末开始推行一跳得分计成绩的2013新赛制不久，我们曾于2015年研究了在新赛制下空中技巧选手参赛动作特点，发现每轮参赛动作选用频次有所偏重[1]。

在索契冬奥会空中技巧比赛中，男子选用4.425的bFdFF、4.525的bdFFF（bFFdF）频次最多，在难度水平上无可厚非，但出现26跳次bFdFF与16跳次bdFFF（bFFdF）却显得有些单调、雷同；女子选用三周动作情况良好，但有近七成女选手（15名）共跳出17跳次低难度的bFF与10跳次更低难度的bLF，不但显得单调，而且与冬奥会大赛的顶级层次也不甚相称。到了4年后的平昌冬奥会也是如此，在男子决赛阶段共有21人选用bFdFF、bdFFF（bFFdF）动作，占参赛总人数25人的84%。更有甚者，在2015赛季世界杯第1站比赛中，在19人参加的预赛中，有15人同跳bFF，占总人数的79%；而在12人参加的第一轮决赛中，竟有10人同跳bFF，占总人数的83%（表6-17）。究竟应如何看待此情此景呢？本节以为，一方面，它反映出当前女子两周选手应对新赛制的困境；另一方

---

[1] 戈炳珠.空中技巧新论[M].沈阳：辽宁人民出版社，2016.

面，如果长此以往，观众会产生视觉疲劳而导致索然无味，这就不仅是女子两周选手的困境，而是整个空中技巧项目的潜在危机了。那么，比赛动作单调会引发什么危机呢？比赛动作单调破解之路又在何方呢？笔者斗胆刍议一下这个新课题。

表6-17 2015赛季世界杯第1站女子第一轮决赛成绩简表

名次	选手	国家	参赛动作	难度	得分
1	徐梦桃	中国	bFdF	3.525	96.58
2	孔凡钰	中国	bFF	3.150	86.62（并列）
2	S.Danielle	澳大利亚	bFF	3.150	86.62（并列）
4	M.Kiley	美国	bFF	3.150	83.16
5	徐思存	中国	bFF	3.150	81.58（A&F占优）
6	H.Hanna	白俄罗斯	bFF	3.150	81.58
7	全慧临	中国	bFF	3.150	81.27
8	M.Renee	澳大利亚	bFF	3.150	80.01
9	P.Laura	澳大利亚	bFF	3.150	75.91
10	C.Melissa	加拿大	bFF	3.150	74.97
11	许诺	中国	bLF	2.900	63.22
12	C.Ashley	美国	bLFF	3.800	63.08

注：此表援引自国际雪联官方网站正式成绩单，此处有所简化。

二、比赛动作单调之虞

（一）女子两周选手的无奈

自2013赛季推行一跳得分计成绩的新赛制以来，女子两周选手陷入了两难的困境。对于参加冬奥会决赛的女子两周选手来说，若选用难度系数3.150的bFF，无疑"已经输在起跑线上"；再用同为3.525的bFdF或bdFF，又与3.750（新版难度表为3.975）以上的诸多三周动作有很大难度差距，若后者不失败前者基本无胜算；若想练就更难两周动作3.900的bdFdF与4.000的bFtF，其技术极其复杂又难以掌握。此外两周动作再无选择余地。目前她们的两难处境是在3轮决赛中，若首先使用3.150的bFF，可能因其难度系数太低而首战即出局；若力争前两轮晋级使用同为3.525的bFdF与bdFF，她们在最终的金牌争夺战中只能降格使用3.150的bFF而无奈地扮演"陪太子读书"的角色。

（二）项目发展前景的隐忧

自由式滑雪的U型场地技巧、坡面障碍技巧、大跳台和单板滑雪的U型场地技巧、坡面障碍技巧、大跳台等项目，与空中技巧同属于技能类难美项群的滑雪项目，在这些类似新项目尚未面世之前，人们还感觉不到空中技巧比赛动作单调、雷同。然而这些新项目面世之后就时过境迁了。有引人入胜的上述同类新兴项目做对照，试想一下，当观众看到几近千篇一律的空中技巧比赛动作时，能不产生视觉疲劳而导致索然无味吗？当跃跃欲试的青少年看到空中技巧比赛动作如此单调刻板时，能不更加偏爱对其更有吸引力的上述新项目吗？倘若长此以往，后继有人会出问题，空中技巧迷群体规模会出问题，传媒与赞助商的关注度也会出问题，这是空中技巧项目可持续发展的潜在危机。

三、比赛动作单调破解之路

（一）女子两周选手上三周台

女子两周选手该何去何从才能摆脱比赛动作单调的困境呢？笔者以为，最可取的一条路就是义无返顾地走上三周台。女子空中技巧冬奥史告诉我们，在已举行的7届冬奥会当中，除了第19届冬奥会之外，其余6届的夺金者均为三周选手。在冬奥会大赛中女子三周选手屡屡夺金绝非偶然，因为选手参赛动作的最后得分等于裁判员打出的动作质量分与动作难度系数之积，前者具有主观性且封顶，动作完成得再好也很难打到30分的满分；后者具有客观性且无上限，女子三周选手只要具备相应能力会以压倒优势把女子两周选手动作难度远远抛在后面，由于在成绩计算中难度系数是成倍翻番的因数，只要其高难动作无甚闪失，便可稳操胜券。

（二）男选手要突破难度瓶颈

从第17届冬奥会到24年后的第23届冬奥会，4.425的bFdFF和4.525的bdFFF（bFFdF）一直是大多数男选手参赛的主打动作，其早已成为男选手提升难度的瓶颈。欲突破这一瓶颈有能力与世界顶尖选手比肩，首先要掌握4.65的bLtFF

或bLdFdF，使原有的4.425~4.525难度水平与4.900~5.000难度水平之间有一个很好的过渡地带，在颇具风险的4.900~5.000难度水平动作尚无力完成的情况下，4.65的bLtFF或bLdFd是既有一定竞争力又较策略的选择[1]。欲再上一个台阶就要达到4.900~5.000难度水平，在现有的空中技巧动作中，这一难度档次有4个动作，它们是bdFdFF（4.900）、bFdFdF（4.900）、bFtFF（4.900）、bdFFdF（5.000）[2]。

（三）新增同步空中技巧小项

所谓同步空中技巧，即两名同伴选手在并列的两座跳台上同时做相同的动作，类似蹦床运动中的网上双人同步项目和跳水运动中的双人跳水项目。对此，国际雪联自由式滑雪运动员委员会曾向国际雪联该项目裁判委员会提交过一份建议报告，甚至还提出了同步空中技巧评分的基本方案——A&F分（起跳与空中动作分）占25%，LDG分（着陆分）占25%，SCN分（同步分）占50%[3]。现在看来，国际雪联已搁置多年的新增同步空中技巧小项建议该提到议事日程了。

（四）修订比赛场地技术参数

运动员能否攻克突破性难度动作主要取决于两个因素：一是客观的动力因素——为加难动作提供能量的限度；二是主观的技术因素——运动员能够最大限度地有效掌握更难动作的困难程度[4]。关于动力因素，这涉及今后是否会出现能量供应更充足的场地器材设备。其中，延长助滑距离的同时再增加助滑道坡度可有效提高助滑速度，这就为选手顺利完成更高难度的动作提供了更好的初始能量保障。跳台高度与角度是影响空中技巧动作技术效果最敏感的技术参数，其中数三周台参数变化空间最大。这主要由两方面因素所决定，一是三周

---

[1] 戈炳珠.自由式滑雪空中技巧动作体系研究[C].空中技巧文丛：第10卷.沈阳：沈阳体育学院戈炳珠研究室，2012-2013：22-34.

[2] FIS.Aerial Jump Code and Degree of Difficulty Chart[EB/OL]. https://res.cloudinary.com/fis-production/image/upload/v1540908679/fis-prod/Aerial_Jump_Code_and_Degree_of_Difficulty_Chart.pdf.

[3] 戈炳珠，吴志海，杨尔绮.空中技巧论百篇[M].沈阳：辽宁人民出版社，2013.

[4] 刘伶燕，戈炳珠，吴志海.关于我国空中技巧运动若干问题的哲学思考[J].沈阳体育学院学报，2011（6）：11-14.

台可为发展难新动作提供更加有利的时空条件，二是三周台是世界空中技巧比赛的主战场。从第17届至第22届冬奥会的20年间，冬奥会空中技巧比赛三周台高度已由3.2米升至4.25米，其角度已由66°增至71.5°，其高度与角度分别增加了1.05米与5°。今后该项比赛场地技术参数是否还有继续修订空间呢？这既需要深入的理论论证，更需要与时俱进的实践检验。

（五）修订竞赛规则裁判手册

冬奥会自由式滑雪分项共有6个进行个人比赛的项目，按进入冬奥会的时间顺序依次是雪上技巧（1992）、空中技巧（1994）、障碍追逐（2010）、U型场地技巧（2014）、坡面障碍技巧（2014）、大跳台（2022），如果按性别分别计算，也可以计为12个小项，外加新增的空中技巧混合团体小项，总共13个小项。其竞赛规则条款和裁判手册细则对空中技巧的约束最多也最苛刻，甚至可以说，它是自由式滑雪项目中最不自由的项目：只能面朝前（1个方向）滑行，只能背朝后（1个方向）起跳出台翻转，每轮比赛只能跳1个动作，空中动作只能用3种姿势（直体、屈体、团身，外加并不被人待见的"自由姿势"），空翻最多只能翻3周，难新动作只有1个主要发展途径——只能在现有动作的基础上增加纵轴转体的圈数……

竞赛规则主导训练与比赛，欲改变这种局面，其根本出路就是修订竞赛规则及其裁判手册。

国际雪联自由式滑雪运动员委员会在向国际雪联该项目裁判委员会提交的这份建议报告中，还提出允许完成4周空翻动作的建议。至今所有版本的国际规则，对空翻周数都明确限定在3周之内，不允许超此上限[1]。倘若这个突破性提案获准，将对空中技巧项目的方方面面都会产生巨大影响，诸如动作技术发展趋势，选手实力格局变化，安全保障，乃至场地技术参数的调整等。其实，外国空中技巧运动员在夏季水池训练中，很早以前就能轻松完成四周空翻动作bLFFF、bFFFF、bFdFFF等[2]。今后空翻只能翻3周的上限是否能突破，我们将与时俱进密切关注。

---

[1] Fis.the internationnal freestyle skiing competitiong rules（ICR）2018 [EB/OL]. https：//res.cloudinary.com/fis-production/image/upload/v1542730293/fis-prod/FS_FI.

[2] 戈炳珠. 赴意参加1999年自由式滑雪裁判员国际研讨班情况汇报[C]. 空中技巧文丛：第1卷. 沈阳：沈阳体育学院戈炳珠研究室，2000：20-28.

本节小结

本节通过刍议空中技巧比赛动作单调之虞,初步探讨了在诸多类似新项目的强力冲击下世界空中技巧运动的创新发展问题。研究结果表明:在新赛制下出现了比赛动作单调、雷同之势,若长此以往,后继有人会出问题,空中技巧迷群体规模会出问题,传媒与赞助商的关注度也会出问题,这将是空中技巧项目可持续发展的危机。同时还指出了比赛动作单调的破解之路:①为摆脱两难困境,两周女选手最可取的一条路就是义无返顾地走上三周台;②为有效缓解比赛动作单调局面,男选手要突破4.425~4.525难度瓶颈;③为使比赛精彩纷呈,应新增同步空中技巧小项;④为动作创新提供更充足的能量保障,可考虑适度修订比赛场地技术参数;⑤欲改变比赛动作单调的被动局面,其根本出路则是修订竞赛规则和裁判手册。

(作者:戈炳珠、刘伶燕,2020年定稿)

第七章 U型场地技巧项目特点与实力格局

第一节 U型场地技巧项目特点

我国自由式滑雪U型场地技巧（运动实践中常简称为"双U"，也有人称其为"U槽技巧"或"U池技巧"）国家队于2016年春天组队，2017年开始参加国际比赛，短短几年来已有长足进步，至今最好成绩是，女子项目获得了2018年平昌冬奥会第9名（张可欣），世界杯分站赛4人次冠军（张可欣3次、谷爱凌1次）及3人次总决赛季军（张可欣）。2019年3月，中共中央办公厅和国务院办公厅联合印发了《关于以2022年北京冬奥会为契机大力发展冰雪运动的意见》，明确提出了参赛主要目标："力争到2022年，我国冰雪运动总体发展更加均衡，冰雪运动竞技水平明显提高，在2022年北京冬奥会上实现全项目参赛，冰上项目上台阶、雪上项目有突破，取得我国冬奥会参赛史上最好成绩，努力实现我国冰雪运动跨越式发展。"继单板滑雪U型场地技巧项目（运动实践中常简称为"单U"）之后，自由式滑雪U型场地技巧也成为我国备战北京冬奥会的潜优势项目。为实现北京冬奥会这一潜优势项目创佳绩的目标，本文试图以竞赛规则为导向，深入探析该项目场地、动作、赛制、评分等因素的特点问题，无论对于赢得北京冬奥会比赛还是对该项目长远发展，无疑都是很有意义的。

一、场地特点

与自由式滑雪其他5个项目（雪上技巧、空中技巧、障碍追逐、坡面障碍技巧、大跳台）相比，U型场地技巧项目比赛场地具有特殊性。该项英语名称是Halfpipe，若直译为"半管"，其场地好似纵向切开的管道，这一称谓颇为形象；但实际上该管道并非标准的半圆形，其滑道底部相对平坦，经一段椭圆形曲率的过渡区与侧壁相连，而无论是我们的标准中译名"自由式滑雪U型场地技巧",还是实践中约定俗成的简称"U槽技巧"或"双U"等,都含有一个非常形象的英语字母"U",这都准确地表达了该项目比赛场地的特殊性。

(一)纵向坡度

众所周知,先有U型场地轮滑,后有U型场地滑雪,单板滑雪U场型地技巧与自由式滑雪U型场地技巧场地共用。后者凭借其滑雪场条件的天然优势把前者的"水平半管"优化为"倾斜半管",遂使该项技艺别有洞天。这里所说的倾斜度系指沿滑雪场地滚落线方向的坡度,即由起点至终点下滑路线的坡度,本文简称其为"纵向坡度"。现行国际规则规定自由式滑雪U型场地技巧场地纵向坡度为18°[1],这一技术参数比较稳定,多年来国际规则的标准几乎无变化,场地修建亦便于操作与掌控。充分合理地利用纵向坡度可有效增补选手完成预定动作的能量,得以完成超越U型场地轮滑的高难动作。

(二)场地长度

随着U型场地技巧项目的发展,比赛场地长度也越来越长,起初国际规则标准为120~160米[2],现行国际规则标准为170米,2014年索契冬奥会已延长至190米,2018年平昌冬奥会时则达220米[3]。场地纵向长度的延伸既可更有效地利用由纵向坡度增补的势能增量,还可为高水平成套动作提供更加充裕的场地条件。须知,该项场地末端有终点线,只有在终点线以内(含终点线)完成的动作才能得分,迄今为止,在世界大赛中女选手每套动作通常完成6个动作左右,男选手每套动作通常完成5个动作。

(三)场地宽度

如图7-1所示,场地宽度系指U型场地底部宽度加其两侧过渡区上限水平宽

---

[1] Fis.the international freestyle skiing competitiong rules(ICR)2018 P116[EB/OL]. https://res.cloudinary.com/fis-production/image/upload/v1542730293/Fis-prod/FS_FI.

[2] 国家体育总局冬运中心审定.自由式滑雪竞赛总则与裁判手册[M].张迎红,门传胜,译.北京:人民体育出版社,2010.

[3] FIS.Freestyle Skiing Ladies' Halfpipe Final Results[EB/OL]. https://mediasl.fis-ski.com/pdf/2018/FS/8059/2018FS8059RLF.pdf.

度之和，即场地宽度 W（Width）=U型场地底部宽度 B（Bottom）+两侧过渡区宽度 $2T$（Transitions）[1]，每侧过渡区长度现行国际规则标准为6.7米，场地宽度为19~22米。起初国际规则规定场地宽度为18米，2014年索契冬奥会加宽至21米，到平昌冬奥会时达到了22米。场地加宽源于U型场地底部平坦区的加宽和两侧过渡区曲率的优化，这不但有利于选手积蓄运动能量，也有利于选手为完成后续动作做好充分准备。

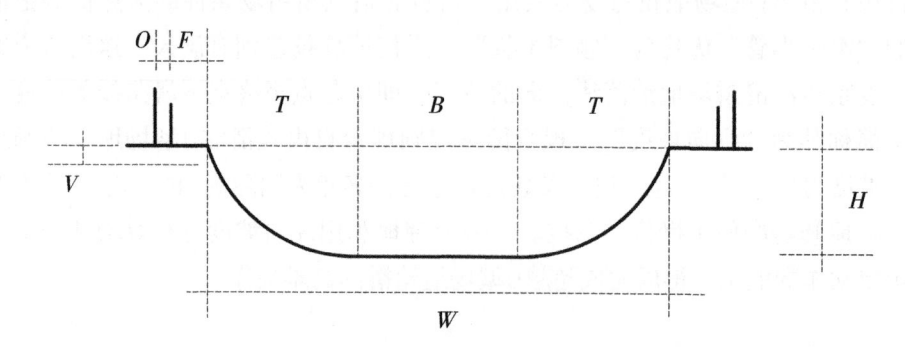

图7-1 U型场地规格横剖图示

T—过渡区、B—U槽底部、W—U槽宽度
H—槽壁高度、V—垂直区、F—出槽平台

（四）槽壁参数

槽壁主要有3个参数。由图7-1可见，槽壁高度系指由U型槽底部至槽壁上沿的垂直距离，现行规则标准为6.7米。从底部经两侧椭圆型曲率的过渡区滑上U型的槽壁，其坡度随着高度的上升逐渐接近垂直。图7-1左侧槽壁上端标示的 V 段是其垂直区（Vertical），现行规则标准为长度0.2米，坡度82°~83°。槽壁高度是该项目的敏感参数，由表7-1可见，从2002年盐湖城冬奥会单板滑雪U场型地技巧比赛场地的4.9米开始，经过2014年索契冬奥会首届自由式滑雪U型场地技巧比赛场地的6.8米，直至2018年平昌冬奥会比赛场地的7.5米，其高度已提升2.6米。

---

[1] 国家体育总局冬运中心 中国滑雪协会审定.单板滑雪竞赛规则与裁判手册[M].张辉，译.北京：北京体育大学出版社，2013：387.

表7-1　历届冬奥会U型场地槽壁高度变化

单板滑雪			自由式滑雪	
2002年	2006年	2010年	2014年	2018年
4.9米	5.7米	6.7米	6.8米	7.5米

（五）场地修建

在自由式滑雪所有项目中，U型场地技巧场地修建难度与工作量都是较大的项目。尤其是修建其槽壁不仅需要1~2台压雪机，还需要借助专门的修槽器以使整个场地（槽壁、过渡区、底部）光滑且参数无误。由表7-2可见，虽然国际规则对于U型场地技巧场地的技术参数有明确规定，但是该项场地建在室外，大多依据山坡自然状况而建，很难达到所有国家、所有地区的场地规格一模一样；并且，随着项目不断发展，场地技术参数也在与时俱进地变化。因此，该项选手对于各种场地必须具有相应的适应能力。

表7-2　2019赛季世界杯各站比赛场地技术数据

站别	长度	宽度	纵向坡度	壁高	垂直区坡度
美国站（1）	152米	20米	17.0°	6.7米	82°
中国站	190米	21米	18.2°	7.1米	
加拿大站	160米	22米	16.5°	6.7米	83°
美国站（2）	193米	18米			81°
极差	41米	4米	1.7°	0.4米	2°

注：表内3处空白系赛会官方未给出相应参数。

U型场地技巧所有动作都是在这种场地上完成的，选手要充分认识其特点，摸透其"脾气"，才能驾驭场地顺利完成预定动作。也正是场地的上述特点，才决定了该项动作的特点。

二、动作特点

（一）动作结构

在高水平的世界比赛中，任何U型场地技巧难度动作都具有既定的组成成分，这些成分之间相互联系相互作用，这就是动作结构的基本内涵。就该项目来说，我们不但要讨论单跳动作结构，还要顾及成套动作结构；每跳动作和每套动作都有其个性结构，但首先明确所有单跳动作和成套动作的共性结构则具有更大的指导意义。

动作结构具有时空特征。从该项单跳动作结构的时间特征角度分析，世界大赛动作都循序由4个基本动作环节组成：助滑上壁、起跳离壁、空中翻腾、着陆下滑，而上述每一基本环节又都包含若干动作时相，如助滑上壁，还可再细分成入槽出发、下滑、平滑、上滑4个时相。从空间特征角度分析，每个动作都由若干个动作元素组成，如身体各环节的相对运动——伸展、屈曲、扭转等，这里既有主导动作元素，也有辅助动作元素。由上述动作环节与运动元素组成了一个完整的U型场地技巧单跳动作。分析动作结构，实质上就是认识与把握这些动作环节与运动元素相互作用的最固定的和起决定作用的规律[1]。

就成套动作结构而言，其循序由3部分组成，即开始部分、中间部分、结束部分，本节称其为"三段式结构"。通常一套动作有5~7个动作，前一个动作的着陆即为下一动作的开始，每一动作沿场地雪面滑荡的U型弧线和腾空抛物线相连，如此陆-空接续的动作轨迹沿着场地纵向坡度往复直至全套动作结束（图7-2）。女子成套通常有6~7个动作，开始部分1~2个动作，第1个动作要确保腾空高度及着陆稳定性；中间部分3~4个动作，主要难度动作在此展现；结束部分即最后1个动作，此时理想腾空高度已难确保，况且成套动作结束时摔倒扣分苛刻，因此，若无特殊原因不宜以高难动作收尾。男子成套以5个动作居多，其三段式结构通常为1-3-1，当然也会有例外。

图7-2　U型场地技巧单跳动作上滑、起跳、腾空及着陆轨迹图示

（图片来源：http://www.esnow.com.cn/news/352.html）

---

[1] 周冉，戈炳珠.关于空中技巧动作基本理论若干问题的研究[J].中国体育教育学报，2013（3）：155-158.

（二）动作难度

自由式滑雪空中技巧动作与雪上技巧跳跃动作有难度系数，选手的动作质量分与动作难度系数的乘积为其最后得分。而U型场地技巧动作（也包括坡面障碍技巧动作及大跳台动作）至今尚未形成公认的、统一的动作难度量化法则。

当前，对于动作难度主要围绕以下几方面因素进行考量：翻转度数——与U型场地技巧项目同属难美项群的体操类项目的动作命名，是把空翻周数与转体度数分别表述，如后空翻两周转体180°，但本项目动作命名却是把二者合二为一，如上述动作则表述为"后空翻900°"（后空翻两周横轴翻转720°+纵轴转体180°）；起跳方向——正滑起跳、倒滑起跳或山上侧滑行起跳；转体方向——内转和外转；抓板方式——单手或双手、抓板部位、持续时间等诸多因素组合可使抓板方式变化多端；成套动作连接及其动作数量——由过渡动作连接高难动作和高难动作连接高难动作，所连接的动作数量不限也是本项目动作特点之一。由于该项动作难度因素众多，加之选手动作习惯等个体差异，对同一动作完成的难易程度，其感觉也不尽相同，因此，如果仅以翻转度数作为标准来制订难度表显然不能满足对其所有因素的考量。目前评分裁判员虽以翻转度数作为考量动作难度的主要因素，但不会将其视为难度评价的唯一标准，而是从成套动作整体表现的多方面因素来综合考虑。

（三）动作类型

U型场地技巧动作类型具有典型的多样性。诸如①动作方向的多样性：包括滑行方向、起跳方向、翻转方向的多样性；②身体姿势的多样性：该项动作身体姿势不拘一格，空中动作身体可以随意屈曲而鲜见直体姿势；③抓板动作的多样性：既可单手抓也可双手抓，以及抓板部位与身体姿势的多样性；④动作连接的多样性等。

三、赛制特点

（一）5人评分与7人评分

该项比赛评分裁判员通常采用5人制，2014年索契冬奥会与2018年平昌冬奥会均为5人制，每人都评动作全过程，其满分为100分，5位裁判员打出分数的平均分为该选手有效的最后得分。但2019年世锦赛采用了7人制裁判法，此时裁判员打出7个分数的最高分与最低分为无效分，其余5位裁判员打出分数的平均分为该选手有效的最后得分。显然，7人制比5人制会更严谨些，本节以为，北京冬奥会宜采用7人制裁判法。

（二）无需赛前申报动作

U型场地技巧项目在比赛之时，选手无需在赛前上报动作，至于每轮比赛都做什么动作甚至从起点滑到终点共做多少个动作，完全由选手自由选择，与空中技巧等项目相比，该项选手享有很大的自由度。这样一来，虽然比赛流程有所简化，但其裁判员却对选手临场参赛动作不便做到先知先觉，显然，经验与观察对评分裁判员完成判罚至关重要。如果某位裁判员没有经过严格的培训，那么他所评判的分数就可能会不准确。

（三）多轮分数取其优

预赛每人比2轮，取其高分为有效分；决赛每人比3轮，也是取其高分为有效分。面对如此赛制，每轮比赛应拿出一套什么样的动作颇有讲究，尤其是决赛的3轮比赛应采取什么样的难度战术方能取胜，则是需要深入研究的重要课题。

一般来说，本项比赛难度战术的制订起码要遵循以下原则：

1. 目的明确

预赛时在确保入围决赛的前提下不必冒险上难度，决赛时为争金牌该加难时则义无反顾。

2. 知彼知己

人们常说知己知彼，笔者以为，知彼知己比知己知彼更有道理。因为只有知彼才使知己有了参照与坐标，才能摆正自己的位置，从而制订针锋相对、有的放矢的比赛策略[1]。

---

[1] 戈炳珠.空中技巧新论［M］.沈阳：辽宁人民出版社，2016.

3. 难度储备

不但要有单个动作的难度储备，还要有至少3套不同难度的成套动作储备，这样才能做到有备无患。

4. 临场应变

大赛前周密制订参赛方案固然十分重要，但到了比赛场上还要根据比赛态势临场随机应变。当对手出色发挥使我方受到威胁时可加难强攻以变被动为主动，当对手严重失误对我方已无威胁时可减难避险以免无谓的牺牲。

上述2轮预赛取其优晋级决赛，3轮决赛取其优决定最终名次的U型场地技巧赛制，看起来似乎比较温情。但也应看到，相对于空中技巧决赛残酷的"一锤定音"的赛制来说，U型场地技巧决赛"多轮分数取其优"的赛制虽有温情的一面，但也有残酷的一面。空中技巧比赛的残酷之处是一跳动作结束时的着陆稳定性，而U型场地技巧比赛的残酷之处却在于一套动作过程中前后动作衔接的连贯性，倘若突发途中连接失误（如跌落平台、槽内跌倒、各种原因而导致的明显减速等），则成绩一落千丈。由表7-3可见，自2014年U型场地技巧项目进入冬奥会之后，经过近几年的发展，这种连接失误已有所改善：2014年索契冬奥会女子U型场地技巧成套动作连接失误套次百分比均值为39%，至2018年平昌冬奥会与2019年世锦赛已降至28%与26%。我们认为，随着该项目的不断发展与进步，应与时俱进地适时把其决赛3轮取其优的赛制改为2轮取其优，这样可使决赛更有悬念、更加精彩。

表7-3　两届冬奥会与2019世锦赛女子成套动作连接失误情况统计结果

赛别	决赛选手套次	未进决赛选手套次	均值
2014冬奥会	6/22=27%	11/21=52%	17/43=39%
2018冬奥会	8/33=24%	8/24=33%	16/57=28%
2019世锦赛	5/24=21%	8/26=31%	13/50=26%
均值	19/79=24%	27/71=38%	

注：表中分子为成套动作连接明显失误套次，分母为其成功与失误总套次，该轮比赛成绩均在50分以下（满分为100分）。

四、评分因素及其特点

该项目评分的突出特点是裁判员执裁时主要考虑的是成套动作的总体印

象，这其中包括5个评分因素：完成情况、动作难度、动作幅度、动作多样性和创新性[1]。国际规则对总体印象评分体系虽有所阐述，但有些疑点，如平均水平与良好水平的评分尺度互相矛盾，完美的完成质量最高只有95分等，本文为了便于裁判员临场值裁时准确判定全套动作总体印象水平，特依据规则的基本精神制订了表7-4的总体印象评分尺度参照表。下面就5方面评分因素分别进行讨论。

表7-4　总体印象评分尺度参照表

序号	评分尺度（分）	简要说明
1	有摔倒情况 1~30	1~10分：在起点附近摔倒；10~20分：在成套前半段摔倒；20~30分：在成套后半段或结束时摔倒
2	低于平均水平 30~50	动作难度较低；完成质量较差；未抓板；改变预定滑行方向；手触雪、臀触雪等情况为主要扣分点
3	平均水平 50~75	代表大部分选手的能力水平；代表选手的平均难度和完成情况
4	良好水平 75~90	完成情况好；无严重扣分或不稳定的情况；多种类型的难度动作；多种转体，包括左、右旋转和较好的动作组合
5	优秀水平 90~100	完美的完成质量、干净利落的着陆和高质量的抓板；较多难度动作和技巧运用（高难动作连接，多度数翻转，多种抓板及多种翻转轴等）

（一）完成情况

完成情况主要考查选手所做的动作规范程度，包括滑行、起跳、空中翻转、抓板、着陆及动作风格等。表7-5括号内数字为选手决赛的最终名次。

滑行要平稳，不但空中雪板要控制，滑行中雪板也要控制。起跳技术对于U型场地技巧项目来说非常重要，是决定单个动作腾空高度、槽壁两侧动作腾空高度均衡性和保持成套动作顺畅完成的关键。相对于选手身体总质心来说，起跳的支撑反作用力可分解为向上腾起的垂直分力与横向移动的水平分力；相对于选手身体系统来说，其支撑反作用力可分解为向上腾起的法向分力和与其

---

[1] FIS.international judging certification clinic freeski 2018/2019 [S]. Internationnal ski federation （SUI）：2018/2019.

表7-5 历届冬奥会男子决赛成套动作中断情况统计结果

届别	第一轮	第二轮		第三轮	
	槽内	平台	槽内	平台	槽内
2014	（11）T.Krie	（1）D.Wise	（11）T.Krief		
	（9）L.Sheehan		（3）K.Rolland		
	（10）B.Valentin		（10）B.Valentin		
	（12）J.Dorey		（12）J.Dorey		
2018	（8）G.Andreas	（1）W.David	（8）G.Andreas	（11）R.Kevin	（5）B.Noah
	（10）K.Thomas	（11）R.Kevin	（5）B.Noah	（9）Y.Torin	（6）R.Mike
	（1）W.David	（9）Y.Torin	（6）R.Mike		
	（11）R.Kevin		（7）B.Aaron		

垂直并使身体转动的切向分力。正确的起跳可以保证空中的翻转动作、抓板动作、着陆动作沿合理的抛物线完成。起跳技术的要点是起跳时机和起跳姿位：关于前者，主要指蹬伸起始时机与充分蹬伸后腾起时机，过早或过晚均可酿成大错，由表7-5可见，前两届冬奥会该项目男子决赛均有多名选手因起跳时机错误跌落槽内甚至平台而酿成了成套动作中断之大错（表内排列顺序为出场顺序）；关于后者，系指起跳时的身体姿势及其与支撑面的相对方位，一般来说，此时身体应与支撑面基本保持相垂直，但过早抢做转体动作乃是目前本项比赛中常见的现象。这就涉及理论上的"惯性转体"起跳技术（在起跳阶段利用身体扭转所产生的支撑反作用力矩获得一定的转体动力，然后进入空中继续转体）与"非惯性转体"起跳技术（在起跳阶段没有转体动量，只是身体腾起之后通过身体某些环节的相对运动而产生转体），前者的优点是可为空中转体提供初始冲量矩，缺点是容易影响充分的起跳；后者在理论上没有问题，但真要做起来却难以达到理想境地。诚然，过早在壁上开始转体是错误技术，不必赘述。而理想的起跳技术应当是在自己充分蹬伸的前提下身体接近腾起的瞬间才开始转体，当双板离壁腾起时正常的起跳与有效的台上转体恰好同时完成，这是非惯性转体起跳技术与惯性转体起跳技术二者之间的综合起跳技术。这种综合性技术稍纵即逝，对其时空参数要求极高，但若能熟练、正确地掌握它，确是攻克多圈转体高难动作的一大利器[1]。

---

[1] 曲世奎. 中国体育辞书系列·体操大辞典［M］. 北京：人民体育出版社，1999.

抓板技术是U型场地技巧动作的突出特点。由于单板滑雪U型场地技巧项目只使用一支单板，所以其抓板动作只强调人—板之间的相互关系；而自由式滑雪U型场地技巧项目不但使用两支双板还持有两支雪杖，因此该项运动员抓板时既有人—板之间的多种姿位画面，也有板—板之间相互交叉、平行、交错而构成的各种不同造型，再加上两支雪杖的完美配合，三者综合则可呈现颇为酷炫的动态画面。但遗憾的是，据我们观察，大多自由式滑雪U型场地技巧抓板动作画面还是比单板滑雪U型场地技巧抓板动作画面凌乱些。充裕的腾空高度与良好的身体柔韧性是完成高质量抓板动作的前提。在单个动作过程中，抓板动作应干脆、果断、位置清晰且持续足够时间；对于成套动作来说，应变换不同的抓板方式，避免单调、雷同。

国际规则至今对雪杖的控制没有要求。实际上，比赛中选手在完成空中动作时若能对身体—雪板—雪杖一体化统筹控制，则会构成新颖别致的画面。倘若今后对雪杖仍无要求，我们觉得莫不如像单板滑雪U型场地技巧那样不持雪杖，这样舍弃"累赘"既可方便抓板，也能更好地控制紧凑的人—板一体化。

空中动作控制的主要观测点为腾空过程中的身体姿态，由于翻转动作和抓板动作的需要，本项目的身体姿态以团身姿态为主要表现形式。高水平的空中控制能力表现在精准地控制翻转、抓板等动作，避免晃动失衡，力求动作规范、轻盈且富有美感。

风格目前难以量化，但这是普遍承认的观测点。选手在长期的训练过程中，逐渐形成了带有鲜明个性的动作表现形式。即使同一个动作，不同选手往往演绎出不同的风格。有些著名选手，虽然戴着头盔、滑雪镜和护脸，完全看不到面孔，但一上场做动作，行家里手也会辨认其人。充满精、气、神的动作气质，又高又飘的腾空技巧，收放自如的身体姿态，快慢适宜的动作节奏，如此技艺结合的动作风格是优秀选手的共同特征。除此之外，各人也有其独有风格，诸如翻转动作、抓板动作、着陆动作等某个动作细节的处理方式独特，抑或成套动作编排独具特色……无疑，带有特色风格的动作在比赛过程中会给观众尤其是给裁判员留下深刻的印象，在难度、高度等其他方面难分伯仲的情况下，或许风格就成为决定性的制胜因素。

着陆质量的好坏很重要，规则中对于手触雪、拖雪、身体后坐、臀触雪和摔倒的情况都归于较差的着陆范畴。在成套动作的过程中，若由5个动作组成，那么选手要进行5次着陆，每一次的着陆质量都非常重要，成套动作未完成之前，每一次着陆都承上启下，最后一个动作着陆的质量关乎整套动作的最终得分。着陆是单个动作乃至成套动作的结束环节，但与之前的各个动作环节密不可分，是前因后果的关系，因此，如若出现着陆不稳，甚至摔倒的各种情况，除了反思着陆环节本身是否出现问题，还应倒推之前的其他环节是否出现偏差。

如前所述，成套动作结束时身体摔倒的罚则很苛刻，但国际规则对此有明确规定：如果选手的着陆稳定完成，但在滑出之后不慎摔倒，则不算着陆失败；如果选手着陆有误而摔倒，那么这个摔倒视为成套动作中的一部分而做相应扣分；倘若裁判员们不能确定此时摔倒是否扣分，则由裁判长决定此摔倒是否属于成套动作范围。

（二）动作难度

难度，顾名思义主要考量选手能够有效掌握动作的难易程度。虽然至今尚未形成公认的、统一的难度量化法则，但目前通常认为：空中翻转度数多比翻转度数少要难度大，同样翻转度数的情况下空翻比转体难度大；倒滑起跳与着陆比正滑起跳与着陆难度大，山上侧滑行起跳比山下侧滑行起跳难度大；动作旋转轴——有正轴旋转和偏轴旋转，单一轴旋转和复合轴旋转，其难度大小须兼顾其他难度因素综合考量；双手抓板比单手抓板难度大，远端抓板比近侧抓板难度大，持续抓板比瞬间抓板难度大；动作连接——倒滑接倒滑会使成套动作难度增大，尤其是将高难动作相连一气呵成会使成套动作难度陡增。

这里有个疑问：U型场地技巧动作难度不量化究竟是项目发展初级阶段的暂时情况还是本该如此？这个问题看来目前难有明确答案。不过我们还是认为，有关方面应朝着动作难度量化的目标努力，为此本节仅抛出如下引玉之砖：①划分动作难度组别，赋予各组动作难度阈值；②制订动作难度系数法则，据此计算各动作难度系数；③设立动作难度起评分，每套动作最后得分等于难度起评分与动作质量分之和；④建立赛前申报动作制度等。

（三）动作幅度

对此处所述评分因素原版国际规则表述为Amplitude，目前国内通常将Amplitude译为"高度"。名词高度本有明确的英语词汇"Height"，但为什么不用呢？这是个耐人寻味的问题。而幅度的本意是"原指振幅，即事物振动或摇荡所展开的宽度。引申指事物发展所达到的最高点与最低点之间的距离，即事物变动的大小"[1]。具体到本项目，从单个动作来说，Amplitude包括有支撑的动作轨迹（含滑行与起跳）+无支撑的腾空动作轨迹；从全套动作来说，Amplitude包括其从头至尾的全部运动轨迹；有支撑的动作决定腾空高度，前者是因，后者是果，也是Amplitude的集中体现，因此本文把Amplitude理解为动作幅度。在比赛过程中，最引人注目的是选手从壁沿高高跃起的空中翻转动作，人们往往注意到的是选手跃出壁沿的腾空高度，这同样也是裁判员评价选手动作幅度的观测点，因此，被称为"高度"也未尝不可。

在U型场地技巧比赛中，欲很好完成每个动作须有足够的腾空高度，唯此才能满足其时空条件；欲顺利完成预定成套动作也须有足够的腾空高度，这样才能为平稳着陆接做下一动作做好准备。那么，如何才能获得理想的腾空高度呢？这是一个至关重要的问题。该项U型场地不像体操中的跳马、自由体操和蹦床等项目可以借助器械的弹力，但是可以凭借在两侧陡峭雪坡上的滑行与起跳而产生的颇大能量来达到预期目的。

U型场地技巧选手在完成动作过程中身体具有的总机械能等于其势能E_p与动能E_k之和，并在一定条件下互相转化。这里所说的势能即重力势能，由选手身体重量（mg=P）和可能的降落高度（h）来决定，表达式为E_p=mgh，在本项目中，E_p由人体与着陆点之间的相对位置决定。因此，起跳出槽腾空高度越高，E_p越大。动能E_k是由人体运动所决定的能量。在平动中动能E_k=1/2mv^2，在转动中E_k=1/2Iω^2，而U型场地技巧选手身体的动能，应当等于身体系统质心的动能和系统相对于质心转动的动能之和。选手入槽随着下滑其重力势能渐小，动能渐大，滑至槽底部位时动能最大，而势能为零，当进入过渡区上滑时，动能开始减少，势能则开始增加，当起跳出槽腾起至最高点时势能则达最大值。在此过程中由于雪板与雪面的摩擦力和风的阻力会耗费一定的运动能量，这就需要选手肌肉主动用力、蹬伸起跳来补足能量，以便顺利完成预定动作。

如前所述，从单个动作来说，动作幅度包括有支撑的动作轨迹（含滑行与起跳）+无支撑的腾空动作轨迹。滑行有下滑、平滑与上滑，下滑时起点宜高不宜低，由做功原理可知，由于下滑力所经路程更长些便可获得更大的下滑速度；除第一个动作入槽下滑起点之外，此后其他动作下滑起点均为前一动作着陆点，这一节点对后续动作腾空高度影响很大。上滑末端的起跳环节至关重

---

[1] 夏征农.辞海[M].1989年缩印本.上海：上海辞书出版社，1990.

要：一是蹬伸起跳时机不可过早或过晚，理想的时机是经充分蹬伸刚好至壁沿腾起；二是不要过早在壁上做扭转动作，否则不但影响腾空高度，甚至还会导致着陆失衡。

（四）多样性

多样性可体现在选手完成一套全面、完整的综合性动作上。一套好的动作应该包含各种各样的技巧，其多样性良好的表现诸如：多种起跳方向——正滑起跳、倒滑起跳或山上侧滑行起跳、山下侧滑行起跳等；不同转体方向——内转或外转；多种转轴空翻——前空翻、后空翻、侧空翻及各种偏轴空翻等；多种抓板方式——每套动作有各不相同的抓板方式，尤其是有与众不同的创新性抓板方式。

在选手动作技术全面且动作难度储备充盈的前提下，还要通过足够的动作数量来确保成套动作的多样性。这就涉及充分合理地利用场地长度问题，如果连接后续动作时下滑斜度（即下滑路线与槽沿的夹角，其夹角越小斜度越大）过大会浪费一定有效空间而无法完成更多动作。本节以为，在世界大赛中，男、女选手成套动作数量均宜为偶数6个，如此不但可以满足多样性的要求，同时也使槽壁两侧难度动作分布更加均衡，遂使整套动作编排更趋合理化。

倒滑着陆之后调整为正滑到对侧槽壁，则说明选手无力表现多样性来完成一趟完整的滑行，而在一套动作中有重复动作是缺乏多样性最明显的表现。

（五）创新性

所谓创新性，在国际规则中的表述为"Progression"，若直译为进展性，即相对于现状有所进步，但本节以为更应追求创新性（Innovation），也就是说具有不寻常的全新性。由于这种创新性具有突破性意义，因此可以推动项目不断地向前发展。诸如具有划时代意义的超高难动作，前所未有的新类型动作，新颖独特的动作连接乃至整套动作编排等，均具有典型的创新性，尤其在抓板动作创新方面具有广阔空间。

本节小结

该项目的U型场地具有特殊性，选手要充分认识其特点，摸透其"脾气"才能驾驭场地顺利完成预定动作。过早在壁上开始转体是常见错误技术，理想的起跳技术应当是在已充分蹬伸的前提下身体接近腾起的瞬间才开始转体，这是非惯性转体起跳技术与惯性转体起跳技术二者综合的起跳技术。面对多轮分数取其优的赛制，本项比赛难度战术的制订起码要遵循目的明确、知彼知己、难度备足、临场应变的基本原则。虽说如此赛制比较"温情"，但其残酷之处却在于一套动作过程中前后动作衔接的连贯性，倘若突发途中连接失误则前功尽弃。

除上述之外，本节还有如下颇具学术争议性的辨析与研讨：

（1）"Amplitude"辨析：原版国际规则的Amplitude目前国内通常将其译为"高度"。但本节认为宜理解为动作幅度，其包括有支撑的动作轨迹（含滑行与起跳）与无支撑的腾空动作轨迹；有支撑的动作决定腾空高度，前者是因，后者是果，也是Amplitude的集中体现。

（2）提出三段式结构：就成套动作结构而言，其循序由3部分组成，即开始部分、中间部分、结束部分，本节称其为"三段式结构"。通常，首段要确保腾空高度及着陆稳定，中段展示主要难度动作，末段不宜以高难动作收尾。

（3）修订总体印象评分尺度：国际规则对总体印象评分标准虽有所阐述，但我们却发现了若干问题。本节为便于裁判员临场值裁时准确判定全套动作总体印象水平，特依据规则的基本精神制订了总体印象评分尺度参照表。

（4）提出男、女选手成套动作数量均宜为偶数6个：6个不但可以满足多样性的要求，同时其偶数也使槽壁两侧难度动作分布更加均衡，遂使整套动作编排更趋合理化。

（5）提出"下滑斜度"概念：所谓下滑斜度，即下滑路线与槽沿的夹角，其夹角越小斜度越大。在成套动作中连接后续动作时，适宜的下滑斜度会充分合理地利用场地有效空间而有利于完成更多动作。

（6）关于"雪杖取舍"的讨论：取——要力求人—板—杖一体化；舍——去累赘，利抓板。持杖选手在完成空中动作时若对身体—雪板—雪杖一体化统筹控制，则会构成新颖别致的画面；比赛中也可不持雪杖，这样既能方便抓板，也能更好地控制紧凑的人—板一体化。

（7）关于动作难度量化的建议：有关方面应为动作难度量化而不懈探索，或是划分动作难度组别，或是制订动作难度系数法则。若能实现动作难度量化，则可推动项目长足进步。

（8）对裁判评分制的建议：7人制评分比5人制评分应更严谨，北京冬奥会宜采用7人制裁判法。随着该项目的不断发展进步，应适时把其决赛3轮取其优的赛制改为2轮取其优，这样可使决赛更有悬念、更加精彩。

第二节 女子项目世界强国实力格局

2022年北京冬奥会是我国重要历史节点的标志性活动，目前我国自由式滑雪U型场地技巧项目正在紧锣密鼓地备战北京冬奥会大赛。回顾以往，2018年我国年轻女选手张可欣首次参赛平昌冬奥会即闯入决赛并获第9名，我国女子U型场地技巧项目的发展潜力已初现端倪；再看现在，不但国家队的队员张可欣、李芳慧等又有长足进步，更有原美国新秀谷爱凌（其母是华人）的强力加盟，这就使我们对其日后在北京冬奥会的作为有了更大的期待。

随着冬奥周期的更迭，有的老将可能退役，但更有新秀人才辈出，各国备战阵容都会做出相应调整。诚然，参加任何竞技体育比赛都要知彼知己，但是备战具有特殊重要意义的北京冬奥会大赛，做到对对方的情况和自己的情况都有透彻的了解，则显得格外重要。因为只有知彼才使知己有了参照与坐标，才能摆正自己的位置，从而制订针锋相对、有的放矢的比赛策略[1]。业内人士都知道，至今已有近二十余国家开展女子U型场地技巧项目，四十多名女选手活跃在世界比赛的赛场上，北京冬奥会该项目只有个人比赛的金、银、铜牌各1枚。那么，从目前情况来看，本项目世界强国有哪几个国家？竞技实力强劲的选手有哪些？尤其是我国女选手的竞技实力究竟处于何等地位？本节以近2届冬奥会（2014年、2018年）女子U型场地技巧决赛选手24人，该项目近2届世锦赛（2017年、2019年）决赛选手14人，近3赛季世界杯（2018年、2019年、2020年）系列参赛获奖牌选手13人，近4赛季世界杯（2017年、2018年、2019年、2020年）系列参赛国家积分排名榜等成绩为依据，力图阐析这些问题。

一、从国家积分看团队实力

虽然北京冬奥会本项目只有个人比赛而无团体比赛，但选手个人实力及其发挥与其所在团队实力有密切关系，如平时训练中的相互促进，临场比赛中的战术配合，尤其是队友比赛失误时的前仆后继等。因此，为了分析女子U型场地技巧世界强国实力格局，本节首先通过表7-6的最近4个赛季世界杯女子U型场地技巧项目国家积分前6位排名表，来讨论一下近年来有哪几个国家具有团队优势。

---

[1] 周冉.应对空中技巧新赛制的冬奥会比赛策略探讨[J].沈阳体育学院学报，2013（6）：111-113.

表7-6 近4赛季世界杯女子U型场地技巧国家积分前6位排名表

名次	2017 国家	积分	2018 国家	积分	2019 国家	积分	2020 国家	积分	说明
1	美国	490	美国	645	加拿大	540	中国	616	谷爱凌
2	法国	430	加拿大	481	中国	412	加拿大	504	自2020
3	日本	344	日本	412	美国	314	俄罗斯	460	赛季开
4	加拿大	314	中国	361	爱沙尼亚	180	美国	428	始代表
5	英国	144	法国	313	韩国	108	日本	227	我国参
6	新西兰	131	俄罗斯	242	日本	107	英国	205	赛

由表7-6可见，美国、加拿大近年来一直是稳居世界前4名的传统强队，加拿大除了2017赛季以微弱分差不敌日本屈居第4位之外，近年来一直稳居世界三甲的优势地位；法国、日本只是靠个别选手曾于2017、2018赛季挤入过三甲之后，近年来已大不如前；我国首次参赛2017赛季世界杯时国家排名为第12名，但仅过1年就越至第4名，翌年又升至三甲的第2名，2020赛季又以616分的明显优势跃居榜首，可谓后发之势强劲。另外俄罗斯的进步也很大，从2018赛季的第6名突飞猛进已越至2020赛季的第3名。

由上述可见，从世界杯国家积分来看，目前女子U型场地技巧团队实力世界四强是美国、加拿大、中国、俄罗斯4队。此外还不可忽视2019赛季以S.Kelly一己之力竟越至第4名的爱沙尼亚队，其详情容后阐述。

二、从比赛成绩看个人实力

（一）冬奥会决赛成绩分析

众所周知，冬奥会4年举行一次，是世界三大赛中的顶级赛事，尤其本节的着眼点是北京冬奥会U型场地技巧项目世界强国的竞技实力格局，所以，我们首先来分析历届冬奥会该项决赛成绩。

2014年索契冬奥会有美国、法国、日本、瑞士、新西兰、加拿大、澳大利亚7国12名选手入围决赛，2018年平昌冬奥会有加拿大、法国、美国、日本、俄罗斯、英国、德国、中国8国12名选手入围决赛。由表7-7可见有6名选手连续两届闯入决赛，其中1994年出生的美国选手B.Maddie，索契冬奥会以89.00分夺冠，平昌冬奥会因3轮比赛成套动作皆中断仅获第11名（3轮得分依次为25.80分、

26.40分、27.00分）；1990年出生的另一名美国选手S.Brita索契冬奥会以76.00分获第6名，平昌冬奥会则以91.60分夺得铜牌，2022年北京冬奥会时二人分别为28岁和32岁，也还是当打之年。1984年出生的法国选手M.Marie，时年30岁与34岁连续两届冬奥会夺银实属不易；1986年出生的美国选手D.Annalisa 索契冬奥会获第9名，平昌冬奥会以90.80分升至第4名；1988年出生的日本选手O.Ayana继索契冬奥会夺得铜牌之后，平昌冬奥会又获得第5名，但是，待到北京冬奥会时已38岁、36岁和34岁的上述3位老将是否仍能宝刀不老，则尚待观察。

表7-7 近两届冬奥会女子U型场地技巧决赛成绩简表

名次	2014索契冬奥会 选手	国家	分数	2018平昌冬奥会 选手	国家	分数	说明
1	B.Maddie	美国	89.00	S.Cassie	加拿大	95.80	①索契冬奥会2轮决赛，平昌冬奥会3轮决赛；②DNS为弃赛
2	M.Marie	法国	85.40	M.Marie	法国	92.60	
3	O.Ayana	日本	83.20	S.Brita	美国	91.60	
4	F.Virginie	瑞士	78.00	D.Annalisa	美国	90.80	
5	K.Janina	新西兰	77.00	O.Ayana	日本	82.20	
6	S.Brita	美国	76.00	D.Valeriya	俄罗斯	80.60	
7	G.Rosalind	加拿大	74.20	C.Rowan	英国	75.40	
8	J.Mirjam	瑞士	71.20	C.Sabrina	德国	74.20	
9	D.Annalisa	美国	66.40	张可欣	中国	73.00	
10	S.Amy	澳大利亚	40.60	G.Rosalind	加拿大	70.60	
11	V.Angell	美国	29.60	B.Maddie	美国	27.00	
12	C.Anais	法国	DNS	C.Anais	法国	DNS	

索契冬奥会获奖牌的3名选手得分均值为85.86分，平昌冬奥会获奖牌的3名选手得分均值为93.33分，仅用4年功夫就提升了7.47分，说明本项目已有很大发展。在平昌冬奥会上，时年仅16岁的我国小将张可欣首次参赛冬奥会即闯入决赛并获第9名的好成绩，我们对北京冬奥会时正值运动生涯黄金期的这位新星寄予更大期望。

（二）世锦赛决赛成绩分析

世锦赛两年举行一次，除特殊情况外，各国优秀选手会悉数参赛，因此其决赛成绩也颇具典型性与代表性。

由表7-8可见，近两届世锦赛连续闯进决赛的只有美国选手B.Maddie，其2017年世锦赛获第5名，2019年世锦赛获第6名。以上2表联系来看，可见2018年冬奥会与2019年世锦赛连续闯进决赛的有加拿大选手S.Cassie、美国选手S.Brita及B.Maddie 3人，其中B.Maddie在2014年索契冬奥会、2017年世锦赛、2018年平昌冬奥会以及2019年世锦赛的4次大赛中先后获得第1名、第5名、第11名、第6名，此外在2016赛季世界杯个人积分排名榜上列第3位（2015赛季世界杯因故只参加1站比赛而列第15位[1]），足见该选手自2014年以来训练水平与竞技实力比较稳定。

表7-8　近两届世锦赛女子U型场地技巧决赛成绩简表

名次	2017年世锦赛 选手	国家	分数	2019年世锦赛 选手	国家	分数	说明
1	O.Ayana	日本	89.80	S.Kelly	爱沙尼亚	95.00	①两届决赛均3轮
2	M.Marie	法国	87.00	S.Cassie	加拿大	94.40	②2017年6名选手决赛，而2019年8名选手决赛
3	L.Devin	美国	84.20	S.Brita	美国	90.60	
4	D.Annalisa	美国	81.80	K.Rachael	加拿大	85.20	
5	B.Maddie	美国	76.60	李芳慧	中国	80.20	
6	C.Rowan	英国	26.80	B.Maddie	美国	77.00	
7				G.Elisabeth	奥地利	74.80	
8				张可欣	中国	73.60	

表7-8中最抢眼的当属2002年出生的爱沙尼亚新星S.Kelly，她首次参加世界比赛的2018赛季世界杯第1站比赛即获得第2名，继2019赛季世界杯第1站夺冠之后，紧接着在2019年世锦赛决赛中以95.00分的高分再次夺冠。须知，S.Kelly还是兼项选手——自2018赛季以来两线作战，除了U型场地技巧项目之外，2018赛季、2019两赛季坡面障碍技巧项目世界杯首站又获2枚金牌，可见这位新星的竞技实力不可小觑。

2017年世锦赛前3名获奖牌选手得分均值为87.00分，比2014年索契冬奥会前3名获奖牌选手得分均值的85.86分提高了1.14分；2019年世锦赛前3名获奖牌

---

[1] Fis.fis freestyle ski world cup 2015 discipline standings ladies' ski halfpipe [EB/OL]. http://medias3.fis-ski.com/pdf/2015/FS/8159/2015FS8159OST.pdf.

选手得分均值为93.33分，不但比2014年索契冬奥会有大幅度提高，而且与2018年平昌冬奥会持平——恰巧均为93.33分。我国女选手只有柴洪1人参加2017年世锦赛以44.00分获第18名，而李芳慧与张可欣首次参赛2019年世锦赛即分别以80.20分、73.60分获第5名、第8名的较好成绩。但同时也应看到，目前二人平均为75.60分的成绩以及五至六成的成套成功率，与世界优秀选手尚有一定差距。

（三）世界杯积分排名分析

与冬奥会每4年举行1次及世锦赛每2年举行1次不同的是，世界杯系列赛是每年均举行，所以本节取最近3个赛季（2018年、2019年、2020年）世界杯个人积分排名资料来分析。由于每站参赛选手数量与实力不同，每赛季系列赛所赛站次不同，同一赛季选手间参赛站次也不尽相同，这些因素都会影响到选手的积分排名。因此，这里有必要事先做一下交代：2018赛季——15国共42名选手参赛，全程赛了6站；2019赛季——11国共30名选手参赛，全程赛了4站；2020赛季——11国共31名选手参赛，全程赛了5站。全面来看，每赛季美国、加拿大、中国选手参赛站次较多，有些国家如爱沙尼亚、俄罗斯、新西兰等国选手则参赛站次较少。上述因素虽使世界杯个人积分排名这一指标具有局限性，但在一定情况下还是可以说明选手竞技实力水平。

表7-9 近3个赛季世界杯女子U型场地技巧个人积分前10位排名简表

名次	2018 选手/国家	积分	2019 选手/国家	积分	2020 选手/国家	积分
1	S.Cassie（加）	324	S.Cassie（加）	280	D.Valeriya（俄）	300
2	S.Brita（美）	306	K.Rachael（加）	260	K.Rachael（加）	280
3	张可欣（中）	264	张可欣（中）	256	张可欣（中）	240
4	B.Maddie（美）	260	S.Kelly（爱）	180	李芳慧（中）	205
5	M.Marie（法）	241	李芳慧（中）	156	谷爱凌（中）	180
6	M.Carly（美）	217	S.Brita（美）	150	S.Brita（美）	166
7	L.Devin（美）	185	H.Abigale（美）	130	A.Zoe（英）	158
8	D.Valeriya（俄）	184	J-Yujin（韩）	108	L.Devin（美）	142
9	S-Saori（日）	181	W-Yurie（日）	107	JANG Yujin（韩）	133
10	D.Annalisa（美）	177	G.Elisabeth（奥）	86	H.Abigale（美）	123

注：爱——爱沙尼亚。

由表7-9可见，获2018年平昌冬奥会冠军、2019年世锦赛亚军的加拿大选手S.Cassie，在2018赛季、2019赛季世界杯连获个人积分排名榜首，这更加证明了其稳定的强劲竞技实力。美国选手S.Brita在2018赛季、2019赛季世界杯个人积分排名分别为第2位、第6位，再联系看其表7-7的2018年平昌冬奥会铜牌与表7-8的2019年世锦赛铜牌，也足以说明其是一名优秀选手。而爱沙尼亚选手S.Kelly在2019赛季世界杯个人积分排名第4位的180分，则是其只参加了首末2站比赛的战果——首站夺金积100分与末站得银积80分；倘若全程参赛，显然其积分排名还会提升。但她在2020赛季因故没有参赛，今后会有如何动态尚待密切观察。

我国选手2017赛季首次参赛世界杯时张可欣、李芳慧个人积分排在第28位、第29位。2018赛季、2019赛季世界杯系列赛我国选手都是全程参赛，2018赛季张可欣个人积分排名跃居第3位，2019赛季张可欣仍然保住三甲位置，而时年仅16岁的小将李芳慧首次参赛世界杯则以156分排在第5位，至此已看出我国女子U型场地技巧项目确实具有可观的潜优势。尤其是2020赛季的形势更加喜人——张可欣、李芳慧、谷爱凌已肩并肩占据第3位、第4位、第5位，开始彰显团队实力，其中年轻的谷爱凌仅参加2站比赛即以180分（第1站银牌积80分，第5站金牌积100分）排在第5位，可见其发展潜力巨大。

（四）个人实力综合分析

本节前面从冬奥会决赛成绩、世锦赛决赛成绩及世界杯个人积分排名3个方面分别分析了中外重点选手的个人竞技实力，这里涉及了比赛名次、所得分数、世界杯积分及其排名次序、所获金牌、银牌、铜牌枚数，以及成套动作成功率等多项指标。那么如何把上述各个侧面的分析进行有效的综合呢？我们以为，采用选手所获奖牌的累计积分最具综合性与典型性，对本课题的任务来说最有意义。鉴于冬奥会、世锦赛奖牌的含金量明显高于世界杯分站赛，所以前两者积分比后者增值50%；之所以世界杯总排名不进行奖牌积分换算，一是因为总排名本无奖牌，更主要的是考虑到该指标在某些情况下并不一定能真实反映选手的实力水平[1]。

从表7-10的奖牌总数及其累计积分来看，该表13名获奖牌选手可分为4档。

---

[1] 戈炳珠，等.空中技巧论百篇[M].沈阳：辽宁人民出版社，2013.

表7-10　近期世界三大赛U型场地技巧女选手获奖牌累计积分排序表

序号	选手/国家	冬奥会 2014	冬奥会 2018	世锦赛 2017	世锦赛 2019	世界杯 2018	世界杯 2019	世界杯 2020	奖牌枚数	累计积分
1	S.Cassie/加		4.5		3	3 3 3	3 3 2	3	9	27.5
2	M.Marie/法	3	3	3		3 2 1			6	15.0
3	张可欣/中					3 1	3 1 1	3	6	12.0
4	S.Brita/美		1.5		1.5	3 2 1	1	2	7	12.0
5	S.Kelly/爱				4.5	2	3 2		4	11.5
6	D.Valeriya/俄				1		1 3 2 1		5	8.0
7	K.Rachael/加					2	1 2 1 2		5	8.0
8	O.Ayana/日	1.5		4.5		1			3	7.0
9	B.Maddie/美	4.5				2			2	6.5
10	谷爱凌/中						2 3		2	5.0
11	L.Devin/美				1.5	2 1			3	4.5
12	W.Yurie/日					2			1	2.0
13	李芳慧/中						1 1		2	2.0

注：爱——爱沙尼亚；冬奥会、世锦赛金、银、铜牌分别积4.5分、3分、1.5分；世界杯总排名无积分，其分站赛每枚金、银、铜牌分别积3分、2分、1分。

1. 第一档次

1人累计积分20分以上：加拿大选手S.Cassie除了获得2018年平昌冬奥会冠军与2019年世锦赛亚军之外，还在2018赛季、2019赛季、2020赛季世界杯获得6枚金牌，无论是9枚奖牌还是27.50分的累计积分，都是高居榜首，加之北京冬奥会时正值其30岁的好年龄，定会是金牌的有力争夺者。

2. 第二档次

4人累计积分11.5～15分：其中法国选手M.Marie累计积分15分居第2位，在2014年索契冬奥会、2017年世锦赛、2018年平昌冬奥会三获银牌可谓战绩显赫，继2018赛季世界杯各获1枚金、银、铜牌之后，2019赛季、2020赛季并未参赛，待到北京冬奥会时她已38岁，恐难再有强劲竞争力。我国选手张可欣至今在冬奥会与世锦赛尚无奖牌入账，但在2018赛季、2019赛季、2020赛季世界杯已获3金3铜共6枚奖牌，在累计积分榜以12分位居并列第3位，相信北京冬奥会届时20岁的这位后起之秀会更加成熟更加具有竞争力。美国选手S.Brita以7枚奖牌累计积分12分与张可欣并列居积分榜第3位，但其2018年平昌冬奥会与2019年世锦赛连获颇有分量的铜牌，即使北京冬奥会时已经32岁，还会是一名不可小觑的竞争对手。爱沙尼亚选手S.Kelly与张可欣同龄，虽然2020赛季并未参赛，但仅凭借2019年世锦赛的1枚金牌和2018赛季、2019赛季世界杯的1金2银3枚奖牌累计积分11.5分，在累计积分榜上居第5位，可以预见北京冬奥会时她会是我们的竞争对手。

3. 第三档次

6人累计积分4.5～8分：俄罗斯"00后"的年轻选手D.Valeriya继2018赛季世界杯首获1枚铜牌之后，在2020赛季世界杯连获1金1银2铜4枚奖牌，以5枚奖牌累计积8分跃居积分榜第6位。加拿大"90后"选手K.Rachael的情况与D.Valeriya相似——继2019赛季世界杯获得1枚银牌之后，在2020赛季世界杯连获2银2铜4枚奖牌，也以5枚奖牌累计积8分与其并列跃居积分榜第6位。日本选手O.Ayana以2014年索契冬奥会1铜、2017年世锦赛1金、2018赛季世界杯1铜共3枚奖牌积7分居第8位，但获得前2枚含金量较高的奖牌的时间较早，2019赛季、2020赛季未参赛，北京冬奥会时已33岁，届时能否再登冬奥会赛场目前还不得而知。1994年出生的美国选手B.Maddie 20岁时即获2014年索契冬奥会金牌，但在此后的冬奥会与世锦赛上均无斩获，2018赛季世界杯获得1枚银牌，2020赛季未参赛，2枚奖牌积6.5分居第9位，北京冬奥会时年28岁，正是当打之年。2003年出生的我国小将谷爱凌首次参赛2020赛季世界杯首站比赛即以百分之百的成功率获89.0分而夺得1枚银牌，再次参赛其末站比赛又以94.00分的高分喜获1枚金牌，结果仅凭这2枚金牌积5分排在积分榜第10位。1993年出生的美国选手L.Devin 2017年世锦赛获得1枚铜牌，2018赛季世界杯获得1枚银牌1枚铜牌，3枚奖牌积4.5分排在积分榜第11位，北京冬奥会届时29岁，仍是当打之年。

4. 第四档次

2人累计积分2分：1989年出生的日本选手W.Yurie是"80后"老将，仅以2018赛季世界杯1枚银牌积2分排在并列第12位。2003年出生的我国小将李芳慧2019年世锦赛决赛与2019赛季世界杯个人积分排名均获第5名，近两个赛季世界杯各获1枚铜牌积2分与W.Yurie并列排在第12位，上升势头正劲，相信她待到北京冬奥会时会有更大作为。

综上述分析，可以说除了大龄选手M.Marie、O.Ayana、W.Yurie变数较大之外，加拿大选手S.Cassie、K.Rachael，美国选手S.Brita、B.Maddie，我国选手张可欣、谷爱凌，以及爱沙尼亚选手S.Kelly、俄罗斯选手D.Valeriya8人，将是北京冬奥会女子U型场地技巧大赛的有力竞争者。同时也可以看出，从世界三大赛比赛成绩分析个人实力的结果与前述从世界杯系列赛国家积分分析团队实力的结果基本一致。

本节小结

通过近期冬奥会、世锦赛及世界杯比赛成绩的综合分析，得出如下初步判断：论团队实力，我队已有多名年轻选手发展势头强劲，自2019赛季已与美国、加拿大一同进入世界三强之列。论个人实力，加拿大选手S.Cassie、K.Rachael，美国选手S.Brita、B.Maddie，我国选手张可欣、谷爱凌，以及爱沙尼亚选手S.Kelly、俄罗斯选手D.Valeriya8人，将是北京冬奥会女子U型场地技巧大赛的有力竞争者。我国选手届时起码应夺得1枚奖牌，我们对谷爱凌寄予厚望，但她是U型场地技巧—坡面障碍技巧—大跳台3个小项的兼项选手，一定要审时度势审慎处理好三者关系以追求参赛效益最大化。

2022年北京冬奥会自由式滑雪U型场地技巧的这枚奖牌意义重大，其愿景如能得以实现，不仅可在我国北京冬奥宏图上添彩，还可有力促进我国"冰强雪弱"落后面貌的改观。

（作者：刘伶燕、戈炳珠，2020年定稿）

第八章　坡面障碍技巧选手兼项参赛问题

从2014年于俄罗斯索契举行的第22届冬奥会开始，自由式滑雪坡面障碍技巧成为冬奥会正式比赛项目。为了备战北京冬奥会，2017年我国组建了该项目国家集训队，经一段室内轮滑和蹦床基础训练后，2018年末正式开始了专项雪上训练。2019赛季我国女选手第一次参加国际大赛，王文卓在20名选手中排名第14位，获得了52.2分的国际雪联积分，建队仅一年多即为我国拿到了第一个世界杯参赛名额，取得了历史性突破[1]。但这仅仅是第一步突破，为备战北京冬奥会自由式滑雪坡面障碍技巧大赛，我们还肩负着更艰巨的任务，即第二步突破——拿到北京冬奥会该项比赛入场券，以及第三步突破——在其比赛中取得好成绩。为完成上述艰巨任务，我国这个新项目面临诸多问题需要解决，其中有些重要问题业已解决或正在解决之中。其中可喜的是，2019赛季自由式滑雪世界杯坡面障碍技巧个人积分排名第3名的原美国优秀选手谷爱凌（Gu Ailing Eillen），2019年6月入籍中国并强劲加盟我国自由式滑雪队伍（兼项坡面障碍技巧与U型场地技巧），在2019年8月于新西兰举行的2020赛季自由式滑雪澳洲杯该项比赛中一举夺得冠军。谷爱凌当年只有16岁，其发展前景被寄予厚望。

经笔者检索查询发现，属于该项目特点之一的选手兼项参赛问题尚未引起人们关注并加以研究，其实，这也是该项目的一个重要问题。关于这一研究课题的动态，国内尚无有关文献资料可供参考。为此，本章主要通过国际雪联官方网站www.fis-ski.com，查询自由式滑雪坡面障碍技巧与U型场地技巧项目2018年平昌冬奥会成绩单（那时大跳台项目尚未进入冬奥会），以及坡面障碍技巧、大跳台、U型场地技巧项目2019年世锦赛及2019赛季世界杯成绩单，其

---

[1] 新浪体育. 自由式滑雪大跳台和坡面障碍技巧国家队获世界杯资格 [EB/OL]. https://sports.sina.cn/others/winter/2019-02-24/detail-ihqfskcp8047454.d.html?oid=5_hywap&vt=4&cid=69557.

中以Fis freestyle ski world cup 2019 worldcup-overall standings ladies'[1]（2019赛季自由式滑雪世界杯女子全能积分排名表）与fis freestyle ski world cup 2019 worldcup-overall standings men's[2]（2019赛季自由式滑雪世界杯男子全能积分排名表）为引导，选择2018赛季、2019赛季参加坡面障碍技巧世界三大赛的共57名男、女兼项参赛选手为主要研究对象，在对上述英语版文献资料三次加工的基础上进行分析研究，并将其初步研究结果与大家交流讨论。

第一节　兼项参赛人数

U型场地技巧与坡面障碍技巧这两个项目一同于2014年进入索契冬奥会，大跳台将于2022年进入北京冬奥会。前两者比赛场地不同，腾空动作有些相似性；但后者1个跳台与坡面障碍技巧最后3个跳台的腾空动作则具有更大的相似性。正因如此，本项选手兼项大跳台的很多，兼项U型场地技巧的寥寥，而兼其他项目的尚未见到。本文通过普查2019赛季Fis freestyle ski world cup 2019 worldcup-overall standings ladies'与Fis freestyle ski world cup 2019 worldcup-overall standings men's，给出该项兼项选手人数统计表，详见表8-1。

表8-1　坡面障碍技巧兼项选手人数统计表

国家	女子 （该项选手32人）	男子 （该项选手62人）	合计 （男、女选手94人）
加拿大	3	7	10
美国	1	7	8
瑞士	2	5	7
瑞典	0	6	6
挪威	1	4	5
奥地利	2	2	4

---

[1] Fis.fis freestyle ski world cup 2019 worldcup-overall stqndings Ladies'[EB/OL]. http://medias1.fis-ski.com/pdf/2019/FS/8281/2019FS8281WCALL.pdf.

[2] Fis.fis freestyle ski world cup 2019 worldcup-overall stqndings Men's[EB/OL]. http://medias1.fis-ski.com/pdf/2019/FS/8282/2019FS8282WCALL.pdf.

（续表）

国家	女子 （该项选手32人）	男子 （该项选手62人）	合计 （男、女选手94人）
法国	2	1	3
德国	1	2	3
新西兰	1	2	3
意大利	2	0	2
西班牙	0	1	1
荷兰	0	1	1
英国	0	1	1
日本	0	1	1
芬兰	0	1	1
爱沙尼亚	1	0	1
合计	16	41	57
百分比	16/32＝50%	41/62＝66%	57/94＝61%

由表8-1可见，16个国家共有57名男、女选手兼项参赛，占2019赛季坡面障碍技巧世界杯所有获得积分的94名选手的61%（女选手占50%，男选手占66%）。这一普查结果显示，该项选手兼项参赛并非个案，而是具有相当规模的一种趋势。

在本章最终定稿之前，我们又拿到了2020赛季世界杯系列赛的Fis freestyle ski world cup 2020 worldcup-overall standings ladies'与Fis freestyle ski world cup 2020 world cup-overall standings men's，通过研读发现该项女选手兼项者比例由上赛季的50%增至62%，男选手由上赛季的66%增至67%，二者合计由上赛季的61%增至65%，因此可以看出，上述2019赛季已具相当规模的这种兼项趋势在进一步强化，甚至可以说这是该项目特点之一，确实值得探讨研究。

第二节 兼项参赛类型

兼项不同于跨项，跨项是从原有项目跨入新的不同项目后不再从事原有项目，而兼项则是同时从事几个不同项目，一般多为两个项目。从所涉及的项目来看，2019赛季57名男、女兼项选手中的55名本项选手都是兼项大跳台，占总体的96.5%，只有爱沙尼亚女选手S.Kelly与挪威男选手R.Birk兼项U型场地技巧，占总体的3.5%。但2020赛季世界杯首站比赛又发现谷爱凌兼项参赛了U型场地技巧，遂使坡面障碍技巧—U型场地技巧兼项选手增至3名。从所从事项目的主次来看，可分为两种类型——主副型与均衡型，前者有主项和副项，后者所兼项目实力均衡。

2019赛季普查主副型兼项的结果是，16名兼项女选手中有2名是主副型兼项，41名兼项男选手中有19名是主副型兼项，但在研究中发现，这19名男选手中有5名是大跳台成绩明显优于坡面障碍技巧，这说明其主项很可能是大跳台。普查均衡型兼项的结果是，57名男、女兼项选手中有36名是均衡型兼项（其中包括S.Kelly，2019赛季世界杯坡面障碍技巧个人积分排名第10名，U型场地技巧个人积分排名第4名）占其总体的63%。在这36名均衡型兼项选手中的挪威男选手R.Birk是个特例，他是3个项目的兼项选手，即U型场地技巧—坡面障碍技巧—大跳台兼项选手。到了2020赛季我们发现，除了R.Birk之外，U型场地技巧—坡面障碍技巧—大跳台兼项选手又增加2名选手，其一是法国男选手M.Vincent，其二是我国女选手谷爱凌，只不过她兼项第3个项目大跳台参赛的不是世界杯，而是2020年第3届青年冬奥会。

均衡型兼项选手占多数是正常的，统计结果是可信的。因为选手之所以选择兼项参赛，就是为了左右逢源以追求更大的参赛效益，如果副项太差拖后腿，那还何必费力不讨好地兼项呢？为佐证这一论断特示出表8-2的均衡型兼项选手2019赛季比赛成绩实例，其中U型场地技巧—坡面障碍技巧—大跳台兼项男选手挪威的R.Brik，所兼项参赛的3个项目实力都比较均衡，在2020赛季世界杯的5站比赛中，大跳台获1金2银及总冠军，坡面障碍技巧获1金，U型场地技巧仅赛2站即积74分总排名居第13位，可见其是位真正的多面手。

表8-2　均衡型兼项选手2019赛季比赛成绩实例

选手	性别	国家	坡面障碍技巧	大跳台
B.Silvia	女	意大利	世界杯总排名第5名	世界杯总排名第4名 世锦赛第5名
L.Caroline	女	美国	世界杯总排名第8名	世界杯第6名
R.Birk	男	挪威	世锦赛第2名	世界杯第2名
H.Henrik	男	瑞典	世锦赛第5名	世锦赛第2名

第三节　兼项参赛成绩

对于坡面障碍技巧这样的兼项选手，由于兼项参赛其成绩会不会受影响？诚然，比赛成绩是硬道理，那么我们就其比赛成绩来试图回答这个问题。

表8-3　兼项选手平昌冬奥会决赛成绩

女子				男子			
名次	选手	国家	分数	名次	选手	国家	分数
1	H.Sarah	瑞士	91.20	4	W.James	英国	91.00
2	G.Mathilde	瑞士	88.00	5	H.Teal	加拿大	90.00
5	K.Johanne	挪威	76.80	6	M.Evan	加拿大	89.40
				7	R.Andri	瑞士	85.80
				10	H.Jonas	瑞士	66.20
				11	W.Oscar	瑞典	62.00

由表8-3可见，坡面障碍技巧女子兼项选手获得平昌冬奥会第1名、第2名、第5名，夺得金牌和银牌[1]；男子兼项选手获得第4名、第5名、第6名、第7名、第10名、第11名，在12名决赛选手中占据半壁江山[2]。由表8-4可见，在2019赛季世界杯个人积分排名榜中，本项目女子兼项选手占据7席——第1名、第2名、第4名、第5名、第6名、第8名、第10名[3]，男子兼项选手占据8席——第1名、第2名、第3名、第4名、第5名、第6名、第8名、第10名[4]。上述成绩雄辩地说明，兼项不但未影响训练精力和比赛成绩，而且还收到了"东方不亮西方亮"甚至"左右逢源"的好效果。

---

[1] Fis.freestyle skiing ladies' ski slopestyle results [EB/OL]. http: //medias3.fis-ski.com/pdf/2018/FS/8054/2018FS8054RLF.pdf.

[2] Fis.freestyle skiing men's ski slopestyle results [EB/OL]. http: //medias3.fis-ski.com/pdf/2018/FS/8057/2018FS8057RLF.pdf.

[3] Fis.fis freeski world cup 2019 world cup-discipline standings ss ladies' ski slopestyle [EB/OL]. http: //medias1.fis-ski.com/pdf/ 2019/FS/8281/2019FS8281WCDIS.pdf.

[4] Fis.fis freeski world cup 2019 world cup-discipline standings men's skislopestyle [EB/OL]. http: //medias1.fis-ski.com/pdf/2019/FS/8282/2019FS8282WCDIS.pdf.

第八章　坡面障碍技巧选手兼项参赛问题

表8-4　兼项选手入围2019赛季世界杯积分前10名一览表

	女子				男子		
1	O.Megan	加拿大	281	1	F.Mac	美国	247
2	H.Sarah	瑞士	280	2	M.Max	加拿大	213
4	G.Mathilde	瑞士	192	3	R.Andri	瑞士	205
5	B.Silvia	意大利	184	4	M.Oliwer	瑞典	185
6	K.Johanne	挪威	182	5	S.Colby	美国	167
8	C.Caroline	美国	121	6	H.Alexander	美国	147
10	S.Kelly	爱沙尼亚	100	8	L.Philippe	加拿大	142
				10	F.Kiernan	美国	132

第四节　优化兼项参赛

原美国选手谷爱凌首次在世界比赛中露面是参加2019赛季世界杯坡面障碍技巧比赛，她虽然在其总共5站的系列赛中仅参加了3站比赛，却获得1金1银并以204分的总积分排在该赛季个人积分榜第3位。可喜的是，谷爱凌2019年6月入籍中国并加盟我国自由式滑雪队，由于她是坡面障碍技巧—U型场地技巧—大跳台3个小项的兼项选手，2020赛季作为我国选手参赛世界杯不但在坡面障碍技巧项目获得1枚金牌，还在U型场地技巧项目获1枚金牌1枚银牌，以及在第3届青年冬奥会获得大跳台金牌，既使我国自由式滑雪的潜优势项目女子U型场地技巧增强了实力，也使新兴项目女子坡面障碍技巧与女子大跳台具备了基本的潜优势实力，这对我们备战北京冬奥会具有重要意义（图8-1、图8-2）。

图8-1　谷爱凌的U型场地技巧动作　　图8-2　谷爱凌荣获世界杯金牌

那么，待到2022年北京冬奥会时谷爱凌究竟该如何报名参赛呢？这须审时度势审慎处理——这既要首先依据本人各项实力之强弱，也要充分考量各项争金行情，知己知彼缜密权衡以追求参赛效益最大化。

本章题目是"坡面障碍技巧选手兼项参赛问题"，如果改为"大跳台选手兼项参赛问题"，那么文中除了爱沙尼亚女选手S.Kelly、我国女选手谷爱凌及挪威男选手R.Brik兼项U型场地技巧的3个特例之外，其研究结果会和本章基本一致。因为这本来就是同一事物的两个方面，只不过是研究角度不同，无论研究坡面障碍技巧选手还是研究大跳台选手的兼项参赛问题，其同一时期的研究对象基本都是同一批人。既然如此，由选手兼项也可考虑教练员执教、管理体制、场地使用等一并"兼项"，实施"集约经营"，这样会有事半功倍之效。

本章小结

本章主要采用文献资料法，对自由式滑雪坡面障碍技巧选手兼项参赛问题进行了初步研究。结果表明：自由式滑雪坡面障碍技巧选手兼项参赛并非个案，而是具有相当规模的一种趋势，这是该项目特点之一；绝大多数本项选手兼项大跳台，是缘于二者跳台动作具有高度相似性；本项选手兼项有两种类型——主副型与均衡型，前者主项除了坡面障碍技巧以外，也有可能是大跳台，后者所兼项目实力均衡，选手兼项参赛是为了追求更大的参赛效益，均衡型兼项选手占多数是正常的，其统计结果是可信的；比赛成绩雄辩地说明，兼项参赛可以收到"东方不亮西方亮"甚至"左右逢源"的好效果；由选手兼项可考虑教练员执教、管理体制、场地使用等一并"兼项"，实施"集约经营"，这样会有事半功倍之效；本章名如果改为"大跳台选手兼项参赛问题"，除了其文中少了极个别的兼项U型场地技巧特例之外，其研究结果会和本章基本一致。此外还对北京冬奥会时我国兼项选手谷爱凌究竟如何报名参赛提出了建议：既要首先依据本人各项实力之强弱，也要充分考量各项争金行情，做到知己知彼、缜密权衡以追求参赛效益最大化。

（作者：刘伶燕、戈炳珠，2020年定稿）

第九章　突破我国雪上技巧发展瓶颈之路

20世纪80年代至90年代，为改变我国雪上项目的落后状况，在国家体育总局冬运中心的统筹策划下，开始大力开展适合我们中国人的新兴雪上项目。继自由式滑雪空中技巧和单板滑雪U型场地技巧项目之后，自由式滑雪雪上技巧也是开展较早的新兴雪上项目。这些年来，我国空中技巧已实现冬奥会夺冠的历史性突破，并在世界三大赛中也屡创佳绩；单板滑雪U型场地技巧紧随其后，不但实现了冬奥会奖牌的历史性突破，还夺得多枚世界杯金牌；就连组建国家队才两三年的自由式滑雪U型场地技巧项目，年轻的女选手张可欣不但已获世界杯几枚奖牌，2018年首次参加冬奥会即闯入决赛[1]；然而雪上技巧项目却是另一番情景，无论女子雪上技巧还是男子雪上技巧，至今在世界三大赛中还未曾获得佳绩。作为与我国自由式滑雪结下不解之缘的笔者，面对上述状况不可能无动于衷，自然会由此而引发一番思考——雪上技巧究竟是个什么样的项目？我国雪上技巧项目的短板何在？如何对该项目特点与制胜要素再认识？本章拟以我国女子雪上技巧为例，把目前的肤浅思考写出来与大家交流并共同探讨。

第一节　我国女子雪上技巧发展历程

一、起步阶段的良好开局

为有效改变我国雪上项目长期落后的状况，20世纪80年代后期国家体育总局冬运中心及有关有识之士，首先大力开展了新兴项目自由式滑雪空中技巧和

---

[1] 张可欣. 中国自由式滑雪运动员[EB/OL]. 百度百科.https: //baike.baidu.com/item/张可欣/22251635?fr=Aladdin.

单板滑雪U型场地技巧,几年后喜见成效。随后于2006年自由式滑雪雪上技巧项目上马,2007年国家体育总局冬运中心组建国家集训队并派往雪上技巧强国加拿大著名训练基地惠斯勒外训,两年后即有2名女队员参加世锦赛[1]。集训队首任教练员银刚原本是高山滑雪运动员出身,退役后又在武警部队空中技巧队与国家空中技巧队任教多年,如此人选可谓知人善任;队员大多来自高山滑雪或空中技巧项目,如此选材也很对路。只是训练条件有限,初搞新项目缺乏认知与经验,正在"摸着石头过河"。

二、索契冬奥会的好苗头

宁琴由长春市空中技巧队转项至雪上技巧项目之后,2009年首次参加世界比赛即是当年的世锦赛并获得第24名,5年之后参加2014年索契冬奥会雪上技巧比赛,这是我国雪上技巧选手首次在冬奥会赛场亮相。宁琴经30名选手参赛的预赛闯入20名选手参赛的首轮决赛,并在此决赛中充分发挥水平,获得第18名的好成绩,可谓创造了历史。

次轮决赛录取前12名,末轮决赛是前6名选手争夺奖牌。此时国人都盼宁琴能再接再厉更上一层楼,但毕竟其训练年限太短火候不到,只能遗憾地止步于首轮决赛的第18名。由表9-1可以看出,第18名的宁琴与第12名的末位入围次轮决赛选手S.Deborah相差2.86分,其中仅回转一项就输掉2.0分,其次速度一项输掉0.84分,而跳跃动作难度还有一定优势,其得分仅仅输掉0.02分,可以说宁琴当时跳跃动作水平不错,滑行速度稍差,主要是回转拖了后腿。

表9-1 2014年索契冬奥会首轮决赛宁琴与末位出线选手成绩比较表

名次	选手	国家	回转得分	跳跃难度	跳跃得分	速度时间(sec)	速度得分	最后得分
12	S.Deborah	意大利	9.8	2.44	4.25	29.94	6.07	20.12
18	宁琴	中国	7.8	2.67	4.23	32.04	5.23	17.26
差距			-2.0	+0.23	-0.02	+2.10	-0.84	-2.86

注:回转分满分为15分,跳跃分满分为7.5分,速度分满分为7.5分,最后得分的满分为30分,跳跃动作难度为2跳动作难度之和。

---

[1] 马喜强. 自由式滑雪雪上技巧发展状况的研究 [EB/OL]. http://www.doc88.com/p-786759055216.html: 2.

宁琴首次参加2014年索契冬奥会女子雪上技巧比赛即闯入前20名选手的第1轮决赛，其表现与成绩令人鼓舞，并且由此对这个在我国新开展的项目寄予了更多的期望。

三、近年来遭遇发展瓶颈

2014年索契冬奥会结束之后，宁琴又参加了2015年世锦赛预赛并获得第25名，谁知不久后受伤被迫中断系统训练与参赛，直至2019赛季才复出参加了当年的世锦赛。2018年平昌冬奥会雪上技巧预赛、2019年雪上技巧世锦赛预赛以及2020赛季世界杯系列赛我国女选手的表现，可以说明我国女子雪上技巧近年来的发展现状。

（一）2018年平昌冬奥会预赛

由表9-2可见，2018年宁琴因伤未愈缺席平昌冬奥会，关子妍、王金都止步于预赛。二人与末位出线选手H.Madii相比，比赛全程历时平均慢了近4sec（秒），速度分少得4至5分；跳跃动作难度相差无几，动作质量有明显差距；而最主要差距在于回转，D分（即专项扣分）H.Madii仅被扣2.5分，我国选手则被扣其数倍分数；在最后得分-17.56分与-26.30分的差距中，大半分数都是由回转分导致的。

表9-2 2018年平昌冬奥会预赛我国女选手与末位出线选手成绩比较表

名次	选手	速度 时间（sec）	速度 分数	跳跃 难度	跳跃 分数	回转 B	回转 D	回转 分数	最后得分
20	H.Madii	31.44	12.57	1.62	10.99	48.3	-2.5	45.8	69.36
28	关子妍	35.50	8.00	1.60	8.20	42.4	-6.8	35.6	51.80
29	王金	35.01	8.55	1.62	6.31	40.2	-12	28.2	43.06
差距	关子妍	+4.06	-4.57	-0.02	-2.79	-5.9	-4.3	-10.2	-17.56
	王金	+3.57	-4.02	0	-4.68	-8.1	-9.5	-17.6	-26.30

注：速度分满分为20分，跳跃分满分为20分，回转分满分为60分，最后得分的满分为100分；跳跃动作难度为2次跳跃难度之和；回转一项中的B分为基础分，D分为专项扣分。

（二）2019年世界锦标赛预赛

由表9-3可见，宁琴受伤几年后复出参加2019年世锦赛，还远未恢复到原来竞技水平。与预赛第18名的末位出线选手O.Tayla相比，我国4名参赛选手全程滑行速度很慢，其速度分均为0分，仅这一项每人都丢掉了8.73分；3人2个跳跃动作难度与其同为1.55，甚至关子妍的空中动作分还赢其0.1分，而宁琴只完成1个跳跃动作；最主要的差距还是在于回转，D分O.Taylah仅被扣-5.6分，我国选手则同样被扣其数倍分数；在最后得分-31.63分、-48.12分、-48.21分、-51.74分的差距中，有八成以上都是受回转分所累。

表9-3　2019年世锦赛预赛我国女选手与末位出线选手成绩比较表

名次	选手	速度 时间（sec）	分数	跳跃 难度	分数	回转 B	D	分数	最后 得分
18	O.Tayla	35.41	8.73	1.55	8.52	41.3	-5.6	35.70	52.95
27	关子妍	43.91	0	1.55	8.62	31.0	-18.3	12.70	21.32
31	马卓妮	48.36	0	1.55	4.53	27.5	-30.9	0.30	4.83
32	王金	60.52	0	1.55	4.44	24.4	-56.2	0.30	4.74
33	宁琴	65.24	0	0.75	0.97	26.5	-58.8	0.30	1.21
差距	关子妍	+8.50	-8.73	0	+0.10	-10.3	-12.7	-23.0	-31.63
	马卓妮	+12.95	-8.73	0	-3.99	-13.8	-25.3	-35.4	-48.12
	王金	+25.11	-8.73	0	-4.08	-16.9	-50.6	-35.4	-48.21
	宁琴	+29.83	-8.73	-0.8	-7.55	-14.8	-53.2	-35.4	-51.74

注：最后得分的满分为100分；跳跃难度为2次跳跃难度之和；回转一项中的B为基础分，D为专项扣分。

（三）2020赛季世界杯系列赛

到了2020赛季世界杯系列赛，我国雪上技巧项目滞后不前的状况依然没有改变。在总共8站比赛中，我国男选手无人进入第30名而无法获得积分。在50名获得积分的中外女选手中，我国5名参赛女选手分列积分排名表第30名、第32

名、第40名、第45名、第50名[1]，分站赛最好成绩是宁琴第3站的第16名，其次是王鑫第2站与第7站的第21名；而在13个国家的女子雪上技巧国家单项积分排名表中仅排在第10位（表9-4）[2]。

表9-4 2020赛季世界杯女子雪上技巧国家积分排名表

名次	国家	积分
1	法国	736
2	美国	680
3	日本	654
4	澳大利亚	604
5	加拿大	575
6	俄罗斯	413
7	哈萨克斯坦	403
8	英国	266
9	德国	127
10	中国	80
11	奥地利	66
12	韩国	55
13	瑞典	1

---

[1] Fis.fis freestyle ski world cup 2020 world cup–discipline standings women's moguls [EB/OL]. https://www.fis-ski.com/DB/freestyle-freeski/freeski/calendar-results.html?eventselection=&place=&sectorcode=FS&seasoncode=2020&categorycode=WC&disciplinecode=MO&gendercode.

[2] Fis.fis freestyle ski world cup 2020 disciplien nations cup standings [EB/OL]. https://www.fis-ski.com/DB/freestyle-freeski/freeski/calendar-results.html?eventselection=&place=&sectorcode=FS&seasoncode=2020&categorycode.

第二节 由项目发展现状引发的若干思考

一、关于回转的思考

（一）成绩权重增值百分之十

2014年索契冬奥会之后，国际规则对雪上技巧的评分做了重大修改，即从跳跃和速度的成绩权重中各抽出5%转移到回转中去，遂使回转的成绩权重由原来的50%增至60%。权重强调的是因素或指标相对于某一事物的重要程度，倾向于贡献度或重要性，这是对该项目特点与制胜要素认识不断深化的结果。

（二）回转技术及其评分特点

由于雪上技巧场地线路的特殊性，使其回转技术也具有特殊性。选手回转滑行中要上体中正，双腿并拢，下肢各关节（尤其是膝关节）富有弹性地缓冲与伸展，与空中动作无缝衔接，沿最短路线尽快抵达终点。国际规则对其回转有独特评分法：回转分由基础分（B分—Base Score）和专项扣分（D分—Deductions）合成。凡是途中跌倒、停止、中断以及下滑动量明显降低等严重错误，都在D分一项专门扣分，其他错误减分则在B分一项体现，原版国际规则在此处以"Reduction"取代"Deduction"以示区别[1]。

（三）中外选手回转水平对比

研读成绩单我们发现，平昌冬奥会前6名外国女选手回转分的B分均值为-1.42分，我国2名女选手回转分的B分均值为-6.05分；2019年世锦赛前6名外国女选手回转分的B分均值为-3.58分，而我国4名女选手回转分的B分均值则为-41.05分。这一指标很能说明目前我国女选手回转技术水平与外国优秀选手有多大差距。

---

[1] 国家体育总局冬运中心审定.自由式滑雪竞赛总则与裁判手册[M].北京：人民体育出版社，2010.

（四）得回转者得天下

由表9-5可见，2018年平昌冬奥会和2019年世锦赛雪上技巧前6名女选手的速度、跳跃和回转的得分比例分布具有一定规律性：这些优胜选手的回转实力都很强，得分均超总分的60%；由于回转与速度密切关联，所以速度分均处于达标的20%水平；跳跃分虽未达标20%，但16%~17.6%水平也不算拖后腿。回转本身已占有60%成绩权重，此外回转中还能出速度，并且为上台起跳成功完成空中动作做好准备，由此甚至可以说，在雪上技巧大赛中，只要跳跃动作着陆正常，那么"得回转者得天下"。

表9-5　近期雪上技巧外国优秀女选手3项得分比例分布统计表

名次	平昌冬奥会				2019年世锦赛			
	选手	速度	跳跃	回转	选手	速度	跳跃	回转
1	L.Perrine	19%	17%	64%	G. Yulia	20%	19%	61%
2	D.Justine	19%	18%	63%	A. Jakara	21%	16%	63%
3	G. Yulia	18%	20%	62%	L.Perrine	20%	15%	65%
4	A.Jakara	18%	17%	65%	S.Anastasiia	20%	17%	63%
5	C.Britteny	21%	16%	63%	D.Justine	21%	16%	63%
6	N. Andi	DNF（未完成比赛）			K.Jaelin	28%	14%	58%
均值		19%	17.6%	63.4%		22%	16%	62%

二、关于速度的思考

（一）速度分的计算方法

雪上技巧选手滑行速度以滑行全程所历时间来体现，国际规则规定，男子基准时间为10.30米/秒，女子基准时间为8.80米/秒，某一具体比赛场地全程滑行的基准时间（Pace Time），采取场地长度（以米为单位）除以前述基准时间的方法来确定[1]。例如，已知2019年世锦赛比赛场地长度为254米，女子基准

---

[1] Fis.the international freestyle skiing competition rules [EB/OL]. https://res.cloudinary.com/fis-production/image/upload/v1542730293/fis-prod/FS_FI: 79.

时间为8.80米/秒，254米÷8.80米/秒=28.86秒，这次女子比赛成绩单上注明的基准时间正是28.86秒，等于速度分满分20分乘以80%的分数等于16分，若比基准时间快，得分将超过16分直至20分，若比基准时间慢，得分将低于16分直至0分。在比赛中，将每名选手的滑行时间依据相应公式即可计算出该选手的速度分。

（二）中外速度水平对比

下面我们以2019年世锦赛我国选手与前6名选手速度分的对比分析，来进一步说明当下我国选手速度之现状。

由表9-6可见，前6名选手比赛全程滑行时间平均为28.81秒，已优于基准时间的28.86秒，速度分平均得到16.09分，平均占每人所得总分的21.66%；我国3名选手滑行时间平均为50.93秒，比前者慢了22.12秒，由于速度太慢，3人速度分均为0分，其所得总分只有回转分和跳跃分，根本没有占总分20%份额的速度分的贡献。可以说，表9-6前6名选手的速度参数水平乃是该项优秀选手的基本特征之一，而我国选手的速度参数则从这一层面揭示了我国该项运动的一块短板。

表9-6 2019年世锦赛我国选手与前6名选手速度比较表

选手	名次	赛段	时间（秒）	速度分	占总分百分比
G.Yulia	1	F2	29.31	15.70	19.8%
A.Jakara	2	F2	28.43	16.47	20.8%
L.Perrine	3	F2	28.75	16.12	20.4%
S.Anastasiia	4	F2	30.00	14.73	20.2%
D.Justine	5	F2	30.06	14.66	20.5%
K.Jaelin	6	F2	26.30	18.83	28.3%
均值			28.81	16.09	21.66%
关子妍	27	Q2	43.91	0	0
马卓妮	31	Q2	48.36	0	0
王金	32	Q1	60.52	0	0
均值			50.93	0	0

注：鉴于宁琴伤后刚刚复出尚未恢复至正常竞技状态，故本表未纳入其速度参数。

（三）速度水平制约因素

速度虽然只占成绩的20%，但却能体现选手专项能力和训练水平。其制约因素除了基本滑行速度之外，至少还取决于三方面因素：

1. 滑降路线

从出发到终点的滑降路线应是尽可能短的滑行路线。

2. 回转加速

选手应有效利用雪包来使回转产生助动力以加速滑降，而不是消极等待雪包的到来[1]。

3. 动作衔接

包括滑降与上台起跳的前衔接和空中动作着陆与继续滑降的后衔接，2次跳跃共有4次衔接，2次前衔接与回转滑降密切相关，应力求保持节奏不减速，2次后衔接与空中动作着陆密切相关，应力求平稳着陆径直滑下，若2次滑行-跳跃与2次跳跃-滑行的转换过渡都能做到无缝衔接，就会有效提高速度。

三、关于跳跃的思考

（一）与空中技巧项目的区别

1. 成绩权重

空中技巧项目只比空中翻腾动作，上台起跳前的助滑和着陆平稳滑出3米后的滑行都无分值，每次出发只比1跳动作，该动作得分即为该轮比赛成绩，可谓"一锤定音"。而雪上技巧的成绩则是3项分数之和，即回转分占60%，跳跃动作分与速度分各占20%。须知，从雪上技巧项目开展之初直至2014年索契冬奥会，跳跃分的成绩权重一直是25%，此后便下调至20%，同时其动作难度系数

---

[1] 国家体育总局冬运中心审定.自由式滑雪竞赛总则与裁判手册[M].张迎红，门传胜，译.北京：人民体育出版社，2010.

也相应下调，由于每个跳跃动作得分等于裁判员评出的有效分与其难度系数之积，遂使其成绩权重一降再降。由表9-7可以看出，在2014年索契冬奥会和2018年平昌冬奥会首轮决赛中，澳大利亚女选手C.Britteny都是使用"3"（垂直旋转360°）和"bL"（向后直体后空翻）这两个跳跃动作参赛，两次比赛完成情况相差无几，但由于跳跃分占满分份额下调5%以及两跳动作难度系数下调0.78的双重影响，导致其成绩权重下降7.2%。

表9-7　近两届冬奥会C.Britteny跳跃分成绩权重比较表

赛别	动作	J6	J7	难度	得分	成绩	权重	说明
2014	3	2.1分	2.1分	1.20	4.98	20.88分	23.8%	跳跃满分7.5分
索契	bL	2.0分	2.1分	1.20				成绩满分30分
2018	3	8.0分	7.6分	0.80	12.59	75.79分	16.6%	跳跃满分20分
平昌	bL	7.8分	7.7分	0.82				成绩满分100分
差值				−0.78			−7.2%	

2. 跳台规格

空中技巧一周跳台高度为2.0～2.1米，雪上技巧跳台为0.5～0.6米；空中技巧一周跳台角度为55°，雪上技巧跳台角度仅有26°～30°，26°～30°之于55°的技术参数具有质的区别。

3. 动作数量

空中技巧每条赛道上只有1座跳台，选手比赛出发后只在这座跳台上做1次跳跃动作；雪上技巧每条赛道上前后有2座跳台，选手比赛出发后要先后在2座跳台上各做1次跳跃动作。

4. 助滑条件

空中技巧助滑道长达70米以上，坡面平滑无障碍经过渡平台直达跳台，选手可集中精力去做上台起跳前的准备工作；雪上技巧上台前的滑行雪道有诸多凸凹不平的雪包，选手集中精力准备上台起跳的时间有限。

5. 动作类型

由于跳台技术参数有质的区别，所以空中技巧与雪上技巧翻腾动作类型也有显著区别：①动作方向：在高水平的空中技巧比赛中，选手只能做向后的空翻动作[1]，而雪上技巧不但有向前、向后、向侧等各个方向的空中翻转动作，还有起跳前和着陆后变向为向后滑行动作的"转换姿势"；②空翻周数：空中技巧绕横轴翻转的空翻周数可达3周，而雪上技巧却限定1周；③身体姿势：空中技巧翻腾动作对身体姿势有严格要求，只允许直体、屈体、团身、半团身姿势[2]，并有具体扣分标准，而雪上技巧翻腾动作的身体姿势却更加多样化，不但雪板可以交叉，手还可以抓板；④转轴类型：空中技巧翻腾动作身体所绕的转轴主要有横轴（额状轴）和纵轴（垂直轴），二者正交，雪上技巧翻腾动作身体所绕的转轴除此之外还有前后轴（矢状轴）和处于上述3个基本轴之间的若干偏轴。雪上技巧正是由于上述这些特点才使其翻腾动作具有6种类型——空翻动作（Inverted Flips）、环状旋转动作（Loop）、垂直旋转动作（Straight Rotations）、偏轴旋转动作（Off Axis）、非空翻动作（Uprights）、抓板动作（Grab）[3]。

（二）动作难度

选手完成空中技巧翻腾动作时不但可以绕身体横轴翻转3周，其间还可以绕身体纵轴转体多达1440°（女）甚至1800°（男），完成雪上技巧跳跃动作时只能绕横轴翻转1周，由于时空条件有限其转体度数相去甚远；空中技巧动作难度系数是针对整个比赛动作而言，而雪上技巧动作难度系数却只与占成绩权重20%的跳跃动作有关。上述因素致使雪上技巧参赛新手的跳跃动作难度与优秀选手相比差距不是很大。

在2018年平昌冬奥会和2019年世锦赛女子雪上技巧比赛中，所出现的最难动作是难度系数为1.01的7op、7opA以及1.03的bF，而bF动作宁琴早在2014年索契冬奥会预赛和首轮决赛已两次成功完成。由表9-8可见：2014年索契冬奥会女子雪上技巧首轮决赛我国选手宁琴虽然仅列第18名未能出线，但其两跳次跳跃动作2.67的难度系数在本轮20名选手中却居第2位，甚至比第1名选手动作难度和前6名选手动作难度均值都高出0.27；倘若宁琴未漏跳早已掌握的bF，2019年世锦赛女子雪上技巧预赛我国4名选手跳跃动作难度均值则达1.61，比第1名选

---

[1] 戈炳珠. 自由式滑雪空中技巧探究［M］. 北京：人民体育出版社，2003.
[2] 戈炳珠. 空中技巧新论［M］. 沈阳：辽宁人民出版社，2016.
[3] Fis.fis freestyle skiing judging handbook 2018［EB/OL］. https://res.cloudinary.com/fis-production/image/upload/v1540187845/fis-prod/Freestyle_Skiing_Judging_Handbook.pdf：23.

手难度还要高出0.06，和前6名选手难度均值相比也只差0.07。虽然如此，但我国选手跳跃动作质量分并不如人意，尚未显示在空中技巧动作上有什么优势。

表9-8　我国女选手跳跃动作难度与外国优秀女选手比较表

赛别	第1名 动作难度	前6名 难度均值	中国选手 动作难度	与第1名 难度差值	与前6名 难度差值
索契冬奥会F1	2.40	2.40	2.67	+0.27	+0.27
2019世锦赛Q	1.55	1.68	1.61	+0.06	−0.07

注：两次比赛前6名皆为外国选手；2019年世锦赛难度计算标准与索契冬奥会有所不同；所有难度皆为两跳动作难度之和；中国选手难度索契冬奥会为宁琴1人难度，2019年世锦赛为关子妍、马卓妮、王金、宁琴4人难度均值，其中宁琴漏跳的bF计算在内。

（三）着陆效果

空中技巧项目空中动作平稳着陆顺利滑出即动作结束，而雪上技巧项目跳跃动作着陆后还有相当一段后续动作要做，所以每次跳跃着陆必须完全控制好身体，才能产生有控制的回转[1]。着陆的好效果体现在如下几方面：落在正中的滑降线上，身体保持平衡，着陆—缓冲—后续回转滑行无缝衔接。为达到如此好效果，起跳技术是关键。

（四）从扬长避短到扬长克短

我国开展雪上技巧项目时间不算长，按规则还要完成2跳不同类型的跳跃动作，我们以为，在参赛动作选择上，目前我们宜取扬长避短的策略。在上述6种类型动作中，空翻动作、垂直旋转动作、非空翻动作我们都有较好基础，尤其是空翻动作可以大力发扬，起码要出色掌握难度系数可观的bF，1个空翻动作+1个垂直旋转动作即可基本满足比赛需要；对待我们比较陌生的偏轴旋转动作、环状旋转动作、抓板动作，要循序渐进适时从适当避短过渡至积极克短，相信素来灵巧的中国人会后来居上。

---

[1] Fis.fis freestyle skiing judging handbook 2018［EB/OL］. https：//res.cloudinary.com/fis-production/image/upload/v1540187845/fis-prod/Freestyle_Skiing_Judging_Handbook.pdf：27.

四、关于选材的思考

我国雪上技巧项目的选材，有的来自高山滑雪项目，有的来自空中技巧项目，还有的源于其他项目。起初人们认为，高山滑雪的回转与雪上技巧的回转具有共性，但前者超级大回转与大回转的技术与后者回转技术迥异，即便前者回转（小回转）技术也与后者回转不尽相同；空中技巧项目与雪上技巧项目都有从跳台腾起的空中动作，但二者的空中技巧动作却有诸多区别。因此，从高山滑雪项目和空中技巧项目选材时，不必看重该项成绩有多好，而应综合考察其基本条件是否适合从事雪上技巧项目。那么何等人选适合练雪上技巧呢？这除了年龄、身材、身体素质、翻腾基本功及头脑灵活性之外，则要着重考察"雪底儿"——尤其是雪包滑行的特殊感觉与能力。

五、项目特点与制胜要素

雪上技巧这个项目原本的英语全称是"Freestyle Moguls"，即自由式滑雪雪上技巧，一般简称其为"Moguls"，而Moguls若直译是"许多雪包"的意思。当初我国引进该项目把它意译为"雪上技巧"，与同期把同为自由式滑雪项目的"Aerials"译为"空中技巧"有关。后来有人认为"雪上技巧"并未把其中的两个跳跃动作涵盖进去，未能完整表达项目特征，应改译为"回转跳跃"[1]，也有人干脆把"Moguls"按谐音直呼为"猫跳"或"猫跳滑雪"，但"雪上技巧"这个中译名叫了这么多年已约定俗成，尤其是2019年末北京冬奥组委已正式确定了北京冬奥会比赛项目名称，其中就包括确认了雪上技巧。

其实，该项目原本命名为"Moguls"恰到好处，它最能表达其项目主要特征：在所有雪上项目中，只有这个项目运动员要沿着布有诸多雪包崎岖不平的赛道上回转跳跃直至冲向终点。

从"雪上技巧比赛成绩=回转分+跳跃分+速度分"来看，其比赛制胜因素有三：回转、跳跃、速度，规则给出的成绩权重依次为60%、20%、20%。但该项目的回转、跳跃、速度是彼此间你中有我我中有你，是不可分割的三位一体：回转中出速度，回转为上台起跳做好准备；空中动作着陆可确保后续回转

---

[1] 戈炳珠.有关新项目若干译名之商榷[J].吉林体育学院学报，1999（4）：100-101, 113.

滑行，跳跃动作也能出速度；速度在回转与跳跃动作中产生，可助回转加分，并确保跳跃动作适宜高度远度；回转→跳跃须无缝衔接，跳跃→回转也须无缝衔接。雪上技巧比赛的显著特点是在回转中争速度，在快速中回转，回转分与速度分的成绩权重高达80%，所以必须练好雪包回转滑行基本功。跳跃分的成绩权重仅占20%，虽然不必追求其高难度，但若着陆失败则会前功尽弃。

本章小结

本章主要采用文献资料法，以我国自由式滑雪女子雪上技巧发展现状引申，对该项目特点与制胜要素进行了再认识。其主要论断如下：国际规则把雪上技巧回转的成绩权重上调和跳跃动作难度系数下调，这是对该项目特点与制胜要素再认识的结果；虽然雪上技巧回转、跳跃、速度的成绩权重明晰，但其彼此间你中有我我中有你，乃是不可分割的三位一体；雪上技巧比赛制胜三因素之要素是回转，大赛中只要跳跃动作着陆正常，那么"得回转者得天下"；速度能体现选手专项能力和训练水平，其制约因素除了基本滑行速度之外，还取决于滑降路线、回转加速以及滑降与跳跃动作的衔接等因素；跳跃动作不必追求其高难度，但若着陆失败则会前功尽弃；雪上技巧优秀女选手的回转、速度、跳跃的得分比例分布具有一定规律性：回转分超过总分的60%，速度分达标至20%水平，跳跃分处于接近达标的16%～18%水平；全程滑行历时优于基准时间与回转得分占总分60%以上，这是雪上技巧外国优秀选手的基本特征，由此也揭示了我国该项目的另一块短板；我国雪上技巧项目欲突破回转这一发展瓶颈不可指望毕其功于一役，但只要潜下心来下大力气定可改观。

（作者：戈炳珠、刘伶燕，2020年定稿）

第十章　大跳台项目特点与实力格局

在北京冬奥会比赛项目的"大项—分项—小项"体系中，至今自由式滑雪分项有6个项目共13个小项。首先成为冬奥会比赛项目的是雪上技巧项目（1992年），有男、女2个小项；紧接着是空中技巧项目（1994年），当时有男、女2个小项；其后是障碍追逐项目（2010年），有男、女2个小项；再后是U型场地技巧项目和坡面障碍技巧项目（2014年）一同成为冬奥会比赛项目，各有男、女2个小项；国际奥委会2018年又确定：大跳台项目的男、女2个小项和空中技巧混合团体小项成为2022年北京冬奥会的新增比赛项目[1]。至此，自由式滑雪分项共有13个小项计13枚金牌，其中12枚个人小项金牌和1枚团体小项金牌。

所谓"大跳台"，其实该项目英文为"Big Air"，其中"Air"一词本无"跳台"之意，但我们引进此项目时把其意译为"大跳台"甚好——从其名称上就在一定程度上体现了该项目的基本特点。初识这个新项目也许有人会问：大跳台和空中技巧有些相似，大跳台和坡面障碍技巧更相似，那还为什么会衍生此项目呢？目前大跳台项目世界强国实力格局如何？我国大跳台项目发展前景又会怎样？面对大家关心的上述问题，本章试图做一番初步探讨。

第一节　项目特点

一、场地器材特点

大跳台比赛场地与空中技巧类似，若以2019年自由式滑雪世锦赛大跳台比赛场地与其比较，大跳台的助滑道更长些（109米），坡度明显更大些（39.5°，比空中技巧大15°左右），因此助滑速度会更快些；跳台高度明显

---

[1] 新浪网. 北京冬奥会新增7个比赛小项［EB/OL］. https://news.sina.cn/2018-07-21/detail-ihfqtahh9800283.d.html?oid=3867730829035708&vt=4&pos=3.

高些（可达5米），宽度也更宽些（可达5米，比空中技巧宽出1米左右），"大跳台"的项目名称是与空中技巧跳台相对而言，但其角度却小得多，最小只有25°左右[1]；由于上述助滑道和跳台技术参数的特点，导致跳台至着陆坡顶端的台前距要比空中技巧长得多，2019年世锦赛为21米[2]，该赛季世界杯首站达24米[3]，而多年来空中技巧跳台台前距无论如何变化其数值都是一位数。着陆坡坡度与空中技巧相差无几。大跳台选手所使用的雪板是板尖板尾两头翘的双向雪板，既可以正滑也可以倒滑，在整个动作中两手持有雪杖；而空中技巧选手所使用的雪板则是板尖一头翘的单向雪板，两手不持雪杖。上述跳台技术参数与雪板类型的特点使得大跳台专项动作也别有特点，这将在下文阐述。

二、赛制及其计分特点

（一）评分要素

自2019赛季世界杯第2站开始由先前的5名裁判员改为6名裁判员上场值裁，根据参赛选手动作难度（Difficulty）、完成情况（Execution）、动作幅度（Amplidude）、着陆状态（Landing）按百分制予以评分。动作难度即动作的难易程度，它与翻转周数、转体度数、运动方向、身体姿势、抓板方式等有关。完成情况系指动作质量的高低，其标准追求动作到位、风格潇洒、节奏明快、表演流畅。所谓动作幅度，在本项目中宜理解为从选手腾起至着陆的身体总质心抛物线轨迹。有高无远的抛物线和有远无高的抛物线都是不可取的，其高度与远度应有合理匹配，腾起后身体应在适宜飞行轨道完成空中动作。在世界大跳台比赛中，其着陆坡均画出4条醒目的标志线，这有助于裁判员评定落点远度。着陆最佳状态是平稳着陆径直滑下至停止区，如身体失衡触雪甚至跌倒，按轻微错误、中度错误、显著错误乃至严重错误都有明确的扣分标准。

---

[1] Fis.the international freestyle competition rules（ICR）2018［EB/OL］. https：//res.cloudinary.com/fis-production/image/upload/v1542730293/fis-prod/FS_FI.

[2] Fis.fis freeski world championships 2019 Results BA Ladies'［EB/OL］. http：//medias1.fis-ski.com/pdf/2019/FS/8795/2019FS8795RLF.pdf.

[3] Fis.fis freeski world cup 2019 Results Men's BA［EB/OL］. http：//medias3.fis-ski.com/pdf/2019/FS/8043/2019FS8043RLF.pdf.

（二）预赛赛制及其计分特点

规则规定，预赛每名选手跳2跳动作，取其1跳高分为有效分，如果参赛选手很多，可酌情随机分组比赛。例如2019年世锦赛男子预赛共有47人参赛，于是随机分为"Heat 1"（23人）、"Heat 2"（24人）两组在同一场地、同一裁判组值裁的情况下先后接续比赛，每组分别取前5名获得决赛资格。但从其预赛成绩单发现，Heat 1组前5名成绩为91.50～93.25分，而Heat 2组前5名成绩则为93.50～94.75分，其第6名成绩与Heat 1组第1名的93.25分相同，但却未能获得决赛权[1]。对于这种情况，既然是随机分组也就无可非议，看来只能归咎于运气使然。

（三）决赛赛制及其计分特点

决赛每名选手跳3跳动作，取其2跳较高的分数为有效分，但这2跳必须是不同动作。国际规则对大跳台不同动作定义如下（满足其一即为不同动作）：a.滑近跳台的滑行方式不同（正滑或倒滑）；b.起跳身体姿位不同（正向起跳或背向起跳）；c.空中动作旋转方向不同（前翻或后翻，内转或外转）。

为判别并标注相同动作或不同动作，2019年世锦赛之前在成绩单上注明其中1跳相同动作"JNS"——Jump not scored，即该跳动作不得分；从该赛季世锦赛和世界杯第3站开始，为判别并标注相同动作或不同动作，在成绩单每跳动作得分右侧标注大写英文字母A、B。

由图10-1可见，决赛2跳较高的分数的有效分必须由A＋B相加合成，第8名B.Oystein的第1跳A分尽管是84.75的次高分，也只能依规则舍弃而取最低的B分20.00分；第10名G.Nicholas 3跳都是同一类型动作，所得分数都是A分，没有B分可加，因此只能取其1跳43.00分为有效分。这种情况在世界杯决赛中也多有发生。在大跳台项目中，不同动作的判定及其计分法在其决赛中举足轻重，这是其显著特点之一。由此我们联想到早期空中技巧评分规则中与大跳台"JNS"相似的"RNS"——Receives no score（不得分）[2]，如今空中技巧已

---

[1] Fis.fis freeski world championships 2019 ResultsMen's BA [EB/OL]. http://medias1.fis-ski.com/pdf/2019/FS/8796/2019FS8796RLF.pdf.

[2] 国家体育总局冬运中心审定. 自由式滑雪竞赛总则与裁判手册[M]. 张迎红，门传胜，译. 北京：人民体育出版社，2010.

鲜见有选手受到RNS判罚了，如此看来大跳台的JNS似乎是其"初级阶段"的必然现象。

Rank	Bib	FIS Code	Name	Heat	NSA	YB	Run	J1	J2	J3	J4	J5	J6	Score	Total	Tie
8	1	2530310	BRAATEN Oystein		NOR	1995	Run 1	86	83	85	86	85	83	84.75 A	109.00	
							Run 2	88	90	89	90	89	88	89.00 A		
							Run 3	18	26	21	17	19	22	20.00 A		
9	9	2530122	McEACHRAN Evan		CAN	1997	Run 1	29	30	27	29	27	29	28.50 A	105.50	
							Run 2	35	35	35	35	36	30	35.00 A		
							Run 3	69	75	72	70	70	70	70.50 B		
10	2	2529040	GOEPPER Nicholas		USA	1994	Run 1	40	35	48	44	45	43	43.00 A	43.00	
							Run 2	45	26	23	16	23	24	21.50 A		
							Run 3	27	26	23	16	24	24	24.25 A		

图10-1　2019年世锦赛大跳台男子决赛第8名至第10名成绩单截图

三、动作特点

大跳台项目的跳台、雪板与坡面障碍技巧项目的跳台、雪板基本相同，其动作特点也基本相同；与空中技巧项目的跳台、雪板有区别，其动作特点也有区别。所以，此处所述动作特点主要是相对于空中技巧而言。

（一）滑行动作特点

由于雪板是两头翘的双向板，尤其是国际规则对动作类型与难度有特定要求，所以该项动作除了常规的正向滑行外，还有大量的背向滑行动作。

（二）起跳动作特点

既有正向起跳出台，也有背向起跳出台；由于跳台角度较小，当腾起瞬时体位角（身体与水平面后夹角）要比空中技巧大得多；选手普遍采用"惯性转体"起跳技术，即在台上即开始转体利用支撑反作用力矩以加大初始转体动力，然后进入空中继续转体，也称"力矩转体"[1]；其腾起角比空中技巧动作小得多，因此我国业内人士把大跳台动作的这一特点形象地称为"前抛"。

---

[1] 戈炳珠，李国栋.惯性转体与非惯性转体[J].中国技巧，1997（2）：36.

（三）空中动作特点

1. 身体姿势

身体姿势是真正的"自由式"，几乎看不到笔直的直体姿势，基本都是各种随意的屈曲姿势。

2. 旋转轴及旋转动作

空中技巧动作主要是前移后翻的翻转动作，其身体绕额状轴后翻同时绕垂直轴转体（额状轴与垂直轴互相正交）。而大跳台不但有翻转动作，还有平转动作，前者除了绕上述两个旋转轴之外，还绕矢状轴旋转，但这些旋转轴大多都不是横平竖直的正轴而是偏轴，这是与空中技巧动作的主要区别之一，由于二者旋转轴不同，导致其旋转方向、运动形式等特征有很大区别。

3. 抓板

在空中旋转过程中可以利用身体柔韧性用手抓持雪板某部位，抓板可以改变动作的难度，用一只手或两只手抓板以及抓持雪板部位不同其动作难度也不同。抓板动作有持续抓板（Holds）和扭曲抓板（Tweaked）之分，前者手抓雪板持续一定时间，后者手抓雪板伴随着推（拉）雪板的动作，因此动作难度较前者大。抓板与身姿配合的造型若赏心悦目，也是加分因素。

4. 抛物线线型特征

抛物线线型特征是判定空中动作质量及其特点的重要因素，其变化由腾起初速和腾起角决定[1]。由于大跳台动作腾起角明显小于空中技巧动作，因此二者抛物线线型特征迥然有别——前者平缓，落点较远，后者陡峭，落点较近。

（四）着陆动作特点

着陆是最后一个环节，着陆稳定性是整个动作的最终结果，是各动作环节

---

[1] 尤·科·加维尔多夫斯基. 体操动作技术原理 [M]. 戈炳珠，译. 沈阳：沈阳体育学院研究生部，1981.

技术准确性的见证[1]。由于背向着陆是"盲着陆[2]",此时对其着陆动作难以视觉监控,所以难度大于正向着陆,与空中技巧相比具有自己的项目特点。倘若着陆严重失衡则会前功尽弃。

第二节　世界强国实力格局

为了贯彻落实中共中央办公厅、国务院办公厅联合印发的《关于以2022年北京冬奥会为契机大力发展冰雪运动的意见》这一权威文件精神,近期组队的我国自由式滑雪大跳台国家集训队正在励精图治、勤学苦练,不但要全力争取2022年北京冬奥会的参赛资格,还要力求获得好成绩以实现雪上项目新突破。为达如此备战目标,掌握本项目世界强国实力格局是很有必要的。

一、近期世界杯国家排名

表10-1为2018赛季、2019赛季、2020赛季自由式滑雪大跳台世界杯国家积分前6名简表,女子项目有10国进入近期国家排名前6名,男子项目有9国进入近期国家排名前6名。

表10-1　近期世界杯国家积分排名前6名简表

赛季	女子			男子		
	名次	国家	积分	名次	国家	积分
2018	1	瑞士	290	1	挪威	324
	2	意大利	162	2	瑞士	315
	3	加拿大	160	3	瑞典	266
	4	智利	155	4	芬兰	137
	5	法国	126	5	意大利	111
	6	德国	114	6	加拿大	105

---

[1] 戈炳珠.自由式滑雪空中技巧初探[M].北京:人民体育出版社,2003.
[2] 国家体育总局冬季运动管理中心 中国滑雪协会审定.单板滑雪竞赛规则与裁判手册[M].张辉球,李扬,译.北京:北京体育大学出版社,2013.

（续表）

赛季	女子			男子		
	名次	国家	积分	名次	国家	积分
2019	1	加拿大	320	1	瑞士	363
	2	瑞士	280	2	加拿大	255
	3	意大利	140	3	挪威	250
	4	德国	140	4	美国	210
	5	美国	140	5	瑞典	125
	6	法国	102	6	新西兰	122
2020	1	瑞士	469	1	瑞士	718
	2	挪威	250	2	挪威	697
	3	加拿大	221	3	加拿大	503
	4	意大利	179	4	美国	401
	5	新西兰	100	5	瑞典	308
	6	英国	80	6	法国	305

由表10-1可见，论2018赛季、2019赛季、2020赛季大跳台项目男子小项加女子小项的整体实力，数瑞士、加拿大2国最为突出：瑞士女子小项分别排在第1名、第2名、第1名，男子小项分别排在第2名、第1名、第1名，此乃男、女小项唯一均居前2位的国家；加拿大女子小项分别排在第3名、第1名、第3名，男子小项分别排在第6名、第2名、第3名，除了2018赛季男子小项第6名之外，其余名次皆居前3名。若单独考察女子小项或男子小项实力，除瑞士、加拿大之外，可以看出意大利女子小项较强，3赛季分别排在第2名、第3名、第4名；挪威男子小项强劲，3赛季分别排在第1名、第3名、第2名。除上述还要指出，近年来美国与挪威的大跳台项目上升势头明显：美国男、女小项2018赛季均未进入前6名，2019赛季女子闯入第5名，男子闯入第4名，2020赛季男子小项再次闯入第4名；挪威女子小项前2个赛季均未进入前6名，但2020赛季却与其男子小项一道双双位居第2名，令人刮目相看。

二、近期世界杯比赛成绩

（一）女选手

2016赛季开始举行大跳台世界杯比赛。表10-2为2019赛季与2020赛季世界杯女子个人积分前8名排名简表，加拿大、瑞士、德国、美国、挪威、意大利6国共10名女选手包揽了2赛季6站比赛所有18枚奖牌中的17枚奖牌。

表10-2 近期世界杯女子个人积分排名前8名简表

名次	2019赛季				2020赛季			
	选手	国家	总积分	含金量	选手	国家	总积分	含金量
1	G.Elena	加拿大	210	4	T.Giulia	瑞士	240	6
2	G.Mathilde	瑞士	200	6	G.Mathilde	瑞士	200	6
3	K.Kea	德国	140	3	K.Johanne	挪威	195	3
4	B.Silvia	意大利	118	0	O.Megan	加拿大	121	0
5	T.Yuki	加拿大	110	1	B.Silvia	意大利	115	1
6	C.Caroline	美国	109	2	H.Dara	加拿大	100	1
7	H.Sarah	瑞士	80	2	H.Margaux	新西兰	100	0
8	B-B.Coline	法国	76	0	W.Lara	奥地利	78	0

由表10-2可见，2赛季瑞士与加拿大选手都是4人次进入排名榜前8名，这是入围人次最多的2个国家；瑞士选手G.Mathilde与意大利选手B.Silvia均2次入围；从各站比赛累计积分及其排名来看，数G.Mathilde最为突出：2赛季均以累计200分稳居第2位。如果按世界杯奖牌积分换算法的每枚金、银、铜牌分别积3分、2分、1分换算[1]，女选手所获奖牌"含金量"前3名是瑞士的G.Mathilde（2赛季各2金积12分）、其队友T.Giulia（2020赛季3银积6分）及加拿大的G.Elena（2019赛季1金1铜积4分），还是G.Mathilde最为突出。

（二）男选手

表10-3为2019赛季与2020赛季世界杯男子个人积分前8名排名简表，瑞士、挪威、奥地利、加拿大、美国、新西兰、法国、瑞典8国共11名男选手包揽了2赛季7站比赛所有的21枚奖牌。

---

[1]戈炳珠，吴志海.备战第20届冬奥会中外女子空中技巧重点选手实力对比分析[C].空中技巧文丛：第6卷.沈阳：沈阳体育学院戈炳珠研究室，2006：36-40.

第十章　大跳台项目特点与实力格局

表10-3　近期世界杯男子个人积分排名前8名简表

名次	2019赛季				2020赛季			
	选手	国家	积分	含金量	选手	国家	积分	含金量
1	R.Andri	瑞士	220	5	R.Birk	挪威	310	7
2	R.Birk	挪威	172	3	H.Alexander	美国	240	6
3	B.Fabian	瑞士	130	2	A.Antoine	法国	188	5
4	M.Lukas	奥地利	105	3	H.Teal	加拿大	185	3
5	M.Evan	加拿大	104	2	S.Elias	芬兰	144	0
6	H.Alexander	美国	98	2	R.Andri	瑞士	134	1
7	B.Finn	新西兰	92	1	T.Jesper	瑞典	125	1
8	B.Alex	加拿大	84	0	S.Ulrik	挪威	100	1

由表10-3可见，2赛季瑞士、挪威、加拿大选手都是3人次进入排名榜前8名，是入围人次最多的3个国家；R.Birk、H.Alexander、R.Andri均2次入围；从各站比赛积分及其总排名来看，数R.Birk最为突出：2赛季先后获第2名、第1名，累计积分482分，在8名选手中是最优的。如果按上述世界杯奖牌积分换算法换算，男选手所获奖牌含金量前3名是挪威的R.Birk（2赛季2金2银积10分）、美国的H.Alexander（2赛季2金1银积8分）及瑞士的R.Andri（2赛季1金3铜积6分）。

三、近期世锦赛比赛成绩

2019年世锦赛是自由式滑雪大跳台项目的首届世锦赛，由于实际参赛女选手总共16人，所以只录取8名女选手入围决赛；参赛男选手达48人，因此按常规录取10人入围决赛。

由表10-4对照表10-2和表10-3可见，大跳台首届世锦赛女子前8名选手中有5名选手未曾进入2019赛季与2020赛季世界杯积分总排名前8名，她们是第1名L.Tess、第2名K.Julia、第3名A.Isabel、第6名T.Anastasia及第8名V.Maggie，而2019赛季世界杯个人积分女子第1名、第3名、第5名的G.lena、K.Kea、T.Yuki和男子第1名、第4名的R.Andri、M.Lukas均未能入围2019年世锦赛决赛，可见首届世锦赛成绩具有一定的偶然性。实力较强且竞技状态表现比较稳定的女选手是瑞士的G.Mathilde、H.Sarah及意大利的B.Silvia，男选手是瑞士的B.Fabian、美国的H.Alexander及加拿大的M.Evan。

217

表10-4　2019年世锦赛决赛成绩简表

赛季	女子 选手	国家	总分	男子 选手	国家	总分
1	L.Tess	法国	184.75	B.Fabian	瑞士	186.00
2	K.Julia	美国	173.75	H.Henrik	瑞典	184.00
3	A.Isabel	德国	168.75	B-M.Alex	加拿大	183.25
4	H.Sarah	瑞士	167.75	H.Alexander	美国	180.50
5	B.Silvia	意大利	122.25	B.Finn	新西兰	179.75
6	T.Anastasia	俄罗斯	92.50	M.Oliwer	瑞典	171.00
7	G.Mathilde	瑞士	77.75	T.Jesper	瑞典	152.75
8	V.Maggie	美国	41.75	B.Oystene	挪威	109.00
9				M.Evan	加拿大	105.50
10				G.Nicholas	美国	43.00

综上述可见，目前自由式滑雪大跳台项目强国是瑞士、加拿大、意大利、挪威、瑞典、美国，其中男、女整体实力最强的当属瑞士、加拿大2国，而瑞士乃是唯一男、女小项均居前2位的国家；竞技水平较高且比较稳定的女选手是瑞士的G.Mathilde、T.Giulia、H.Sarah及意大利的B.Silvia，男选手是挪威的R.Birk、瑞士的B.Fabian、R.Andri及美国的H.Alexander，其中最突出的女选手是瑞士的G.Mathilde，男选手是挪威的R.Birk。

第三节　大跳台发展前景

自由式滑雪的雪上技巧和空中技巧分别于1992年和1994年率先进入冬奥会，之后随着自由式滑雪障碍追逐、坡面障碍技巧、U型场地技巧项目陆续进入冬奥会，尤其是近来北京冬奥会又新增了自由式滑雪大跳台项目和空中技巧混合团体小项，遂使原本是其雪上项目的小兄弟变为小项数量最多的雪上项目老大。包括大跳台在内的自由式滑雪之所以能成为冬奥会雪上项目的新宠，主要是缘于其比赛多以难、美、巧等因素取胜，转播画面刺激、精彩，深受年轻人喜爱。除此之外，还在于这些项目的开展更得冰雪项目欧洲强国之外诸多国家的大力支持。在如此顺应潮流的大背景下，加之大跳台本身难、美、巧的项目特点，其发展前景看好。但本章多少还是有点疑虑——大跳台与同类的坡面障碍技巧相比，从发端来看，坡面障碍技巧在前，大跳台在后；从项目内容来看，坡面障碍技巧既有丰富多彩的滑越道具动作，更有高潮迭起的3座跳台腾飞动作，而大跳台只有1座跳台的同类动作；倘若日后大跳台的跳台腾飞动作不能明显超越坡面障碍技巧的跳台腾飞动作，其发展前景可能会有些尴尬。

大跳台项目既无须雪上技巧高超的回转与滑速，也无须障碍追逐那么高的高山滑雪功底，从这一角度来看，该项目适合灵巧的中国人开展，虽然目前起点较低，但赶超欧美强国指日可待。同时我们还要清醒地认识到，虽然我国同类项目空中技巧水平甚高，但大跳台动作技术特点与其关系并不是很大，只要首先顺利解决倒滑与起跳（尤其是起跳）新课题，空中旋转动作的加难自会水到渠成。况且还有原美国优秀年轻女选手谷爱凌2019年6月强力加盟我国自由式滑雪队，代表我国除了参赛2020赛季世界杯U型场地技巧与坡面障碍技巧比赛夺金摘银之外，还兼项参赛第3届青年冬奥会大跳台夺得金牌，这无疑会有力促进我国该新兴项目的发展。

本章小结

主要采用文献资料法，对自由式滑雪大跳台项目特点、世界强国实力格局及我国该项目发展前景进行了初探。主要结论如下：

①项目特点——大跳台助滑道、跳台、雪板与空中技巧有所不同，使该项动作也别有特点：双向起跳与着陆、腾起角较小、偏轴旋转、抓板加难、空中姿势屈曲，抛物线较平缓跨度大。

②赛制特点——决赛2跳较高分数的有效分必须由不同动作相加合成（A+B），不同动作判定及其计分法在该项决赛中举足轻重。

③实力格局——目前大跳台项目强国是瑞士、加拿大、意大利、挪威、瑞典、美国，其中男女整体实力最强的当属瑞士；竞技水平较高且比较稳定的女选手是瑞士的G.Mathilde、T.Giulia、H.Sarah及意大利的B.Silvia，男选手是挪威的R.Birk、瑞士的B.Fabian、R.Andri及美国的H.Alexander，其中最突出的女选手是瑞士的G.Mathilde，男选手是挪威的R.Birk。

④发展前景——大跳台顺应时代潮流应运而生，加之其难、美、巧的项目特点，其发展前景看好；大跳台与坡面障碍技巧的跳台动作极其相似，倘若前者不能技压后者，前者发展前景或会尴尬；大跳台适合灵巧的中国人开展，赶超欧美强国指日可待。

（作者：刘伶燕、戈炳珠，2020年定稿）

第十一章 另类的障碍追逐项目

在冬奥会自由式滑雪这个分项中，共有6个项目，根据成为冬奥会正式比赛项目的先后顺序排列，它们依次是雪上技巧（Moguls——MO，前者为英语名称，后者为其缩略语，下同）、空中技巧（Aerial——AE）、障碍追逐（Ski Cross——SX）、U型场地技巧（Halfpipe——HP）与坡面障碍技巧（Slopestyle——SS）一同于2014年进入索契冬奥会（按国际雪联惯例HP列前）、大跳台（Big Air——BA）。关于项目名称英语缩略语的2个大写字母，其中MO、AE、SS、HP、BA这5个项目均符合英语缩略语构成规范，但唯有障碍追逐的"SX"例外：其英语全称虽为"Ski Cross"，但缩写的第2个字母并非"C"而是"X"。Cross的基本词义是交叉、穿过[1]，而X非常形似交叉与穿过，内含追逐赶超之意，所以此缩略语之构成很另类。还有，与其他5项中译名有所不同之处是，本项目中译名经历了一番演变过程——先前曾叫"趣味追逐""障碍争先"等名称，再未沿用"××技巧"的惯用格式，最后命名"障碍追逐"方达成共识，这一情形也显得有些另类。其实，上述两种另类情形并非咬文嚼字，而是人们认识该项目另类特点的一种反映。

那么，相对于其他5个项目来说，自由式滑雪分项中的障碍追逐项目究竟有哪些另类之处呢？根据该项目的另类特点，又能为我国开展这项运动提出哪些初步建议呢？这就是本章试图探讨的问题。

第一节 项目属性

根据田麦久等专家的项群训练理论，依据运动项目所需运动能力的主导因素作为一级分类标准，可将所有的运动项目首先分为体能主导类和技能主导类

---

[1] 北京体育学院外语教研室.英汉体育词汇[M].北京：人民体育出版社，1985.

（简称体能类和技能类）两个大类。该理论继而以其主要表现形式或特征作为二级分类标准，把体能主导类项目分为快速力量性、速度性及耐力性3个亚类，把技能主导类项目分为表现难美性、表现准确性、同场对抗性、隔网对抗性及格斗对抗性5个亚类[1]。体能类速度性项目包括短距离的竞速项目，在不违规的前提下不看过程只看结果，其比赛成绩的评定方法多为测量类，也有制胜类；技能类难美项群选手在比赛中力求完成高难度的精彩动作，同时着力展示动作美，既看过程也看结果，其比赛成绩的评定方法均为评分类。

众所周知，一提起自由式滑雪运动，人们对其类属范畴都有一个技能类难美项群的概念，诸如雪上技巧、空中技巧、坡面障碍技巧、U型场地技巧及大跳台都是技能类表现难美性的典型项目。然而以上述理论来考量，同属自由式滑雪分项的障碍追逐项目既不计较动作难度，也不评定动作质量，在不违规的前提下不看过程只看结果——只以先到终点为胜。如此看来，障碍追逐显然不是技能类难美性项目而是体能类速度性项目，这一项目属性乃是其另类的根本问题，只有首先明确这一基本概念才能顺理成章地具体阐述其另类之处。

第二节 另类之处

一、另类赛制

（一）同场竞争

雪上技巧、空中技巧、坡面障碍技巧、U型场地技巧及大跳台项目，都是选手独自一人循序上场完成比赛动作，唯有障碍追逐是分组多人同场竞技。世界三大赛一般都是4人一组同场竞速争先。正因如此，该项规则对身体接触与故意阻挡有明确而严格的规定：有意地用推、拉或其他的身体接触方法来使对手减速、跌倒或离开赛道者将被判罚"DIC"——Disqualification for Intentional Contact，即因故意接触而取消比赛资格[2]，当然，无法避免的身体接触是允许

---

[1] 田麦久.项群训练理论［M］.北京：人民体育出版社，1998.
[2] Fis.the international freestyle competition rules（ICR）2018［EB/OL］.https：//res.cloudinary.com/fis-production/image/upload/v1542730293/fis-prod/FS_FI.

的。多人同场竞速争先，身体接触在所难免，接触违规的判罚非同小可且操作难度较大，这由现场裁判员与仲裁委员会全权判定。

在紧张激烈的多人同场竞速争先比赛中，彼此你追我赶，对手如影随形，这除了对选手体能、技能有严格要求以外，还对其心理与智能有很高要求：选手要反应迅速，思维敏捷，行为果断，讲求实效，意志坚强，朴实直率，这需要以良好的智能和心理调节能力作为基础[1]。

（二）逐轮淘汰

障碍追逐决赛阶段的比赛是单淘汰制比赛。以平昌冬奥会男子决赛为例，入围决赛阶段的31名选手，继中午进行了预赛之后，紧接着又开始了4轮决赛：13：15开始1/8决赛（EF）——13：50开始1/4决赛（QF）——14：14开始半决赛（SF）——14：30开始有8名选手参加的决赛（F）[2]，此时按半决赛名次分成大、小决赛两个组，即半决赛两组第3名、第4名的4位选手为"小决赛（SF——Small Final）"组，两组第1名、第2名的4位选手为"大决赛（BF——Big Final）"组，先比小决赛，决出第5名、第6名、第7名、第8名，后比大决赛，决出第1名、第2名、第3名、第4名，详见图11-1。先前国际规则曾把半决赛称为"consolation round"[3]，似有"安慰赛"之意，后把决定第5名至第8名的比赛称为"小决赛"，才更有安慰之意。

由上述赛制可见，在一天之内，除了预赛之外，最终有幸闯入决赛的这8名优秀选手要在一个多小时之内马不停蹄地连续参加4轮紧张激烈的同场竞速争先赛，这对其体能、技能及心智等各方面能力都有很高的要求。

---

[1] 全国体育院校教材委员会.运动训练学[M].北京：人民体育出版社，2000.

[2] Fis.freestyle skiing Men's Ski Cross Finals Brackets[EB/OL]. http://medias2.fis-ski.com/pdf/2018/FS/8061/2018FS8061RBLF.pdf.

[3] 国家体育总局冬运中心审定.自由式滑雪竞赛总则与裁判手册[M].张迎红，门传胜，译.北京：人民体育出版社，2010.

第十一章　另类的障碍追逐项目

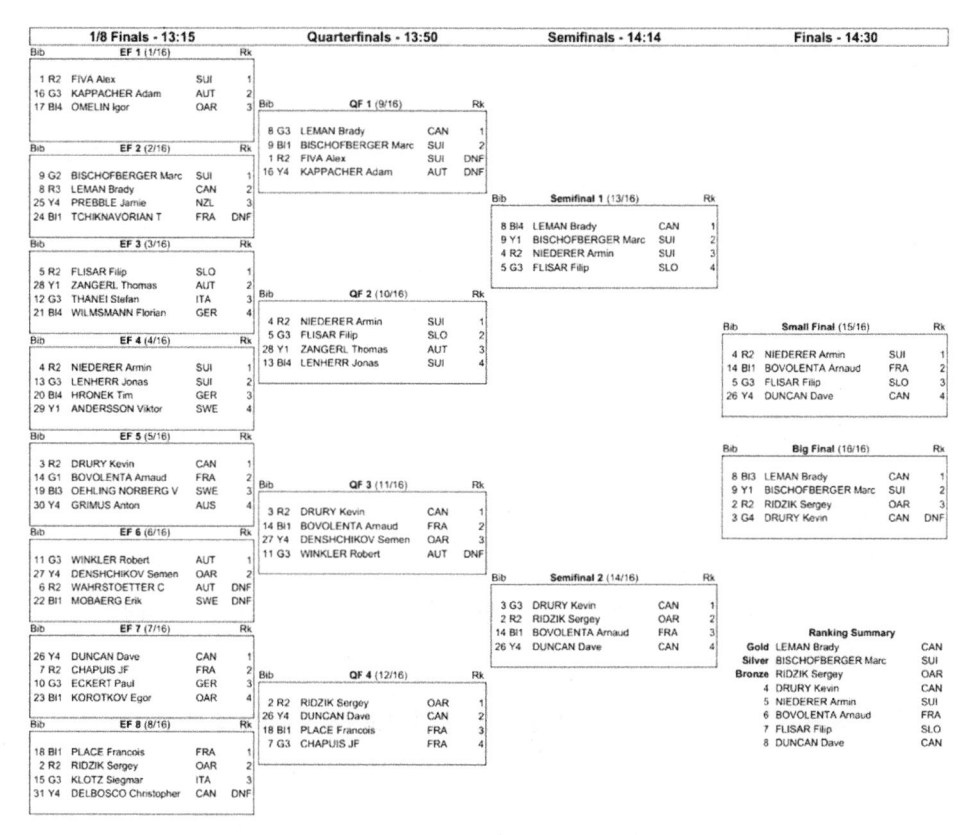

图11-1　平昌冬奥会自由式滑雪障碍追逐男子决赛进程截图

二、排名依据

（一）预赛阶段

预赛在赛道上进行个人滑行计时赛，每名选手至少有1次计时滑行，所有完成比赛的选手按其滑行所历时间决定种子排位，根据种子排位进行分组，同组排位领先的种子选手优先选择出发位置。计时赛滑行所历时间越少说明滑行速度越快，由表11-1可见，2018年平昌冬奥会自由式滑雪障碍追逐女子预赛前3名选手平均时速为67.25千米/小时，男子预赛前3名选手平均时速达71.35千米/小时，显然，这是自由式滑雪6个项目比赛中最快的滑行速度。

表11-1　平昌冬奥会自由式滑雪障碍追逐预赛前3名平均时速表

女子			男子		
名次	选手	时速（千米/小时）	名次	选手	时速（千米/小时）
1	T.Marielle	67.46	1	F.Alex	71.75
2	S.Kelsey	67.26	2	R.Sergey	71.26
3	P.Brittany	67.05	3	D.Kevin	71.06
均值		67.25	均值		71.35

（二）决赛阶段

决赛阶段的1/8决赛（EF）、1/4决赛（QF）、半决赛（SF）、决赛（F）的小决赛（SF）及大决赛（BF），既不评分也不计时，都是依据选手身体的某一部分率先通过终点线为准来排名。图11-2为该项选手抵达终点线时的冲刺动作，颇有航空母舰舰载机甲板引导员的范儿，显得也很另类。

图11-2　障碍追逐选手抵达终点线时的冲刺动作

（图片来源：2020赛季自由式滑雪世界杯女子障碍追逐伊德尔站终极决赛视频［EB/OL］. http：//cctv.com/2020/02/05/VIDEa6zFqo5BHnmlABUnui8x200205.shtml.）

有32名男（女）选手的决赛阶段，分成8组出发，每组4人排名前2名的选手晋级下一轮比赛；有48名男（女）选手的决赛阶段，也分成8组出发，每组6人排名前3名的选手晋级下一轮比赛；有24名男（女）选手的决赛阶段，则分成4组出发，也是每组6人排名前3名的选手晋级下一轮比赛。根据选手通过终点线的先后顺序，大决赛决出第1名、第2名、第3名、第4名，小决赛决出第5名、第6名、第7名、第8名，其余所有选手按其1/4决赛成绩和预赛成绩排名。

三、场地器材

与自由式滑雪的其他项目相比，障碍追逐的比赛场地器材具有特殊性。其比赛线路最长，规则规定800～1300米，但平昌冬奥会已达1370米[1]。选手同时出发的出发门必须具有良好的可控性，应兼备机械控制系统与电子控制系统。出发坡道应使选手可以轻松站立，并能出发后迅速达到全速。赛道上有坡度不等的波浪型直道，方向、弧度各异的弯道，以及各种类型可供飞跃的跳台，大、小障碍点多达二十多处（平昌冬奥会该项比赛线路上有27处）。与高山滑雪相似，障碍追逐比赛线路也设有旗门，由旗门裁判员负责判定选手是正确过门还是违规漏门。在比赛当日每名选手只限使用两副滑雪板，滑雪服必须是两件套，不允许穿贴身速度服或滑降服。选手竞速争先冲过终点线快如闪电，必要时需终点摄像确认。

四、项目特点

通过上述对障碍追逐赛制特点、排名依据及场地器材另类之处的阐析，我们可以提炼出其中的4个关键词——同场、竞速、障碍、争先，以此可以基本概括其项目特点与制胜要素。

同场——在冬奥会自由式滑雪6个项目的决赛阶段，唯有障碍追逐是4人或6人一同出发在同一比赛场地竞争的项目。其单淘汰赛制的残酷性，对手影响与干扰的复杂性，比赛扣人心弦的趣味性，以及对选手心智能力的高要求，都是由"同场"而衍生。

竞速——选手们在赛道上高速滑行，比的就是看谁滑得更快，这里既有类似高山滑雪的速降技术与回转技术，还有其跳跃技术。高山滑雪虽无跳台，但其跳包的跳跃技术与障碍追逐跳台的跳跃技术实质上是一样的。

障碍——自由式滑雪的空中技巧、U型场地技巧与大跳台比赛场地无所谓障碍，雪上技巧、坡面障碍技巧与障碍追逐比赛场地有障碍，但后者的障碍却

---

[1] Fis.freestyle Skiing Men's Ski Cross Result [EB/OL]. http://medias4.fis-ski.com/pdf/2018/FS/8061/2018FS8061RLF.pdf.

不同于前两者。雪上技巧的雪包滑行和跳台跳跃虽有竞速成分，但更主要的是评分；坡面障碍技巧的各种障碍滑行均不竞速，皆为评分；而本项目的所有障碍滑行不看动作外形，只争速度快慢。

争先——在每组4人或6人的决赛阶段各轮次淘汰赛中，争先是其竞争的核心目标。选手只有争先进入前2名或前3名方可晋级下一轮比赛，在终极的大决赛中只有进入前3名才有资格获得奖牌，其中唯有率先通过终点线的第1名选手方可夺得金牌。

由此看来，障碍追逐比赛制胜要素可由上述4个关键词归纳为两条——一是在特定障碍赛道上的高速滑行技术；二是在同场争先逐轮淘汰赛制下的高水平身心素质。

第三节 项目发展现状

一、国际发展现状

与自由式滑雪其他的技能类难美性项目相比，障碍追逐项目世界强国格局别具鲜明特点：笔者通过查询该项目2018年平昌冬奥会决赛成绩、2019年世锦赛决赛成绩、2019赛季与2020赛季世界杯个人累计积分总排名（表11-2）与国家累计积分总排名发现：个人累计积分总排名前6名均为欧洲与北美洲高山滑雪强国的选手，他们是欧洲的瑞士、法国、瑞典、奥地利、俄罗斯、德国的选手，以及北美洲的加拿大选手；男女累计积分国家总排名前6名2019赛季依次是瑞士、法国、加拿大、瑞典、奥地利、德国的选手，2020赛季依次是加拿大、瑞士、瑞典、法国、德国、奥地利的选手，两个赛季男女累计积分国家总排名前6名都是这6个欧美国家，只是第1名至第6名的排序稍有不同，其中以稳居前4名的瑞士、法国、加拿大、瑞典4国实力最强。根据该项目的国际发展经验，其运动员大多是从高山滑雪转项而来[1]。

---

[1] 中冰雪. 冬季奥运会项目介绍——男子障碍追逐 [EB/OL]. https://www.chnzbx.com/ index.php?a=nrinfo&id=1328.

表11-2 近期障碍追逐世界强国前6名成绩简表

赛别	女子 1	2	3	4	5	6	男子 1	2	3	4	5	6
2018平昌冬奥会	加	加	士	典	法	典	加	士	俄	加	士	法
2019世锦赛	加	士	法	士	加	加	法	加	加	士	法	奥
2019世界杯个人排名	士	典	加	法	加	奥	法	法	士	加	德	奥
2020世界杯个人排名	典	士	加	法	典	加	加	士	加	法	德	加

注：士——瑞士，典——瑞典，奥——奥地利。

世界强国格局的这一特点与本章前述的项目特点与制胜要素相吻合，由此是否也可以说"高山滑雪强，则障碍追逐强"。

障碍追逐赛道长，滑速快，轮番回转，跌宕起伏，你追我赶，争先恐后，比赛过程紧张激烈，难怪有人称其为"趣味追逐赛"，也有人把它比作"雪上双板的短道速滑"。该项目现场比赛颇具刺激性，吸引观众趋之若鹜；电视直播更具观赏性，使得赞助商竞相解囊，自2010年进入冬奥会之后很快引起关注。由表11-3可见，虽然空中技巧项目已有26年的冬奥会"会龄"，但近年来仅有10年冬奥会会龄的障碍追逐项目世界杯比赛站次是前者的1倍，无论女子参赛选手还是男子参赛选手也明显超过前者，近年来的开展状况颇为火爆。

表11-3 近年障碍追逐与空中技巧世界杯站次及参赛人数比较表

赛季	障碍追逐 站次	女子人数	男子人数	空中技巧 站次	女子人数	男子人数
2014	13	48	58	5	40	41
2015	11	38	54	7	31	32
2016	12	41	54	6	35	42
2017	14	40	56	7	40	44
2018	11	47	55	6	39	43
2019	11	41	47	5	40	48
2020	11	37	58	7	36	46
均值	12	42	55	6	37	42

注：所计算均值如遇小数四舍五入。

二、我国发展现状

我国继自由式滑雪雪上技巧项目和空中技巧项目率先于1992年与1994年成为冬奥会正式比赛项目之后，虽然2010年障碍追逐项目也进入了冬奥会，但我们并未及时跟进全面开展，因此缺乏专项人才储备，至今在世界大赛选手排名表上都是空白。

依据国家体育总局《备战2022年冬奥会项目布局实施方案》的部署，为快速健全中国雪上奥运项目布局，全面发展我国雪上项目的竞技水平，2017年国家体育总局冬季运动管理中心分别与吉林省体育局及黑龙江省体育局共同组建了自由式滑雪障碍追逐国家集训队，以期在2022年北京冬奥会上取得历史性的突破。吉林省侧重男队，黑龙江省侧重女队，队员大多从两省的高山滑雪项目运动员中选拔，目前队伍已初具规模。队伍组建后已进行了3个雪季的训练，主要以高山速降、大回转、回转训练为主要内容，改善队员对雪板的控制力和对速度的承受力，在提高基本滑行能力的基础上，配合专项体能训练和陆地技巧训练，进一步培养队员专项滑行能力。目前队员已基本适应波浪地形的滑行能力，为专项场地训练打下了基础[1]。

把握障碍追逐项目特点与规律，不但是科学训练有利参赛的前提，也是理顺关系妥善管理的依据。目前国家体育总局冬运中心首先与吉林省和黑龙江省联办障碍追逐国家集训队，并依托地方高山滑雪项目实施全面管理[2]，这是从我国具体国情出发，乃明智之举。本章把这种不同于空中技巧等项目的管理办法姑且称为"跨属管理"，因为"属"既有"隶属"之意，也有"归属"之意[3]。

展望未来，从近期来看，我国障碍追逐运动员会力争拿到2022年北京冬奥会入场券，为"实现全项目参赛"[4]目标做出贡献；从远期来看，我们坚信，假以时日砥砺前行，该项运动会有长足进步。

---

[1] 王君宝. 自由式滑雪障碍追逐国家集训队进行入队宣誓仪式[EB/OL]. http://www.sohu.com/a/237724701_267106.

[2] 中国新闻网. 中国布局雪上奥运项目 组建自由式滑雪障碍追逐国家男队[EB/OL]. http://news.sina.com.cn/o/2017-08-10/doc-ifyixipt0865252.shtml.

[3] 中国社会科学院语言研究所词典编辑室. 现代汉语词典[M]. 北京：商务印书馆，1998：1173，473.

[4] 中办国办. 以北京冬奥会为契机大力发展冰雪运动[EB/OL]. http://www.tibet.cn/cn/Instant/local/201904/t20190403_6544484.html.

本章小结

本章主要采用文献资料法与录像观察法，通过与同属于自由式滑雪的其他项目的对比分析，在揭示障碍追逐项目另类之处的基础上，得出如下主要研究结果：障碍追逐不是技能类难美性项目而是体能类速度性项目，这一项目属性乃是其另类的根本问题，必须首先明确这一基本概念；相对于自由式滑雪的其他项目，障碍追逐具有选手同场竞速与滑越障碍争先的项目特点；在特定障碍赛道上的高速滑行技术，以及在同场争先逐轮淘汰赛制下的高水平身心素质，是障碍追逐赛的两大制胜要素；障碍追逐项目特点及其世界强国格局均表明：高山滑雪强，则障碍追逐强，我国开展该项运动必须打好高山滑雪的坚实基础；我国开展障碍追逐项目不但要跨项选材，还应"跨属管理"——归属高山滑雪的管理部门管理。

（作者：刘伶燕，2020年定稿）

后　记

　　1979年我国首次派出冰雪运动员参加了在美国普莱西德湖举行的第13届冬奥会，至今已连续参加了11届冬奥会。2006年第20届冬奥会在意大利都灵举行，我国自由式滑雪队空中技巧男选手韩晓鹏勇夺冠军，一举实现我国参赛冬奥会雪上项目首金的历史性突破。此后我队男、女选手又参赛了第21届（温哥华）、第22届（索契）、第23届（平昌）冬奥会，虽然历经12载不忘初心砥砺前行以求更大突破，但终未如愿。

　　2018年平昌冬奥会落幕后，我国自由式滑雪项目重整旗鼓再出发，志在2022年北京冬奥会打个漂亮的翻身仗。鉴于上述，我们有了为此做点什么的冲动，于是从2018年初春至2020年初夏历时两年多完成了这部《备战北京冬奥会自由式滑雪论稿》。本书定稿于备战北京冬奥会4赛季周期的前半程，本想第2赛季后拙作即可面世，却因遭遇疫情只能滞后至第3赛季结束后出版。第3赛季即2021赛季，其除了每年一度的世界杯系列赛之外，还有两年一度的世界锦标赛，这些赛事的新动态对我们备战北京冬奥会具有重要意义。鉴于"后记"具有补充个别内容之功能，因此，在这里及时补充由2021赛季自由式滑雪世界大赛新动态引发的如下重要内容。

　　首先谈空中技巧项目的新动态。在最近的2021赛季，我国男、女空中技巧运动员破例未参加任何世界大赛，一直在国内专心备战，而我们的主要对手既参加了世界杯系列赛也参加了世锦赛，并有突出表现。

　　在男子空中技巧小项，当今世界高难动作是5.000的bdFFdF与4.900的bdFdFF或bFdFdF。现年23岁的俄罗斯选手B.Maxim继2019赛季夺得世锦赛冠军及世界杯2枚金牌后，在2020赛季接连攻克了bdFFdF与bdFdFF，并用bdFFdF以139.00分的该赛季最高分夺得1枚金牌之后，2021赛季不但用bdFdFF以135.00分的高分蝉联世锦赛冠军，还在其所参加的6站世界杯系列赛中连获5枚金牌，以526分总积分的绝对优势夺得总冠军。上述战绩已经明白无误地显示，B.Maxim已是我男队最强劲的对手；除此之外，本赛季世锦赛又涌现3名使用最高难度动作bdFFdF的新对手——美国的L.Christopher（第2名）、俄罗斯的B.Ilia（第5名）、乌克兰的X.Dmytro（第6名），遂使拥有5.000与4.900高难动作的竞争对手陡增至9人。虽然我国男队目前有齐广璞、贾宗洋、王心迪3人掌握上述动作（后者的bdFFdF近来又有长足进步），但缺乏在世界大赛中的实战磨炼与检验，可见其原有的难度优势乃至团队优势都将面临严峻挑战。

在女子空中技巧小项，本赛季表现最抢眼的当属澳大利亚的32岁老将P.Laura。2020年我们在本书第四章预测北京冬奥会夺金动作难度时曾写道："2020赛季世界杯总冠军澳大利亚选手P.Laura，在4.028的bLFF基础上，会发展4.293的bFFF甚至更难的三周动作。"结果在2021赛季她不但在世界杯使用了bFFF等三周动作获得总冠军，还在世锦赛以一跳成功的bFFF夺得金牌；其队友31岁老将S.Dannielle原本是两周选手，如今已攻克3.975的三周动作bFTF并以此获得世锦赛第4名。澳大利亚女队近期的长足进步，乃是与瑞士队合练之结果，我们应当密切关注这一动向。关于美国名将C.Ashley，2020年我们在本书第四章曾预判："尽管C.Ashley近两年主要以两周动作参赛，但她最终还会用三周动作去拼搏北京冬奥会金牌。"结果2021年世锦赛赛况验证了我们的上述判断：她不但在世锦赛终极决赛以成功的bFFF获得亚军，甚至在随后的混合团体赛争金决赛中再次成功完成了bFFF。须知，除了4.293的bFFF之外，她还拥有更难的三周动作4.425的bLdFF乃至4.690的bFdFF，此次摒弃两周动作重新启用三周动作bFFF是其备战北京冬奥会的一个重要信号，我们相信届时29岁的她仍能拿出上述动作力拼金牌。此外，2021赛季哈萨克斯坦26岁的A.Zhanbota也走上了三周台，但其bLTF与bLFF尚欠火候。

再谈混合团体小项。本赛季世界杯与世锦赛各举行一次混合团体赛，最值得提及的是世锦赛团体赛的新动态。2020年本书第六章曾指出："目前中国、白俄罗斯、俄罗斯、美国、瑞士是空中技巧混合团体'世界五强'，但我队实力相对于外国四强具有一定优势。"但这次团体赛美国队女选手C.Ashley率先成功完成了4.293的bFFF（以往女子最高难度是中国队孔凡钰和徐梦桃4.028的bLFF）并获得103.03分的高分，其男队友L.Christopher则启用了5.000的bdFFdF（以往男子最高难度为4.525的bdFFF或bFFdF），虽然着陆失败，但其在此前的个人赛成功着陆而获得亚军；俄罗斯队女选手N.Liubov 3.525的两周动作bdFF（bFdF）在团体赛与个人赛中分别获得91.65分与94.47分的好分数，其2位男队友乃是世界一流水平的B.Maxim和K.Pavel，在后者着陆失败的情况下该队仍获团体冠军，而首轮决赛所获得的团体总分328.29分则是本次团体赛的最好成绩。由上述新动态可以预见，在北京冬奥会首枚空中技巧混合团体金牌争夺战中，男、女选手启用三周高难动作是可能的，届时倘若成功完成则有可能成为混合团体制胜的决定性因素。在我队以往面对的上述四强中，现在看来其中的俄罗斯队和美国队实力会更强劲些。由此可以预见，北京冬奥会并不存在所谓"团体夺金的可能性比个人夺金的可能性更大"的行情，我们要做好充分地准备去打这场硬仗。

除了上述男子空中技巧、女子空中技巧及其混合团体这3个小项之外，本书后记尚需补充我国自由式滑雪队U型场地技巧—坡面障碍技巧—大跳台兼项女运动员谷爱凌在2021年世锦赛的惊艳表现。

谷爱凌2003年出生，2019赛季首次代表美国参赛自由式滑雪世界杯即获1枚坡面障碍技巧金牌，自2020赛季开始代表中国参赛后，又在该赛季坡面障碍技巧与U型场地技巧两项世界杯各获1枚金牌。对此，本书在此前有关章节已表达"我们对谷爱凌寄予厚望"。然而更让我们喜出望外的是，在2021年自由式滑雪世锦赛中，谷爱凌带伤连续出战3项赛事竟豪夺2金1铜的非凡战绩（如果补充到第一章则有：至今我国自由式滑雪6名男、女选手共获得10人次世锦赛冠军），其强劲势头已经彰显具备北京冬奥会争夺U型场地技巧与坡面障碍技巧金牌的实力。尤其是我国女子U型场地技巧小项，在2020赛季世界杯国家积分排名榜已跃居榜首，除了谷爱凌之外，还有近年来已获世界杯3枚金牌的张可欣等新秀，显然，现在由谷爱凌领衔的我国女子U型场地技巧队将是北京冬奥会该项金牌的有力竞争者。

2020年我们曾在本书第七章做过一番"关于'雪杖取舍'的讨论：取——要力求人—板—杖一体化；舍——去累赘，利抓板。持杖选手在完成空中动作时若对身体—雪板—雪杖一体化统筹控制，则会构成新颖别致的画面；比赛中也可不持雪杖，这样既能方便抓板，也能更好地控制紧凑的人—板一体化"。在2021年世锦赛中，谷爱凌因手伤舍弃雪杖参赛并未影响正常发挥并取得佳绩，这也验证了我们上述的预先讨论是站得住脚的。

本书基于备战北京冬奥会周期前半程的态势，2020年在其第二章提出了我国自由式滑雪分项冬奥夺金目标是"2~3枚金牌，由空中技巧混合团体、男子空中技巧、女子空中技巧、女子U型场地技巧及女子坡面障碍技巧5小项共同完成"；如今2021年世锦赛中外竞争对手实力格局业已发生重大变化，这就有必要对此前提出的冬奥夺金目标做出与时俱进的修订，即由"2~3枚金牌"修订为"3枚金牌"，虽然仍由上述5小项共同完成，但这次修订进一步明确：由空中技巧3小项确保2枚金牌，由谷爱凌领衔的女子U型场地技巧及女子坡面障碍技巧2小项确保1枚金牌。其中我队空中技巧混合团体与男子空中技巧的争金形

后　记

势更加严峻了，要做好打硬仗的准备；谷爱凌则需张可欣等队友的呼应，更需审时度势审慎选项以求兼项参赛效益最优化。总之，我国自由式滑雪分项欲做出更大贡献以实现北京冬奥宏图，一定要充分预判对手今后的发展趋势，并采取相应对策以打好有把握之仗。相信我国自由式滑雪健儿届时一定会向国人交出一份更加满意的答卷。

著者于2021年春末